人気海外ドラマの法則21

どうして毎晩見続けてしまうのか？

ニール・ランドー［著］　シカ・マッケンジー［訳］

The TV Showrunner's Roadmap
21 Navigational Tips for Screenwriters
to Create and Sustain a Hit TV Series

Neil Landau

フィルムアート社

THE TV SHOWRUNNER'S ROADMAP
21 Navigational Tips for Screenwriters to
Create and Sustain a Hit TV Series by Neil Landau

Authorized translation from English language edition published by
Routledge, an imprint of Taylor & Francis Group LLC.
through Japan UNI Agency, Inc., Tokyo

あの頃僕といつも一緒にテレビを見てくれたマイケルと、
今僕といつも一緒にテレビを見てくれるトレントへ。

謝辞

本書のインタビューにご登場下さったショーランナーの皆様に深く感謝申し上げます。貴重なお時間を頂き、素晴らしいお話を伺うことができました。編集者トリシャ・チャンバースは(1)とても要領よく(2)賢く(3)大のTV好きで、本書の執筆を楽しいものにしてくれました。アソシエイト・エディターのスペンサー・バロー、ジェイムズ・モリス、トム・オースティンはじめ多くの方々にもお力添えを頂きました。ありがとうございます。

それから、暖かい励ましの言葉と協力をくれた友人や仲間へ。ハル・アッカーマン、アレクサンダー・アコポフ、アヤル・アロニー、ケイリー・ブロコー、チャニング・ダンジー、ソーシュ・フェアバンク、ジョルディ・ガズル、ベン・ハリス、ジェニファー・ジョンソン、セルゲイ・カルガノフ、アリソン・リディ－ブラウン、パメラ・K・ロング、デニス・マン、ローリー・メガリー、コリー・ミラー、イリーナ・ピヴロナ、ジャニス・リチャードソン、マイク・スタイン、デイヴィッド・スターン、リチャード・ウォルター。みんな、ありがとう。

フォーカル・プレスのデニス・マクゴナグルとカーリン・リーガン両氏にも深く御礼申し上げます。最後に僕の息子ノアとザックにも、ありがとう。

推薦コメント

TVシリーズ制作のトップを目指す人も番組の成り立ちに興味がある人も、企画売り込みから制作、現場の動かし方まで全てがわかる。**TVシリーズ12作品のエグゼクティヴ・プロデューサーを務めた私からもお勧めする。**

――――ギャビン・ポロン

TV&映画プロデューサー（『ラリーのミッドライフ★クライシス』『ギルモア・ガールズ』『ねじれた疑惑』『ゾンビランド』『パニック・ルーム』）

TV業界人全てに向けた究極の「ハウツー」ガイド。書き手も作り手も視聴者も、本書を読めばハードな現場をこなす成功者たちの姿に心打たれることだろう。TVシリーズ最前線を走る現役たちのインタビューも満載。**これまでに類を見ない包括的な視点が素晴らしい！**

――――マイラ・スロ

エミー賞候補シリーズ『4400―フォーティー・フォー・ハンドレッド』エグゼクティヴ・プロデューサー、NBC―ユニバーサル・ケーブル・プロダクションズ企画部前シニア・ヴァイス・プレジデント／現シリーズ担当ヴァイス・プレジデント、アメリカン・ゾエトロープ・テレヴィジョン前プレジデント、前CBSドラマ企画部ディレクター

TVドラマを書くなら必読。著者の分析は明瞭簡潔、語り口も面白い。現在トップランナーとして君臨するショーランナーたちとの対話は貴重。**業界きっての大物たちの思考回路にアクセスできる。**

――――チャニング・ダンジー

ABCエンターテインメント・グループ　ドラマ部ヴァイス・プレジデント

新人ライターからベテランのショーランナー、またプロデューサーやスタジオの責任者、企画担当からインターンまで制作に関わる全ての人に読んでほしい、**21世紀のTVシリーズのロードマップ。**

──────タナ・ナジェント・ジャミーソン

A&E脚本担当シニア・ヴァイス・プレジデント（『ベイツ・モーテル』『Longmire』『ザ・グレイズ～フロリダ殺人事件簿』）

ショーランナーが負う責務だけでなく、常に変わりゆくTVドラマの潮流を泳ぎ続ける書き手たちへの指標も掲載。覚えておきたい常識がわかりやすく、楽しく習得できる。そして何より、トップレベルのショーランナーたちが自らの体験を語るインタビューが圧巻だ。TVドラマ業界を目指す全ての人にお勧めしたい。

──────スティーヴン・タオ

バッド・ロボット・プロダクションズ　TV担当エグゼクティヴ

業界に入り、業界で活躍するための道のりがついに明かされた。意外な落とし穴も多いこの業界、本書のアドバイスを必ず読んでおかないと！

──────エリザベス・ワイズ・ライオール

CWテレビジョン・ネットワークス　番組編成

脚本家でプロデューサー、ハリウッドで後進の指導にもあたるニール・ランドーがTVドラマの書き方とショーランナーの仕事を鮮やかに語ってくれる。**23年間のキャリアを持つ僕も、現場で得られなかったスキルを本書で学んだ。**

──────フレッド・ルービン

TVプロデューサー、UCLA教授、ABC／ディズニー、ワーナー・ブラザーズ、ニコロデオン脚本家フェローシップ講師

人気海外ドラマの法則21
どうして毎晩見続けてしまうのか？

目次

凡例

- 本書はNeil Landau "The TV Showrunner's Roadmap : 21 Navigational Tips for Screenwriters to Create and Sustain a Hit TV Series" の全訳である。但し、日本語版編集にあたって、索引等の一部を割愛した。
- 映画タイトル、海外テレビドラマタイトルは二重かぎ（『 』）で包んだ。
- 海外ドラマのタイトルについて、日本で一般的に定着しているタイトルや通例読みがあるものはそれを採用し、そうでないと判断したものは逐語訳と英語を併記した。
- 訳者注は文中に角ブランケット（[ ]）で包んだ。
- 巻末に新たに訳者あとがきを記した。

著者紹介

ニール・ランドー ［Neil Landau］

脚本家、プロデューサー、著者。MFAおよびUCLA教授として映像脚本とプロデュース授業を担当。過去の作品に青春コメディー映画『ドリーム・ガール／ママにはないしょの夏休み』、TVドラマ『天才少年ドギー・ハウザー』『メルローズ・プレイス』『The Magnificent Seven』『おまかせアレックス』『アナザー・ライフ～天国からの3日間～』MTVの『Undressed』など。CBSやディズニー、フリーマントル、ライフタイム、スペリング、ワーナー・ブラザーズ・テレビジョンとのパイロット版制作経験も数多い。ソニー・ピクチャーズ・テレビジョン・インターナショナルでエグゼクティヴ・スクリプト・コンサルタントとして貢献した後、現在テレビ芸術科学アカデミー教授会員。アニメ映画『Tad the Lost Explorer』(2012) でスペインアカデミー賞最優秀アニメ映画脚色賞を受賞。続編とパラマウントのアニメ映画『Capture the Flag』も手がけている。

まえがき

この本を書くプロセスは絶えず変化の渦の中、まるで流砂に足を踏み入れるようだった。前に上梓した映画脚本術の本とは全く違う感覚だ。映画には、はっきりとした終わりがある。シリーズ物は別として、僕らは完成した映画作品を見て分析し、解釈することができる。クラシック映画のエンディングの鮮やかなことといったらどうだろう。

それに比べ、ＴＶドラマは常にストーリーが展開し続ける。厚みを増すプロット。深まる謎。色々な顔を見せ始める登場人物。一話見終われば答えよりも疑問が多く残される。今週犯人が捕まったとしても来週はさらに何かが起きるのだ。

そうして僕らは何年、あるいは何十年と好きなＴＶドラマを見続ける。百話に上るエピソードを追い、おなじみのキャラクターが奮闘する姿を見続ける。感情移入して心が動き、我を忘れて声を上げ、また続きを見ようとＴＶにかじりつく。ＴＶの中の人物たちは僕らの人生の一部になり、番組が終了すれば心にぽっかり穴が空くようにと感じさえする。

本書で取り上げるのは昔ながらの長寿番組だけではない。それらに敬意を抱きつつ、今日の新しい黄金時代の作品群を追っていく。そうは言ってもアメリカでＴＶドラマを放映するチャンネルは何百も存在し、全ての作品のプロットを把握することなど実質的に不可能だ。

焦点をパイロット版に限定しようかとも思ったが、シリーズがどう作られて発展し、継続されているかも考えてみたかった。執筆のために最近のエピソードの動向を確認しようとしてすっかりハマってしまったり、インタビューさせて頂くショーランナーを選ぶ際に迷いに迷ったりした。好きな番組のショーランナーが出ていないとお叱りの声も出るだろう。あらかじめお詫びさせて頂きたい。今、最も旬のショーランナーとの対話をまとめている間にも番組制作はどんどん進行し、本書の足場を固めるのに苦労した。初めに僕が「流砂」のようだと言ったのはこのことだ。

その昔、我が家が初めて買ったカラーＴＶにはＡＢＣとＣＢＳ、ＮＢＣの三つのチャンネルしかなかった。今やそれが千チャンネル近くある。テクノロジーは飛躍的に進化して、視聴者は大手ネットワークの大衆的な番組を離れ、ケーブル放送で趣味性の高い番組を楽しめるようになってきた（ただし多くのケーブルは大手の子会社だ）。いまどきの学生寮を覗くとＴＶが置かれていないことも多い。若者たちはｉＰａｄやノートパソコン、スマートフォンで番組を楽しんでいるのだろう。だが視聴手段がどう変わろうと、今日最も優れたストーリーを見せているのは映画ではなくＴＶだ。僕は自信を持ってそう言える。台本なしでハプニングを追求するリアリティー番組も確かに面白い。だが僕らを現実から引き離し、感動の旅に誘ってくれるのは、脚本によって物語を描くＴＶドラマやコメディーである。さあ、引き続きＴＶドラマを楽しもう。

ショーランナーとは何か？

What Is a Showrunner?

映画では監督が王様だが、アメリカのＴＶドラマ業界ではショーランナーが全てを動かす。複数の脚本家たちで構成されるチームのまとめ役であり、製作総指揮として君臨し、発案者であるクリエイターとしてクレジットされることも多い。彼らは放送ネットワークに対して企画の売り込み（ピッチ）をする。あらすじ程度の企画案や新進脚本家による脚本をプレゼンテーションするのだ。買い手が決まっていない状態で書かれた脚本を「スペック」、シリーズ第一話を「パイロット版」と呼ぶ。脚本が採用されたら経験豊かなショーランナーが監修者となり、シリーズ全体をまとめていく。

ショーランナーの仕事は多岐にわたる。配役からロケ地選び、美術、各話の監督選びから編集の仕上げまで、全てにおいて決定権を持っている。

ショーランナーの実際のクレジットは「エグゼクティヴ・プロデューサー」だが、他にも同じ肩書きを持つ人が何人かいる場合が多い。脚本以外の部門を監修する人や制作会社の人、脚本家の相棒的なプロデューサー、またここ数年増えている元・映画脚本家らがそうだ。映画をＴＶドラマ化する際や、海外ドラマの米国版を制作する際も彼らが指揮をとる。

これら多くの責任者たちのトップに立つのがショーランナー。長年の努力の末に勝ち取れるポジションだ。はえぬきの脚本家が二人組で就任することもある。アメリカのＴＶドラマでは上位の脚本家はみなプロデューサーとしてもクレジットされる。大物になるほどクレジットが大事であるため、その人にふさわしい肩書きが追加される。

ショーランナーは脚本だけでなくプリプロダクション（撮影準備）に関与することも多い。監督と共に現場を見たり、ポストプロダクションや「ノート・セッション」と呼ばれる修正打ち合わせもする。ショーランナーの下で働く脚本系のスタッフたちが仕事の一端を任されたらチャンス到来だ。節度を保ち、求められた時だけ意見を述べながら、仕事を学んでキャリアアップを目指す。

アメリカのＴＶドラマの序列

- ショーランナー（エグゼクティヴ・プロデューサー＝製作総指揮としてクレジットされる。脚本家チームのトップ）
- エグゼクティヴ・プロデューサー（ショーランナー以外の人たち）：脚本家／プロデューサー
- 共同エグゼクティヴ・プロデューサー：脚本家／プロデューサー
- スーパーバイジング・プロデューサー：脚本家／プロデューサー
- プロデューサー：脚本家／プロデューサー、または制作の管理職

- コンサルティング・プロデューサー：脚本家／プロデューサー
- 共同プロデューサー：脚本家／プロデューサー（プロデューサーの責務はごくわずか）
- エグゼクティヴ・ストーリー・エディター：スタッフ・ライターの最高位
- ストーリー・エディター：スタッフ・ライターから昇進
- スタッフ・ライター：「ベビー・スタッファー（新人スタッフ）」とも呼ばれる（脚本スタッフの最初のポジション）
- フリーのエピソード・ライター：外部の脚本家。スタッフではない。

ショーランナーの稼ぎはシーズンあたり何億円にも上る。番組が成功すれば手柄だし、失敗すれば責められる。企画を動かし、人を動かす責任は重大だ。ドラマに関わる全ての人やスタジオ、ネットワークの期待に応えなくてはならない。

優れたショーランナーは何をしているか？

一流のショーランナーたちはどんなことを肝に銘じ、何をしているのだろうか？　色々な人の発言を調べてみた（以下、各ショーランナーの談話は二〇一三年の「バラエティー」と「ハリウッド・レポーター」から引用）。

スケジュールと予算を守る。

ベテランで後進の指導にもあたるジェフ・メルヴォイン（『Early Edition』『エイリアス』『アーミー・ワイフ』）は「質の高い脚本を納期までに仕上げること」を第一に挙げている。時は金なり。全てを日程と予算の枠内で進行させなくてはならない。

不測の事態に備える。

放映期間は長いから、先のことはわからない。ケヴィン・ウィリアムソン（『ザ・フォロイング』）は「脚本の構成ができていても、後で良い案が出れば変更します」。先の展開が流動的であるため、一度にまとめて作るのは五話分ほどにとどめる人が多い。当初、『ホームランド』のキャリーとブロディはあれほど接近する予定ではなかったそうだ。アレックス・ガンサは「二人の間に激しく引き合うものが見えたのはシーズン１の第三話か第四話の撮影をしてからです。俳優どうしの相性をもっと生かしたくなって、残りの脚本を大急ぎで見直しました」。『マッドメン』のマシュー・ワイナーも「ドンとロジャーが親しいなんて第九話まで考えてもいなかった」。『SUITS／スーツ』のアーロン・コーシュはそういう発見が最も楽しい部分だと言う。「脚本会議でみんなが驚くアイデアが出ると、これはいけるかも、と感じます」。『The Americans』のジョエル・フィールズは「全体を決めたつもりでも、やっぱり後で改善案が出てきて半分ぐらいは作り直し。流動的に進めるつもりはなかったけれど、結局はそういう部分も出てきました」。

洞察力と幅広い視野を持つ。

ショーランナーは照明や音楽も含めた演出もせねばならない。前述のジョエル・フィールズは「TVドラマに求められる水準は高くなる一方。映画館での鑑賞に匹敵するクオリティーが求められます」。ケヴィン・ウィリアムソンは「僕らはクリエーター。絵描きと同じ」と自負している。

原作物を翻案する。

現在アメリカで放映中のTVドラマは外国の原作物が多い（『ホームランド』『THE KILLING〜闇に眠る美少女』『THE BRIDGE／ザ・ブリッジ』『ハウス・オブ・カード　野望の階段』など）。また、小説のドラマ化（『ゲーム・オブ・スローンズ』『トゥルーブラッド』『オレンジ・イズ・ザ・ニュー・ブラック』）やクラシック映画のリメイク（『ベイツ・モーテル』）もある。原作物を翻案するのもショーランナーの仕事だ。『エレメンタリー　ホームズ&ワトソン in NY』を手がけたロバート・ドハティは「切り口は壊れかけのシャーロック・ホームズです。昔は人より十歩先を行けたのに、今は二歩程度しか先を越せない」。原作の奴隷にならず、尊重したいと述べている。ヒッチコックの映画『サイコ』の前章ドラマ『ベイツ・モーテル』のカールトン・キューズとケリー・エーリンも「原作に忠実なだけではつまらない。『サイコ』のようなTVドラマを自分たちで作りたい」。映画では母ノーマはすでに死んでいるから、ドラマでは生前の姿を自由に描けそうだ。ネットフリックス配信の『ハウス・オブ・カード』の翻案者ボー・ウィリモンは「原作に、より強い主張を与えました。皆さんが共感して下さるのはそこだと思います」。

優れた脚本を書き、それを何度も何度も書き直す。

ショーランナーには脚本監修以外の責務も多い。アーロン・ソーキンも「脚本家モードでない日の方が多い」と言うが、それでも次から次へと脚本を仕上げ続けなくてはならない。脚本家／プロデューサーは執筆能力や発想力を鍛え、書き直しの要請にも迅速に応えることが必要だ。筆者である僕も学生に「まずは初稿をしっかり仕上げて」と伝えている。直す必要がないほど完璧に近いものを出せ、という意味だ。ケヴィン・ウィリアムソンは自称「コントロール・フリーク（神経質なほどの完璧主義者）」で、全てをかなぐり捨てて脚本を上げ続けると言っている。それは至難の業であり、コンスタントに実行できる人は少ない。

ここで一旦、ショーランナーの指揮下で脚本を書くスタッフ・ライターの業務を見てみよう。

スタッフ・ライターの中でも新人の部類は企画の簡単なアウトライン（「ビートシート」と呼ばれる）執筆を任されることがある。

それがショーランナーに承認されたら、さらに詳しい概要書（八〜十ページ程度）を書く。スタッフに共同エグゼクティヴ・プロデューサー以上の脚本家が揃っている場合はアウトラインを書かず、すぐ脚本執筆にかかることが多い。

アウトラインや概要書に承認が下りたら脚本の初稿を書く。

与えられる時間は短い。シーズン初めなら二週間程度あるが、制作が始まると加速的にサイクルが縮まり、二日間で書けと言われることもある。ケーブルのドラマはワンシーズンが短いものもあり、制作開始前に全話の脚本を仕上げることもあるが、たいていは自転車操業のような忙しさだ。ある現場では一週間以内に初稿提出ならいい方だと言う。日程は非常にタイトだ。

脚本執筆の進め方は個々のショーランナーやスタジオ、ネットワークが決める。

彼らの要望に応えることがスタッフ・ライターの最大の使命だ。他の脚本家／プロデューサー、制作部や俳優から意見が出ることもある。上からの指示を受けて脚本を書き、さらに書き直すのは非常に大変。なぜなら自分が担当する回に変更を加える度に、その前後の回にも影響を及ぼすからだ。整合性をチェックするスクリプト・コーディネーターという役職もあるが、他人任せにはできない。筆力だけでなく記憶力も必要だ。

シットコム（シチュエーションコメディー）の進め方は独特だ。

スタッフ・ライターは会議で大筋を構成し、一日か二日でビートシートやアウトラインを書いてショーランナーに見せ、返ってきたコメントを取り入れて脚本初稿を書く。期限は一週間程度だが番組や時期によって様々だ。あるエミー賞受賞者のショーランナーは「シーズン初めは二週間程度余裕があるけれど、終盤になると八日間ぐらい。何人かで分担して書くことが多い」と語る。こうしてライターズ・ドラフトと呼ばれる初稿が仕上がったら会議でまた推敲し、セリフの読み合わせ会に向けて台本を刷る（この読み合わせはテーブル・リードと呼ばれ、俳優や脚本家、プロデューサー、ネットワーク役員らが一堂に会する）。

テーブル・リードは通常、月曜日。

そこで出た修正案を元に即、脚本の直しを始める。マルチカメラ撮影の番組では監督とキャストがリハーサルに入る（彼らは毎日、脚本の最新版を受け取る）。その週の金曜日までに決定稿を仕上げ、収録へ。

シングルカメラ撮影の番組も流れは同じだが、脚本の直しには寛容だ。

リハーサルと本番は同じ日に行なわれ、その後脚本が大きく変更になれば撮り直す。

脚本を書き上げてから視聴者の反響を確かめるまでには時間がかかる。再び、優れたショーランナーに必要な条件を見ていこう。

辛抱強く待つ。

カールトン・キューズ（『LOST』『ベイツ・モーテル』）は「シーズン1は手探り状態です。焦らず待つしかありません」。特に、登場人物たちがどれだけ支持されるかは最も気にかかるところ。ケヴィン・ウィリアムソンは「心を動かさないドラマなんて誰も見たくないでしょう？」と言うが、その通りだ。

作業を分担する。

いかにショーランナーが有能とはいえ、一人で番組を作ることはできない。制作面は人に任せ、実質的に全ての脚本を自分で書くデイヴィッド・E・ケリー（『ザ・プラクティス』『アリー my Love』『ボストン・リーガル』）のような人もいる。パソコン入力や配布は助手任せだ。マシュー・カーナハン（『House of Lies』）も自分の時間を脚本に当てるため、他のエグゼクティヴ・プロデューサーやポストプロダクション・スーパーバイザーをチームに引き入れる。分業で全体の効率がアップするそうだが、それも信頼できる人材が揃ってこそだ。アーロン・ソーキンは新人脚本家を募集して育てている。「一年か二年、有給で研修を受けてもらっています。シーズン初めに八人から十人ぐらい採用して、中盤で残るのは三人。後はその人たちとずっと一緒にやっていく」。『Parks and Recreation』のマイケル・シュアーは「できるだけ多くの人を雇いますよ。自分がクビになると困るから、ほどほどに」と冗談めかして言っている。

対人関係をうまく処理する。

ショーランナーは俳優や脚本家と接するだけでなく、スタジオやネットワーク役員、制作スタッフと話したり、間に立って連絡をつなぐ役割もする。彼らの自尊心を傷つけず、うまく付き合う処世術も必要だ。ミンディ・カリング（『The Mindy Project』）は脚本家たちのやる気を高めるために「良い点に目を向けます」。立ち上げて日が浅い番組は実績もこれからで、視聴率も低いところからのスタートだからネットワークからの要望も増えがちだ。そんな時、スタッフへの過剰なダメ出しはプレッシャーの与え過ぎにもなりかねない。結構なギャラを毎週頂いて文句は言えないが、筆者である僕もスタッフ・ライター時代、きついコメントが全部アルファベットの大文字で書かれると（文字が怒鳴っているように見えるのだ）さすがにしょんぼりしたものだ。逆に、褒めてもらうと嬉しくて、ずっと心の支えになる。軽いスキンシップで気持ちがなごむ場合もあれば、ストレートな指摘の方が効果的な場合もあるだろう。脚本術に長けたショーランナーはネットワークの要望の真意を読み取る。場合によっては先方の言う通りに書き直さず、現行のままでいけるように交渉したり、先方の提案を自分の手でもみ消して脚本を仕上げてしまうこともある。ただし、そうして出来たプロットや脚本がネットワークに却下された場合は制作全体に影響が及び、大変だ。

ショーランナーはチームの雰囲気を作り、外部から批判を受けても臆せずに対処する。ツイッターやファンサイト、インターネット掲示板などのソーシャル・メディアへの対応も同様だ。僕がインタビューした人たちはみなSNSを利用しており、プロットに多少なりとも反映させている。昔はニールセンの視聴率調査が唯一の指標だったが、それも結局、ネットワークが広告料金を設定するための数字でしかない。優れたショーランナーは視聴率や放映直後のファンの反応に振り回されず、自分の直感を信じて番組を作り続ける。

組織を動かし続ける。

『Anger Management』のブルース・ヘルフォードは毎週二話分の脚本を書きながら製作総指

揮も務め、スタッフ・ライターを二班動員して題材集めを続けている。自分と同レベルのスタッフを揃えなくては到底、日程をこなせない。予算や日程、脚本の進行については『The One-Hour Drama Series: Producing Episodic Television』(Robert Del Valle著、Silman-James Press、未邦訳)が詳しい。

スタミナを維持する。

ＴＶドラマ作りは長距離マラソンのようなもの。多忙な日々の途中で息切れしないことが大切だ。アーロン・ソーキンは「毎週、期末レポートを書いて出すような日々が丸一年続きます」。一つのエピソードを書き上げたら、ほっとする間もなく次を書く。『マッドメン』のマシュー・ワイナーのように書いたそばから撮影、オンエアとうまく流れる時もあれば、いい脚本なのに何度も書き直しを命じられる不毛な現場もある。ワイナーは仕事の多さをパイの大食い競争にたとえて「優勝の景品でもらったパイをまた食べる」と言っている。

昼も夜も仕事に取り組む。

ショーランナーは同業者の番組をよく見ている。互いにリスペクトし合い、ライバルの活躍を積極的に見て刺激を受ける。また、大多数が夜も週末も働いている。「ショーランナーは眠らない」とは『ウォーキング・デッド』のグレン・マザラの言葉だが、まさにその通りだ。

法則 1

完璧なピッチを準備する

Prepare the Perfect Pitch

ＴＶドラマのピッチ（売り込み）がどんなものかを見る前に、買い手側の話をしよう。まずピッチで重要なのはブランディング戦略。ＴＶ業界がどう動いているかを知るべきだ。

ケーブルＴＶも衛星放送もインターネット動画もなかった時代、アメリカのＴＶ放送は三大ネットワークと呼ばれるＡＢＣ、ＣＢＳ、ＮＢＣが牛耳っていた。後にフォックスＴＶが四番目になり、続くＷＢとＵＰＮは合併してＣＷとなった。

やがてケーブルＴＶが爆発的に普及し、今では何百ものネットワークが独自の視聴者層に合わせたコンテンツを持っている。各社がニッチに合ったシグネチャー・ブランドを確立しているのだ。ライフタイムは女性向け、スパイクは男性向け、ニコロデオンは子供向け。ロゴは同性愛者が対象でＭＴＶは高校生と大学生。Syfyは ＳＦ好きなオタク系とその周辺の女性向け。ＨＧＴＶは家探しをしている人や建築デザイナーなどを狙っている。

ＨＢＯやショウタイムにはプレミアム（有料）チャンネルがある。かつては準新作映画の放映で知られていたが、オリジナルの連続ドラマ制作に乗り出した。『ザ・ソプラノズ』や『デッドウッド』『Weeds～ママの秘密』『ホームランド』といった番組で、ＣＭは入らず、きわどいセリフや性的描写がある。ＡＭＣやＦＸ、Starzも似た路線を追っている。大手はいまだに大衆路線を維持しているが、それぞれ独自のブランド戦略で根強いファンをつかんでいる。幅広い視聴者層を固定客に持つとスポンサー獲得に有利だ。ネットワークの狙いはニューヨークの広告代理店各社であり、逆に広告を打つ側から見ても放送網は広く大きな方がよい。

一方、ケーブルや衛星放送はコンテンツの多さが魅力だ。たまには「いい番組がないなあ」と嘆くユーザーもいるだろうが、中小も大手もみな得意分野で番組を作って視聴率アップを目指していることに変わりはない。自社が狙う視聴者層とスポンサー、また社内の他のヒット作品との相性を意識しながら企画を検討する。

では大手ＣＢＳを見てみよう。『ＣＳＩ：科学捜査班』と『ＮＣＩＳ～ネイビー犯罪捜査班』でプライムタイム［一日の中で最も視聴率が高くなる時間帯］を席巻し、『チャーリー・シーンのハーパー★ボーイズ』や『ビッグバン★セオリー』、『ＮＹボンビー・ガール』などのコメディーも手堅くヒットさせてきた。彼らの戦略は「壊れていないものは直すな」。軒並み高視聴率だからそれでいい。画期的な新番組がほしくないことはないが、自社の視聴者層はあくまでも四十歳以上の保守派、ブルーカラー、ファミリー層だとはっきり意識している。

そんな保守的な態度も『CSI』が低迷したり、他社の追い上げが激しくなれば変わるだろう。だが、自社の立ち位置を心得る姿勢はまさにブランディング戦略だ。CBSは正義の味方が好きだ。CBSのドラマでは大抵、善が勝つ。『ブレイキング・バッド』のウォルター・ホワイトみたいな主人公などもってのほかだが、脇役ならOKだ。『デクスター』や『ホームランド』『Weeds』のように危ない香りがするドラマは傘下のショウタイムで放映するものと割り切っている。CBSにピッチするなら、陰のある主人公や、ダークで斬新な企画は不向きというわけだ。

そのような業界だから、企画と相性のよいネットワークを探すことが大前提となる。企画に合うのが一社だけなら内容がマニアック過ぎるのかもしれない。他社にも打診できるよう、少し幅を持たせてもよいだろう。つまり、ピッチの切り口を様々に変えるということだ。例えば「ユートピアのような街に引っ越した家族の周囲で怪現象が起きる」ドラマだとすると、若い女性インターンが外科医を目指す『グレイズ・アナトミー』放映中のABC向けには女性キャラクターを前面に出してピッチする。CWにはとんがった若者集団を、FXにはダークで変わった面を強調するといった具合だ。

もともとTVドラマにはそうした柔軟性がある。ヴィジョンをしっかり保ちつつ、買い手のニーズを察することが大切だ。『CSI：マイアミ』でエミー賞を受賞したアン・ドナヒューも「相手が探しているものを見つけてあげればいいのよ」と僕にアドバイスしてくれた。

言うのは簡単だが、実際、何をすればいいのだろう。各社のブランドを理解して、企画を立てる前から情報収集に努めることだ。アメリカでは脚本家にもエージェントやマネージャーがつくが、彼らの仕事の大部分は情報集めである。力のあるエージェントは常にアンテナを張り巡らして買い手の情報を入手する。放映中のドラマの打ち切りが決まればその後に入る新番組が募集されるかもしれないし、ネットワークの人事異動でチャンスが来る時もあるのだ。

ピッチの前の情報収集

情報収集はエージェントやマネージャーがいなくてもできる。「TVドラマにしたい」と強く思える企画があれば、次のステップを踏むといい。

1. 過去や現在の番組の中から雰囲気が似たものを見つける。それらを放映しているネットワークはどこだろう？　そのネットワークで放映中の番組と企画内容がかぶっていないかチェックする。

2. そのネットワークのブランドを観察する。女性向け商品のCMが多ければターゲットは女性層、ビールや車のCMが多ければ男性層寄りだ。スポンサーは番組を見る視聴者を狙い、ネットワークは番組を餌にスポンサーを獲得する――これがTVドラマ業界の食物連鎖だ。脚本のクオリティーも大事だが、それがTV向けである限り視聴率での評価が優先される。

3. ネットワークの中で高視聴率の番組と苦戦している番組を調べる。狭いニッチを狙うSyfy

などは大手と規模が違うため、社内の番組どうしを比較するといい。低迷中の番組や近年打ち切りになった番組と似た企画は採用されにくい。

4. ピッチ先が決まったら担当者の経歴をチェックする。長くその会社にいるか、他社から移ってきたか。過去にどんな番組を手がけてきたか、自慢の番組はどれか。彼らの好みは何か。現在ヒット中の番組でも、彼らの本音はわからない。同じ路線をキープしたい場合もあれば、内心変えたいと思っている場合もあるだろう。彼らのインタビューなどがネットに上がっていれば見ておきたい。媚びるのでなく、まず純粋に相手を知ることが役に立つ（アン・ドナヒューも「賢く楽に立ち回れ」と言っている）。

5. ピッチする企画と同じジャンルの作品を新旧幅広くチェックする。十年以上前の番組と比較検討される場合もあるからだ。独創的な企画と自負していても「似たような番組をこの前打ち切りにした」とか「他局で放映中の何々とそっくり」などと言われる可能性がある。その企画のどこが独創的で何が違うか、何が似ていてどうひねりを加えるかが言えるようにしておく。オリジナリティーにこだわる必要はない。実際、ほとんどのTVドラマは昔の何かにそっくりだ。『デッドウッド』は『ガンスモーク』や『荒野の七人』のような西部劇だし、『LOST』は『ギリガン君SOS』の設定に『ツイン・ピークス』のような謎めいたテイストや超状現象を足したものだ。医療ドラマではたいてい医師がヒーローと決まっているが、『ドクター・ハウス』はヒーローらしからぬ名医を登場させて変化球を投げている。医師が病気という事件を捜査、解決するという点では犯罪ドラマと同じである。

6. キャスティングにも目を向ける。映画俳優が「TVでこういう役を演じてみたい」と思っている場合は一緒に企画を進められるかもしれない。またネットワークの方で特定の俳優をコンセプトにした企画を求めている時もある。

7. 来期に向けたピッチを求める制作会社を探し、プロデューサーに会う。ヒット作品を終了させて手が空いた人は脚本を読んでくれる確率も高い。J・J・エイブラムスのバッド・ロボットのように業界屈指の注目度がある制作会社は難しい。彼らの元にはエージェント経由でトップレベルの企画が多数舞い込み、一般人の飛び込みはほぼ受け付けてもらえない。プロデューサーの価値は一般的な知名度ではなく、業界と太いパイプを持つことにある。昨日まで多忙だった人が突然暇になり、「新しい人と会ってみようか」と思う時もある。

8. 「誰が何を、いつ読むか」を知る。大手ネットワークが新作ドラマのパイロット版を関係各社に披露する「アップフロント」は毎年五月からニューヨークで行なわれ、それが終わったら新企画のピッチを受け始める。新番組（だいたい六〜一三話分）を発注するのは五月中旬から下旬頃。休暇をはさみ、役員たちは六月から企画開発に入る。近年このサイクルは後にずれ込み、ピッチのシーズンは七月頃になっている。新企画の購入と開発予算には上限があり、各社が使い切るのは十月末頃だ（一一月に入ることも稀にある）。スタジオやプロデューサーは六月を視野に入れ、虎視眈々と準備する。だいたい正月までに持ち駒を揃えるべく、日頃から自主映画やスペック脚本、大学院生の短編映画や新進気鋭の劇作家をチェックしている。彼らが優れた書き手を探しているように、書き手も優れたプロデューサーを探せばいいのだ。問題は、どうやって彼らに企画書や脚本を読んでもらう機会をつかむかだ。気に入ってもらえたら共にネットワークやスタジオへ売り込みに行ける。プロデューサーの仕事は有能な脚本家や有望な企画を見つけ、作品化に向けて動くこと。脚本家の仕事は実績を積んでアピールし、実力を認めてもらうことだ。

ピッチ先が決まったら内容を組み立て、リハーサルをする。無口でシャイな人にTVドラマのピッチはできない。ピッチとは演技であり、魅せる技術とサービス精神、情熱、カリスマ性が必要だ。台本を作って稽古をして所要時間を計り、無駄な言葉を削ぎ落としてまた稽古。セリフを頭に叩き込み、よどみなく、いきいきと、聞き手を楽しませるパフォーマンスに仕上げる。優れたピッチはうまい映画の予告編に似ている。興味をかき立て、内容を簡潔に伝える――制限時間は一五分だ。

海外ドラマのピッチの流れ

僕が参考にしているピッチのガイドラインを紹介しよう。内容によって順番などを変更、省略することもある。

1. **企画のジャンルに合う話し方をする。** コメディーなら爆笑させるほど面白く。スリラーなら間合いをとって緊迫感を高める。ファミリードラマなら温かさや情感を伝える話し方。犯罪や法律、医療ドラマなら事件から解決までの道筋で好奇心と感動を引き出す。

2. **枠組みと設定を伝える。**
   a. 番組の枠組みは（例：三十分物のコメディー、一時間物のドラマ）？
   b. ジャンルとトーンは？
   c. 時代設定は？
   d. 舞台となる場所は？（『ワンス・アポン・ア・タイム』のようなドラマなら二つの世界観を説明する）。

3. **アイコンタクトは全員に。** 部下に当たる人たちとも等しく視線を交わす。「私は無視された」と感じる人を出すと後でしっぺ返しが来るかもしれない。差別をせず、全員に等しく敬意を払う。

4. **興味をそそる言葉で話す。** 設定を述べたら刺激的な出だしで本題に入る。面白い事実や統計、質問で始めたり、コメディーならジョークで始めてもよい。聞き手を楽しませる語りをする。

5. **パイロット版のAストーリーとBストーリーを伝える。** メインのプロットをAストーリー、サブプロットをBストーリーとして説明する。登場人物は一覧表で説明せず、ストーリーに沿って自然に紹介する方が効果的だ。特徴や魅力などもあらすじの流れの中で伝える。多くの人物を続けて紹介すると聞き手を混乱させてしまうので注意する。物語の流れ上、なぜ、そのタイミングでその人物を紹介するかを伝えるとよい。悩みや問題、長所や短所も紹介する。

6.パイロット版の構成を伝える。僕は幕の区切りをはっきり伝え、トーンやペース、スタイルを感じてもらえるようにしている。CM前の小さなクリフハンガー（どきどきさせる終わり方）や、クライマックスも披露する。自然な流れで驚きと感動のエンディングに持って行けたら最高だ。

7.パイロット版は「この先、何かが起きそうだ」というテンションを高めて終える。映画はエンディングで決着がつくが、ＴＶドラマのパイロット版は続きに大きな期待を持たせて終える。

8.聞き手の感情移入を促す。登場人物の気持ちが伝わり、常に続きが気になるように話す。聞き手の感情を揺さぶることが大切だ。誰かに言わずにはいられない、続きが気になって眠れないというほどに。先方がイエスと言い、ノーと言えなくなったら採用決定だ。

9.毎週の展開を説明する。毎週のエピソードをどう展開していくか説明する。『ウォーキング・デッド』のグレン・マザラは「いけてる人がいけてることを毎週やらかしてくれる」のがいいＴＶドラマなのだと話す。人物紹介に加え、各エピソードで何をするかを明確に述べておく（後に「フランチャイズ」という呼び方で詳しく述べる）。

10. 続きを最低三話分は言えるよう準備しておく。 万一尋ねられた場合に備え、いくつかのエピソードの内容を表す一文（通称「ログライン」）を用意する。プロットの細かい説明ではなく、ストーリーの原動力を端的に言い表すことが大事だ（本書ではこの原動力を「ストーリー・エンジン」と呼んで述べていく）。ピッチする企画は連続物か一話完結物か？　連続ドラマでは各人物のストーリーが毎週続けて展開する（例：『24－TWENTY FOUR－』『ダラス』『ゴシップガール』『ブレイキング・バッド』『マッドメン』『ウォーキング・デッド』『LOST』『Friday Night Lights』『Parenthood』）。ストーリーの中で人物が変化する軌跡を「キャラクター・アーク」と呼ぶ。

11. ストーリーのタイプを伝える。 『ロー&オーダー』や『CSI』『BONES』『ドクター・ハウス』は一話完結物だ。『グッド・ワイフ』や『グレイズ・アナトミー』『スキャンダル 託された秘密』『ワンス・アポン・ア・タイム』は週をまたいで連続させるプロットと、一週でオチがつくAストーリーの混合型だ。『TOUCH／タッチ』のシーズン1はキーファー・サザーランドが演じる父親のドラマを一話完結で描き、シーズン2から連続物に発展させている。ネットワークによって傾向や好みは異なる。例えば最近ABCでは混合型が好調で、純粋な連続物（例：『リベンジ』）はやや下火だ。

12. 「ミソロジー」（神話的な設定）を簡潔に伝える。 ミソロジーとは世界観の細かな設定を指す。大きな謎の裏に細かい秘密や裏設定がある場合は簡潔にピッチしておく。『LOST』のように壮大なミソロジーがある場合も、ピッチではほんの一部を披露する。「わからない、もっと知りたい」と思わせることがＴＶドラマに活力を与えるからだ。毎週おなじみのメンバーが登場するシットコムでも、騒動がどう解決するかは未知であり、楽しみだ。よいピッチとは聞き手が質問したくなるピッチ。「次はどうなるの？」と相手が身を乗り出し「どうしても続きが気になるから企画を買おう」と思ってくれたら言うことなしだ。

13. 始まり方の種別を伝える。

パイロット版の始まり方は二種類ある。一つは「プレミス・パイロット」と呼ばれ、物語の始まりを描く（例：『LOST』＝航空機が墜落する／『THE KILLING～闇に眠る美少女』＝刑事が殺人事件の捜査を始め、新入り刑事とコンビを組む／『グレイズ・アナトミー』＝研修医たちが病院で初日を過ごす／『Ｘ－ファイル』＝スカリーがモルダーと出会う／『ホームランド』＝中東から帰還した軍曹をＣＩＡ職員が怪しむ）。

もう一つは「ノン・プレミス・パイロット」。すでに進行している物語の途中から描く。番組の第一話だが登場人物にとっては第一日目ではない（例：『マッドメン』『ゲーム・オブ・スローンズ』『ダウントン・アビー』『Parenthood』『モダン・ファミリー』『ＥＲ緊急救命室』『ザ・ホワイトハウス』）。プロット重視の一話完結物（例：『メンタリスト』『リゾーリ＆アイルズ』『ロー＆オーダー』）はノン・プレミス型が多い。緊迫感が高い場面で始まり未来にフラッシュフォワードする混合型（例：『グッド・ワイフ』『ロイヤル・ペインズ』）や、フラッシュバックして過去のいきさつを描く構成（例：『ブレイキング・バッド』『ウォーキング・デッド』『ダメージ』）もある。『Friday Night Lights』はアメフト選手の事故が及ぼす影響を描いていくため、プレミス型と言えそうだ。『ザ・ソプラノズ』はすでにマフィアとして活動しているトニー・ソプラノの描写に加え、彼が初めて精神科医を訪ねる場面を描く混合型になっている。

14. キャストの多様性をアピールする。 多くの視聴者を獲得したいネットワークに対してキャストの多様性を訴えると効果的だ。現在アメリカではヒスパニック系の視聴者層が厚く、主役クラスに最低一人はラテン系の人物を入れなければピッチは不可能だそうだ。これも視聴者のニーズであり、好きなドラマの人物に自己投影したい心理は無視できない。もちろん『となりのサインフェルド』や『ザ・ソプラノズ』、『フレンズ』など例外も多いが、時流は絶えず変化する。余談だが、キャラクター紹介では映画スターを例に出してもかまわない。「まるでブリーフケースを持ったジェニファー・アニストン」といった表現をすればイメージしやすい。ただ、例に出した俳優がたまたま相手の嫌いな俳優だった、というリスクもある。

15. 群像劇なら写真や図を用意する。 僕自身、雑誌の切り抜きで人物相関図のパネルを作って説明したことがある。相関図は配布しない方がいい。みんなプリントばかり見てしまい、こちらを見てくれなくなる。

16. 三分以内の短い映像があれば上映する。 ただしクオリティーが高いものに限る。上映時に技術面で手間取るなど、素人っぽい印象を与えないよう注意。

17. 小道具も効果的だが、それに頼らない。 もし『ファイト・クラブ』TVドラマ版のピッチでファイト・クラブ石鹸を配り、殴られた跡のメイクをして話せば先方の記憶に残るかもしれない。だが、あくまでもストーリーと登場人物が大事だ。

18. ピッチを終えたら黙る。 話し終えた後の静寂は恐ろしい。何か付け足して言いたくなるが、誘惑に負けてはならない。切り札を持っているつもりでゆったり構え、先方に考えさせる。ここで言葉を発してしまうと一気に態勢が不利になる。先方に質問があれば黙っていても尋ねるはずだ。「ありがとう」と言われたら帰る。去り際に「いつお返事を頂けますか？」「どうでしたか？」「何かご提案は？」などと質問すると企画に対する自信のなさを印象づけてしまう。

19. 人間関係を大切に。 才能なくして成功はできないが、人とのつながりも無視できない。ピッチを買ってもらうということは先方が自分に賭けてくれたということだ。「この人に番組を任せられるのか？」「最高の脚本を仕上げてくれるのか？」と疑問視されれば、先方はリスク回避のために他のクリエイターにも予算を投入する。有望な新人ならば経験豊富なショーランナーと組むことを視野に入れてもらえるが、パイロット版の脚本を発注するかどうかの時点ではピッチする本人と相棒のプロデューサーの態度や人柄で判断される。失敗しながら学べばよいが、「今すぐ返答を下さい！」と相手に食ってかかったり、怒って出て行ったりすると取り返しがつかない。スターでなくチームプレイヤーとしての意識を持ち、ピッチの最中に先方が電話やメールに応対してもにこやかに、柔軟に対応する。キレると自分が損をする。

20.プロに徹する。時間厳守でスムーズに。ピッチの最初に情報保護や守秘義務のお願いを述べる人がいるが、業界では厳禁とされている。また、個人的な事情は持ち込まずに線引きをする。

21.金額の交渉はしない。アーティストに徹して表現面の話題のみに触れる。契約や予算の交渉はしない。

22.プロデューサーに会う時は企画を三つ用意する。パートナーとして組みたいプロデューサーには複数の企画を見せてアピールするとよい。逆に、スタジオやネットワークにピッチする時は一つの企画に絞る。商品を並べる販売員のようでなく、一つの企画に心底賭ける気迫を見せる。

また会う余地を必ず残せ。売ろうとせずに、まずは相手との信頼関係を築く。ピッチに呼ばれたということは、こちらが提示したサンプルが気に入ってもらえたからだ。先方の反応が鈍くても、企画とは無関係の事情があるかもしれない。がっかりせずに「また会いたい」と思ってもらえる関係作りをする。相手の考えを否定したり、議論をふっかけたりすれば押し付けがましく見えてしまう（ピッチでは最もまずいことだ）。

インタビュー

『ゴースト～天国からのささやき』

キム・モーゼス&イアン・サンダー

主な経歴　『ゴースト～天国からのささやき』（製作総指揮／イアン・サンダー／監督）2014

『ゴースト～天国からのささやき』（製作総指揮／監督）2005-2010

『Ghost Whisperer：The Other Side』（ウェブ限定シリーズ）（製作総指揮／プロデューサー：キム・モーゼス／脚本）2007, 2010

『プロファイラー/犯罪心理分析官』（製作総指揮／監督／脚本）1996-1999

『I'll Fly Away』（イアン・サンダー／製作総指揮／プロデューサー／監督）1992-1993

NL：企画の売り込み先探しやピッチのしかたについて話してきました。これからのTVドラマには何が求められるのでしょう？　まずは『ゴースト～天国からのささやき』の話からいきましょうか。企画採用までの経緯はいかがでしたか？

IS：僕たち夫婦はネットワークとケーブルの両方を経験していますが、まずアメリカのネットワークの状況から説明しましょう。CBS、NBC、ABC、フォックス、CWがありますね。父から「お前はどういう仕事をしてるんだ？」と聞かれて「一般的なドラマだと、ネットワーク各社は七月から九月の間に三百件から五百件のピッチを受けるんだ。J・J・エイブラムスみたいな大物から僕らみたいなプロデューサー、それに弁護士やエージェントを通した売り込みもある。その中から脚本の発注を受けるのが五十～七五件。その中からパイロット版が制作されるのが十件か一二件。シリーズ化されるのは三、四件。シーズン2に継続するのはその中の一、二件だよ」。八五歳の父は「なんじゃ、そりゃ?」って。それが現実ですから厳しいですよね。ピッチで他の三百から五百の企画に勝って、上位五十本に入らなくてはなりません。

KM：ネットワークは競争が激しいんですよ。派手な企画を求めますしね。もちろん内容がよくて派手さもあるのが理想だけれど、特に今は派手であることが重要視されます。ネットワークの力が落ちてきた上にライバルが増えているでしょう? 三大ネットワークと呼ばれていたのが四社、五社と増えてきた。それにDVRの普及で好きな番組を好きな時に見る人が多くなりました。ケーブルTVも力をつけていて「ケーブルのドラマに出たい」と言うタレントも多いです。ケーブル、ゲーム、インターネットがそれぞれにプラットフォームを持っている。そうしたデジタルメディアの方にお金が流れていてTVは苦しい状況ですね。特に大手にとって怖いのは新興ネットワーク。ヒスパニック系のUnivisionなどはNBCより高い視聴率を取ることもあるんです。今後もラテン系の視聴者層は流動的に広がりそうです。音楽やファッション、デザインなどの若者文化を中心にコンテンツが求められていくでしょう。もう一つは、ケーブルネットワークのブランド化。ブラボーやヒストリー・チャンネルが『宿敵　因縁のハットフィールド&マッコイ』といったドラマで大胆な方向転換を図り、ネットワークをしのぐ勢いです。

IS：ヒストリー・チャンネルで三日間放映されたドラマですね。確か去年のNBCのどのドラマ番組よりも高い視聴率を取ったと聞きました。日曜夜のアメフト中継と「The Voice」、あと二、三の番組は負けていないけど、NBC

のドラマがヒストリー・チャンネルに負けるというのは前代未聞です。

KM：『ハットフィールド』をきっかけにブラボーやアイオンといった小さいネットワークが勢いづきましたね。ケーブルといえばリアリティー番組だったけど、どんどんドラマ番組を発表し始めた。大手はうかうかしていられませんよ。クリエイターにとってはチャンスが増えていいけれど。

IS：デジタルで映像を作る人が増えていますしね。ユーチューブやフールーもあるけれど、問題はどこがオリジナル番組を作るのか。ネットフリックスはもう始めていますね。ディレクTVも。ビジネスモデルとして見た時に「動画配信で収益が出せそうだが、もしだめだったら自分たちで新しいコンテンツを作ってみよう」と考えたのでしょう。面白いですよね。TVの今後の展望はそこだな。

KM：今は過渡期で面白いけれど、戦術と戦略の両方が必要。戦術とは優れた番組を作って放映することです。私たちは専門家や研究者、ネットワークやスタジオ、ファンクラブの運営者さんたちと話したりして外部の視点も取り入れています。企画を立てて売り、優れた番組を作ると同時にデジタル・プラットフォームも育てていく。いい番組を放映するだけではもうだめなんです。そこで戦略の話になってくる。視聴者への働きかけを番組スタート前から始めてつながりを育てていくんです。「番組がつまらないから誰も見ないんだ」というのはハリウッドや作り手側の大きな勘違いかもしれませんよ。ファンの世界って、何をしてもらえるかが大事なの。潜在的な視聴者も含めて、全米、全世界の人々のことを考えていきたい。ですからピッチでは常にファンを意識してコンテンツの焦点を絞ります。

クリエイティヴ面では毎年二百ページほどの資料を作ります。「視点」と呼んでいるんですけど、その年の経済や文化、人間関係やコミュニケーションの特徴などをまとめたものです。エンターテインメント業界や映画、出版、TV業界の現状分析、それからネットワークやスタジオ、ケーブル、デジタルメディアの分析。役員や編成部、調査担当や制作部とも会って話を聞きます。発見があってすごく面白いですよ。この資料をもとにシーズンの企画を立てます。アメリカの業界市場と世界市場の二つを考えますが、後者の方がどんどん重要になってきています。「視点」に沿って企画の外郭ができたら、次はコンセプトやアリーナ（分野や設定）、題材や脚本家の組み合わせ。とても細かいパズルのような作業なんですけど、一足す一が千ぐらいの効果が出せそうな案ができれば、脚本家にピッチを準備してもらいます。前にやったような番組や、今が旬の題材はだめ。パイロット版の発注を受ける頃にはもう古くなっている。かといって時代を先取りし過ぎたものは理解されませんから、現在の主流と時代の先取りの中間を狙います。

IS：僕たち夫婦と脚本のジョン・グレイは『ゴースト』と並行して他の企画も進めていましたけどね。彼とは二十年来の付き合い。一九八九年に僕が彼の最初の二時間ドラマをプロデュースして、その時にキムとも出会いました。三人とも同じエージェントにお世話になっていた関係で。僕とキムは『プロファイラー／犯罪心理分析官』や『I'll Fly Away』『Equal Justice』『New York News』『The Beast』といったTVドラマをやっていた。一方、ジョンが監督した『ヘルター・スケルター』という二時間ドラマが好評だったので「今度、一緒に超常現象物をやろうよ」と誘ったんです。それを彼がCBSのベラ・バジャリアに伝えたら「ジェームズ・ヴァン・プラグ原作の『Living with the Dead（死者と生きる）』というドラマはよかったわ」。これは合計四時間のミニシリーズ（テッド・ダンソンが原作者ジェームズ役で出演）で、「ジェームズが霊能力者を紹介してくれたの。メアリー・アン・ウィンコウスキーという女性で、家の除霊をしてくれるの。すごいわよ！　そういう話をドラマにできる？」。そこまでベラが乗り気だったので、僕たち三人で企画を立てることにしました。

KM：ギャラップ調査によると五歳から七五歳の人たちの七割が幽霊を信じるそうです。五歳の子どもも『キャスパー』を見たりしますからね。「Living with the Dead」を検索すると六千万ヒットもあって、相当な固定ファンが見込めそうでした。

IS：まずABCに持ち込んだけど当然のごとく却下。次にCBSへ、原作者のヴァン・プラグも一緒に来てもらいました。オハイオ州にいるメアリー・アンにも電話に出てもらいましたよ。「本物の霊能者に語ってもらいます」って。彼女の話をみんなでスピーカーフォンで聞いていたら、ふと「もしかして、書類棚の上に枯れた植物がありませんか」と言うんです。見たら、そこに本当にあるんですよ、枯れた植物が。僕は小声でキムに「これで決まりだね」。案の定CBSは企画を買ってくれました。ディベロップメントは楽しくて、ジョンもいい脚本を書いてくれたなあ。ただし、パイロット版を作るなら主役に名前が売れているスターを確保してくれと言われました。一人のヒロインを軸に話が進むから、売れている女優でないとネットワークはゴーサインが出せない。当時スタジオと契約があったジェニファー・ラブ・ヒューイットを候補にしていて、半年前から本人とも「一緒に番組ができたらいいね」と話していました。でも、うちより先にシットコムのパイロット版に出演していて、そちらに取られてしまう可能性があって。他の女優さんにもあたったけれど日程が合わない。幸いジェニファーのシットコムは継続にならず、『ゴースト』に出演してもらえるようになりました。

KM：最初から彼女が本命でしたからね。

IS：でも彼女はTVシリーズ初主演。大丈夫なのかとCBSが言うのでCEOのレスリー・ムーンヴェズと本人を引き合わせてOKをもらいました。ジェニファーからも脚本にOKをもらい、ジョン監督でパイロット版の撮影。仕上がりは上々でしたが、CBSからは「他のパイロット版にもいいものがある」。つまり、予算を工面してほしいという意味で、ABCスタジオとCBSスタジオの間で折半する話をつけました。パイロット版の放映後、CBSが題名に難色を示したけれど、結局オリジナルのままでいけてよかったです。放映時間は金曜夜八時からに決まりました。過去十年間でシーズン2まで続いたドラマは『X－ファイル』を含め、全体の一八パーセント。八二パーセントはシーズン1で打ち切りです。CBSといえば『CSI：科学捜査班』『CSI：マイアミ』『WITHOUT A TRACE／FBI 失踪者を追え！』『コールドケース』など一話完結物が揃っている。その中で僕らの『ゴースト』のヒロインは二五歳の霊能者。じゃあ一九九六年の『プロファイラー』から実践してきたインターネットでの戦略を生かそう、と。『ゴースト』放映決定と同時にインタラクティヴ・ゲームやニュースレター、ビデオなどを作って『Living with the Dead』のサイトや心霊現象のサイト、ジェニファー・ラブ・ヒューイットのファンサイトなどにどんどん配布しました。トレンダムの調査によると、その年で番組開始前から最も話題になったドラマだそうです。ちなみに前年の一位は『LOST』。それから五年間ずっとエピソードごとに新しいコンテンツを作って配信し続けました。データベースを作って視聴率アップの参考にしたり。これを僕らはトータル・エンゲージメント・エクスペリエンス、略してTEEと呼んでいます。番組を軸に様々なエンターテインメントを構築し、視聴者がマルチに楽しめる基盤を作る。無限ループのように回遊して頂くことで（1）視聴率を築く（2）話題を作る（3）収入源を得る。

収入源を得た経緯をお話ししますね。シーズン1で視聴者から「幽霊になるってどんな気分？」という声が多く寄せられた。そこでキムは「幽霊視点のウェブサイトを作ったらどうかしら」。CBSにピッチしたら「自動車は出てきますか」と言われたので「もちろんです」と即答しました。ネットワークからの質問には「はい」と答えておけば間違いない。結局、その流れでゼネラルモーターズがスポンサーに決まり、同社の車を登場させることになりました。ウェブ限定のドラマ『Ghost Whisperer: The Other Side』はその年のTVガイドの「最優秀ウェブシリーズ」に選ばれました。GMはシーズン2のスポンサーにもなってくれましたから、CBSにも僕らにとっても非常にありがたかったです。シーズン1はGMなしでやっていましたからね。シーズン2からレギュラーで登場する車はみなGMの提供です。このようにウェブドラマを発端に広がった例は当時珍しくて、Wiredとフォーブス誌の記事になりました。モバイルのアプリやコミック、公式ガイドブックも作ったし、ウェブドラマは四年続けて番組PRに役立ちました。番組は百七話まで継続し、ネットワークとケーブル三社が購入放映し、世界一六九の国と地域でも放映されました。

NL：トータル・エンゲージメントの依頼は他からも来るようになりましたか？

IS：ええ、『デスパレートな妻たち』や『アグリー・ベティ』、あと『ゴースト』を購入してくれたSyfyとWEでも手がけています。マルチ展開より単発の仕掛けをすることが多いですけど。全体的なアプローチは大事だけど難しい面もありますね。大変ですがやりがいもあります。視聴者に呼びかける「オーディエンス・アウトリーチ・プログラム（AOP）」も効果があるし、今ではパイロット版のピッチに必ずTEEの内容も織り込んでいますよ。

KM：もともとTEEの目的は番組の継続と視聴者獲得でしたが、大成功したので『モンスター・ホテル』（二〇一二）や『ハッピーフィート2』（二〇一一）といった映画でも実施しました。楽しかったですよ。ワーナー・ブラザーズやソニー、他の大手スタジオ向けにもやりました。「番組制作との掛け持ちは大変じゃない？」と言われますが、そうでもない。どれもクリエイティヴな仕事だし、車輪がぐるぐる回るのと一緒。けっしてばらばらにならず、一つの行き先へ向かって行く感じです。

まず普通のピッチをしてからソーシャル・メディアの動かし方を伝えて補強する。ステロイドのような効果がありますね。エンターテインメント企業には（1）コンテンツ（2）デバイス（3）話題性の三つを提供する使命があると思っています。

インターネットとTVを融合させたスマートTVにも私たちはいち早く着手しました。ずっと前から第二、第三のスクリーンが「来るぞ、来るぞ」と言われ続けてようやく業界も価値に気づいた。視聴者には定着してきていますから、ＴＶや映画への関心を奪わず、むしろ高めるような体験を提供したいです。

ＩＳ：キムが二、三年前にマサチューセッツ工科大学で講義をした時「ＴＥＥの話はよそでも聞いたが、結局スタジオとネットワークが得をするだけでは？」という声が出た。彼女は「ＴＥＥのおかげでうちの子は私立に通っています」と答えましたけどね。『ゴースト』が五年間、『プロファイラー』が四年間続いてさらに広がったのも俳優や脚本、監督のおかげですが、ＴＥＥや多重メディア戦略もある程度の効果はあったと思います。

ＫＭ：七、八年前なら新番組は軒並みヒットしたけれど、今は状況が違いますもの。ただ新番組を始めるだけではだめ。

ＮＬ：お二人は色々なピッチを聞くことも多いでしょう？　コンセプトを聞いて面白いと感じたら、次に考えるのは売り込み先ですか？

ＫＭ：さっき言った「視点」の資料のおかげでいけそうかどうかの判断はすぐできます。この前イアンが持ってきた本もそう。これだったらＣＢＳかな、と売り込み先もすぐ思いつきました。彼らは今の路線を維持しながら若年層も取り込みたいの。だから、少し変わった刑事物なんかがぴったり。

ＩＳ：それに、昨秋からＣＢＳは『ＮＹボンビー・ガール』で若い女性層も増えたでしょう。だから今、さらに女性向けの路線を拡大したい。『Survivor』の後に『Amazing Race』を作ったり、『ＣＳＩ：科学捜査班』のスピンオフを作ったり、ヒット番組に続いて道を拡張するのが得意です。

ＮＬ：ＣＢＳでは『グッド・ワイフ』も大ヒットしていますね。

ＩＳ：彼らは喜んでいますよ。賞獲りレースにケーブル各社と競える大手は少ないですから。『グッド・ワイフ』も評価が高いですよね。ケーブルのドラマは年に一二話か一三話だけど、年間二二話をクオリティー高く保って作り続けるのはすごい。

NL：ピッチで重要なものは何ですか？　ログラインかな。

KM：ええ。それと卓越した題名。去年からそれはすごく要求されますよ。

NL：ログラインとフック（つかみ）の違いは何ですか？

KM：ログラインはネットワークとスタジオ向けのマーケティング・ツール。上（上司やスポンサー）を説得し、外（マスコミや視聴者）に訴える文句が必要なんです。でも、優れたドラマをたった一つの文では表せない。それはみんなわかっているけど、ドラマの世界観や登場人物、雰囲気が表れる文でないといけないの。

IS：僕らのピッチを聞く人たちが最終決定をするわけじゃないんですよね。彼らが上に伝えて承認をもらう形だから、伝達する時に使ってもらうものをこちらから出す。それはログラインかもしれないし、本やポスター、専門家の紹介という時もあります。

NL：フックは？

IS：キャッチコピーのようなものですね。「もう海は安全だ、と思ったその時に」みたいな。

NL：毎週描く内容についてはどうですか？『ゴースト』では毎週新しい幽霊が登場しますが。

IS：ネットワーク向けには一回ごとに見終わった感じがするドラマがいいんです。『LOST』が例外だったのはミソロジーと呼ばれる設定が魅力的だからですね。見終わった満足感もありながら、続きが知りたくなるような謎めいた設定もあるといい。ですから、例えば『プロファイラー』でも毎週の事件に加え、ヒロインが何者かにストーカーされる設定を作りました。彼女の夫を殺した犯人が奇妙なやり方で彼女を操ろうとする。ヒロインと彼との攻防を継続させて、一話完結の部分と並行できたら理想的です。

NL：ネットワークでのピッチではどれぐらいの情報を出しますか？

KM：私たちから「なぜ今、この題材でこの脚本家なのか」を伝えたら脚本家にバトンタッチして世界観や人物の相関図、テーマの説明。あらすじは言わずにストーリーの要点だけを挙げ、なぜそれが共感を得るのか、なぜ価値があるかを述べます。あとは人物像を表すセリフとパイロット版のエンディング。最後に再度、プロデューサーの私たちから今後のエピソードの案と、主要人物の行動と裏設定との関連を伝えて終わります。脚本家の皆さんにとって大切なのは（1）人物紹介の前に世界観を説明することと（2）その題材に情熱的に取り組む理由を述べること。去年NBCに企画が売れた時、「あなたがたの熱意に打たれた」と言って頂けましたから。また、ピッチの最初に設定をはっきり説明するのは、他の企画と間違えられるのを避けるためでもあります。先方は部屋から部屋へ移動してたくさんのピッチを聞きますからね。

NL：新人のピッチが売れることはありますか？

IS：「これは無視できない」というものでない限り難しいですね。他にも企画は何百とあるから「どうでもいいや」と思わせる隙があれば終わり。大ベストセラーになった原作本があるとか、すごく有名な著者や大ヒットした映画のドラマ化だとか、高名な専門家や大物監督が企画に入っているとか。スター俳優の出演でもいいけれど、それは実質上難しい。

KM：でも可能性はゼロではありません。結局、上がイエスと言えば企画は通る。時が経てば人事も変わりますしね。他方ではインターネットで大ブレイクする人も増えています。映画『フェーム』のリメイクを監督したケヴィン・タンチャロエンは私たちの友人なんですが、すごいですよ。次は何の映画を撮るのかなと思っていたら、自費でウェブドラマを撮りました。モータルコンバットというゲームを六分か八分ぐらいのドラマにしたの。当時アメリカの子どもはみんなそれで遊んでいたからフォロワーの数はすごい。目の付け所がいいなと思いましたよ。実は彼とうちの息子どうしが友だちで、ドラマの一部は私たちの家で撮影したんですよ。そしたらある朝、うちの末っ子が「ケヴィンのビデオがユーチューブのトップページに出てる！」って。アップした初日のその時点で百二十万ヒット。次の二日間で六百万ヒットを越えても勢いが止まらない。彼のところにワーナー・ブラザーズから電話がかかってきたそうです。権利問題で訴えられるんだと思って死ぬほど怖かったらしいですよ。でも『モータルコンバット』を正式にドラマ化したいので監督をしませんか、という誘いだったんですって。厳しい業界だけど、頭がよくて頑張る人にはチャンスがあります。私たちは一歩一歩積み上げてきたけれど、一気に道が拓ける人もいるでしょうね。

法則 2

新たな「アリーナ」を模索する

Explore a New Arena

ＴＶドラマは未知の世界や知られざる内幕を見せてくれる。僕は映画脚本の学生に「もう一人登場人物を作るつもりで舞台設定を考えて」とよく言う。これは長編映画にもＴＶドラマにも当てはまると思う。アメリカのＴＶドラマ業界では舞台設定を「アリーナ」と呼ぶが、時代や風土、慣習や言語、スタイル、交通、価値観、風俗や文化、政治、宗教などの全てが含まれる。

『サン・オブ・アナーキー』はカリフォルニア州のチャーミングという架空の街に集うバイク・クラブの世界を見せてくれる。やくざな世界の権力抗争はまるでシェイクスピアの劇さながらだ。自分の立場に疑問を抱く主人公ジャックスは人として様々なことに目覚めていく。

『ザ・ソプラノズ』はニュージャージーのマフィアの世界を舞台にトニー・ソプラノの仕事と家庭を描く。『ブレイキング・バッド』ではおとなしい高校教師が覚せい剤の精製に手を染める。視聴者は彼の目線でドラマを見る。彼が何か学ぶたび、僕たちも学ぶのだ。

『シックス・フィート・アンダー』は一家が営む葬儀業をつぶさに見せる。『Big Love』は一夫多妻家族の日常を描く。

昔から「自分が知っていることを書け」とよく言われるが、自分の知識や経験にも限りがある。実体験を生かして書けることは書き、あとは調べて書けばいい。リサーチすることが好きな人、嫌いな人はいるだろうが、下調べを全くしない書き手は怠惰なだけだ。調べることは楽しいし、文章を書くよりずっと簡単。ネット検索だけでなく、外に出かけて人々に話を聞こう。世界観の全てを自力で創作しようとするよりいいだろう。

知らない世界を調べて書く

僕はアメリカの証人保護プログラムを題材にドラマを書こうとしたことがある。連邦保安官局が行なう人身保護措置だが、当初、僕は知識ゼロだった。「人は本当に過去を葬れるのか？」と思ったのがきっかけだ。証人たちは逆恨みによる襲撃から身を守るために身分を変え、別人として新生活を始める。当時はまだ『ザ・プロテクター／狙われる証人たち』がUSAネットワークで制作される前であり、証人保護を描いたドラマは例がなく、新鮮味のあるアリーナだった。だが、なにしろ機密を扱う政府機関のプログラムだから全てが謎のベールに包まれている。僕は何ケ月もウェブサイトや小説、実録本を読み、FBIエージェントにも話を聞いた（当局と担当部署には取材を拒否された。当然だ）。調べれば調べるほど面白くなってきた。施行以来、規定に従った証人は全員殺されずに済んでいる。どんな状況にいる人が対象で、どのように保護されるのかも調べたし、誰の視点でドラマ化するかも考えた。

プログラム対象者は何千人もいるし、証人を担当するインスペクターの数も多い。ある地域のインスペクターの視点で、一話ごとに証人を一人登場させる形がよさそうだ。管理と安全上の理由で証人はアメリカ中西部に引っ越すことが多く、本人も叩けば埃が出る身らしい。根は善人という人もいれば殺人犯や麻薬の売人もいる。当局が取引のために保護する場合もあるそうだ。狙いはマフィアの親分、大物テロリストなどの逮捕である。

証人は新しい名前や社会保障番号、住所や職業、就学先などを得て「別人」になる。新しく得た身分がたまたま危険なものだったらどうだろう。ある実話では、証人の奥さんがスーパーでばったり旧友と会ってしまい、あわてて二度目の引っ越しをして再度身分を変えた。僕はこうした面白い発見をどんどんメモした。一八歳になった娘が保護プログラムの脱退を希望したらどうなるか（家族とは二度と会えない）。親族の葬儀に出席できるか（元の自分として行動すればプログラムからは永久脱退）。ピアニストが別人の身分を得たらもう演奏会はできないのか（保護下にある限り絶対に不可）。ちょっと笑える話もある。マフィアの親分があまりにも太っていて目立つため、当局は彼にダイエットをさせた。

舞台設定となるアリーナを調査すればするほど情報が手に入る。アイデアもひらめくし、ピッチの後の質疑応答にも自信を持って対応できる。脚本に書くのは氷山の一角だが、それを読んでくれた人が「もっと知りたい」と企画を採用してくれることもある。

人気TVドラマの舞台設定

個性的な主人公と面白い舞台設定を組み合わせたドラマは多い。シャーロック・ホームズを現代に甦らせるのもその一つ。妻を亡くしたショックで病気になり、看護師と組んで捜査に当たる『名探偵モンク』も面白い。『JUSTIFIED　俺の正義』は西部開拓時代に活躍しそうな主人公を現代社会に置いている。保安官補レイランは拳銃の早撃ち名人だが、マイアミで犯人を勝手に射殺したことが問題視され、故郷の炭鉱町に舞い戻る。独自の正義感を持つレイランは悪人たちに狙われ、上官たちからも睨まれる。

シンプルでわかりやすい舞台設定もある。『ボードウォーク・エンパイア　欲望の街』は禁酒法時代のアトランティックシティ。『たどりつけばアラスカ』はアラスカに赴任した医師のカルチャーショックを描く。生き馬の目を抜くニューヨークも舞台としてよく選ばれ、『マッドメン』や『NYPDブルー』『CSI：ニューヨーク』『ロー&オーダー』『レスキュー・ミー　NYの英雄たち』などがある。対する西海岸のハリウッドは多様な人種が行き交う舞台であり、『L.A.ロー　七人の弁護士』『アントラージュ★オレたちのハリウッド』『ザ・シールド』『クローザー』『NCIS：LA』などがある。青空がまぶしいマイアミが舞台の『Nip/Tuck　マイアミ整形外科医』も後にロサンゼルスに場を移している。政治ドラマにふさわしいワシントンDCで展開するのは『ザ・ホワイトハウス』や『スキャンダル』『ホームランド』。法人類学者が犯罪捜査に貢献する『BONES』の舞台ジェファソニアン研究所はワシントンDCにあるスミソニアン博物館をもじったものだ。どれも舞台設定があらすじと密接につながっている。

医療ドラマは病院が主な舞台なので地域性はあまり問われない。『ER 緊急救命室』や『グレイズ・アナトミー』、また『シカゴ・ホープ』も都市が題名に付いているものの、みな他の都市に移しても展開できる。病院自体が小都市のようなものだから、院内で無限にストーリーが生み出せる。

『THE KILLING～闇に眠る美少女』も舞台を他の都市に移せるが、どんより暗い曇り空と雨が多いシアトルは不吉なムードを出すのにぴったりだ。原作はデンマークのTVドラマである。

『Friday Night Lights』の舞台はテキサス州の田舎町。誰もが高校アメフトを応援しており、試合になると人通りがぱたりと途絶えるほどだ。産業に乏しいこの町にとってアメフトは希望の灯。他の町に置き換えてもよいが、ドラマ化にあたってH・G・ビッシンガー著のノンフィクション『フライデー・ナイト・ライツ』(岸本完司訳、中央公論社)と二〇〇四年の映画『プライド 栄光への絆』に忠実な設定が選ばれている。一九九〇年の原作本はその二年前のテキサス州オデッサの高校アメフト部「パンサーズ」の活動を描く。著者の親族ピーター・バーグが映画の監督をし、TVドラマの企画やパイロット版の脚本、監督も務めている。プライバシーに配慮して町の名前は変えてあるが、全体的な雰囲気は現地がモデルになっている。さらに、ドキュメンタリー的な映像スタイルがこのドラマの魅力だ。町の人々の暮らしや試合の場面は手持ちカメラで撮影されており、素朴な親しみを感じさせる。まるで僕らも現地で観戦しているような気分になれるのだ。

『ザ・プラクティス』『アリー my Love』『Boston Public』『ボストン・リーガル』などを手がけたデイヴィッド・E・ケリーはボストンを好んで舞台に選ぶ。生まれはメイン州だがマサチューセッツ州ベルモント育ち。父はボストン大学やニューイングランドのホッケーチームのコーチで、ケリーはボストン大学法学部卒業後、現地で法律事務所に就職している。彼が大ヒットさせた四作品はみなボストンならではの法律ドラマ。普通は長くかかる裁判風景をドラマで短く描くとどうしても嘘っぽくなりがちだが、彼が熟知している現地の雰囲気や法律のディテールが散りばめられているおかげでリアリティーが生まれている。

舞台となる土地の雰囲気は疎かにできない。富裕層が集まるイーストハンプトンを華やかに演出している『ロイヤル・ペインズ』もレストランや古い町並みのディテールには気配りを見せている。ハンサムな医師ハンクの顧客はみな、息抜きを求めてニューヨークからやってくるタイプの金持ちだ。彼らに特有の話し方や社会的な意識、別荘管理人との付き合いの作法が面白いリアリティーやストーリーを生んでいる。青空をバックにリゾート気分を満喫させてくれるドラマだが、医療の部分はリアルで切実だ。リッチなセレブにも悩みはつきもので、お金で買えない幸せもあるのだなあと思う。『リベンジ』も同じハンプトンが舞台だ。

ファンタジー物の舞台設定を見てみよう。『ゲーム・オブ・スローンズ』は長い夏の終わりが迫る大陸ウェスタロスとエッソスを舞台に、大きく分けて（1）七王国の「鉄の王座」をめぐる内戦（2）危険な冬の訪れに脅かされる北部（3）追放された王家の末裔の権力奪回の三つのアリーナが設定されている。

『ワンス・アポン・ア・タイム』では二つのアリーナが交錯する。一つはおとぎ話の世界。もう一つは古いような新しいような、時間が止まった町である。どちらも魔法や呪いが効力を及ぼす世界で、何が起きてもおかしくない不思議な雰囲気を感じさせる。

超常現象や魔法を使う設定では単純なルールを一つに絞って一貫させることが大事だ。『LOST』が直面した問題はそこにある。シーズン1で過去の回想場面があり、後のシーズンでは未来の場面があり、さらに別の時空の場面もある。ファンにとっては（僕もその一人だ）ぞくぞくする展開だったが、アンチな人たちには「ネタ切れでやけっぱちの展開」に見えただろう。「ついて来るなよ、俺も道がわからない（＝I'm LOST）」というステッカーを貼った車について行くような感じだ。フランケンシュタイン博士が創造した怪物が暴走したように、空想の設定を広げ過ぎると作り手の手に負えなくなる。『LOST』を作ったJ・J・エイブラムスとデイモン・リンデロフ、ジェフリー・リーバーらは初めからオチを決めていたのかもしれないが、人気が異様に高まる中での長丁場、相当なプレッシャーもあっただろう。TVドラマのコンセプトには限界がある。限られた枠の中でエピソードを続けるために、彼らはストーリーの世界を広げた。時空の飛躍もその手法の一つだったというわけだ。

スティーヴン・S・デナイトのインタビューはウェブサイトhttp://www.focalpress.com/cw/landau（英語）に掲載。

※原注：業界では「ネタ切れ」を「jump the shirk＝サメを飛び越す」と表現する。語源はシットコム『ハッピーデイズ』の登場人物フォンツがジェットスキーでサメを飛び越えたこと。番組とかけ離れたやぶれかぶれの展開は視聴者を唖然とさせた

フィクションにも現実的な感覚が必要だ。危険な世界を描けば視聴者は「無事に逃げてくれ」と感じるし、エリートたちがひたすら物質的な成功を追い求める世界を描けば「そのうち破綻するぞ」と感じるものだ。人がみな価値観を持って生きているように、ドラマで描くアリーナにも精神面、倫理面での軸が必要だ。『ザ・ワイヤー』や『デッドウッド』『ブレイキング・バッド』『ザ・ソプラノズ』『ボードウォーク・エンパイア』が好例だ。

法則3 「フランチャイズ」を提供する

Service Your Franchise

フランチャイズといえばマクドナルドやスターバックスのように聞こえるが、TVドラマ業界でもそれと似た意味合いで「フランチャイズ」という言葉を使う。規格に沿って同じものを提供するという意味だ。

僕はよく旅行に出るから、いろんな国でマクドナルドを見かける。同社は毎日、世界一一九か国で約六千八百万人の顧客に商品を売っている。黄色いMの上の文字は国によって異なるが、トレードマークの色や店舗の内装、ロゴ、経営方式やメニューは大体どこも同じだ。インドではビッグマックの代わりに牛肉不使用の「マハラジャ・マック」が注文できる。それは「同じだが少し違うもの」であり、やっぱりマクドナルド製品であることは変わらない。

世界じゅうどこでもデザインやメニューが同じなら、何が違うのか？　明らかな答えは場所である。ロケーションはみな違う。

より深い答えは「人間性」。人が違う。従業員の制服は同じだが一人ひとり違う人間だ。同じメニューを注文するお客も一人ひとり違う。厨房から店内フロアに至るまで実に様々な人間模様が繰り広げられているはずだ。

つまり、原型と同じ枠がたくさんあり、それぞれの中で独自のストーリーが展開されている。TVドラマでこの原型にあたるのが「パイロット版」と呼ばれるエピソードだ。ここで状況設定やテーマ、人物を確定させ、それに沿って第二話以降を展開する。

パイロット版には映画のようなはっきりとした結末がない。根強いファンの視聴率が維持できる限り、番組として継続できるように作られる。

企画の構想段階でテーマや舞台設定、登場人物を考えるのはTVドラマも映画も同じだが、TVドラマは一つの山場に向けてストーリーを盛り上げるわけではない。その代わり視聴者を「アリーナ（舞台設定や登場人物が作る世界観）」に引き入れ、エピソードごとに状況の変化を見せていく。

つまり、パイロット版の終わりがシリーズの始まりなのだ。

パイロット版は雛形である

パイロット版はテイストやフィーリング、物語の方向性を確定させる、いわば婚前契約書のようなものである。「このドラマは今後、毎週このような内容を提供します」と伝えるものだ。アメリカのTV業界ではこれを「フランチャイズのサービス（提供）」と呼ぶ。同じ視聴者層に同じドラマを、目先を変えて提供し続けるのが理想。シチュエーションやテーマは基本的にずっと同じで、ストーリーを様々に見せながら毎週視聴者をあっと言わせるものがいい。主要人物（レギュラー）も固定だが、エピソードやシーズンごとに何かが変わる場合もある。

ネットワークやプロデューサーが「フランチャイズは？」と尋ねたら「主人公は毎週何をするのか？　物語をどう進展させるのか？」という意味だ。サメやマグロのようにTVドラマも泳ぎ続けなくてはならない。

フランチャイズの種類

一話完結型（「今週の事件」タイプ）

「一話完結型」とは毎週新たな事件が発生するドラマで医療や法律、犯罪物に多い。事件を描くストーリーはもともと一話完結になりやすい。冒頭で患者や依頼人や犯人が登場し、専門家たちが奮闘の末に事件を解決して終わる。

「フランチャイズの内容は？」とは「毎週人物は何をするか？」という問いだから、動詞で考えるとわかりやすい。捜査する、発見する、真相を突き止める、診断する、治療する、訴訟をする、起訴する、対決する、逮捕する、告発する、復讐する、殺すといった動詞が候補になるだろう。

アメリカの四大ネットワーク（ABC、CBS、NBC、フォックス）のドラマのレギュラーは善良なヒーロータイプが多い。それぞれに悩みや欠点はあるが、正義感を持って行動する。

一話完結型は診断→治療あるいは証拠→判決という流れで終わる。シーズン全体にわたって徐々に決着に向かう作品もある。

『X-ファイル』は一話完結だが、毎週ひねりがきいている。怪現象の原因は一つに断定されず、興味がかき立てられる。

『スキャンダル』ではオリヴィアと仲間たちが政治家や有力者のトラブル解決に奔走する。彼女たちはスキャンダルのもみ消し屋。失敗が許されないところは医療ドラマにも似た緊迫感がある。パイロット版でオリヴィアは「スーツを着た剣闘士」と称えられ、「今週の事件」は適度に刺激的で善悪の判断がしにくいものだ。シーズン1は一話完結型だが、オリヴィアと大統領（通称「フィッツ」）の不倫や事務所のメンバーたちの私生活は全体にわたって濃密に描かれる。

毎回の事件には新鮮味も必要だが、番組のイメージを保守することが大事だ。お気に入りの番組にチャンネルを合わせる時、僕らはすでに出来上がったイメージを求めている。そこを外さないよう舵をとるのがショーランナーの使命だ。例えば『LAW & ORDER：性犯罪特捜班』は怖さや暗さが持ち味だ。毎週の事件は陰湿で、きわどい表現も多い。毎週事件は解決するが、親子で楽しめる路線ではない。

『ドクター・ハウス』は毎回、謎の症状で苦しむ患者が登場する。偏屈な医師が原因と病名をいかに突き止めるかが定番の内容だ。

毎週の事件がもたらす意外な展開が登場人物の内面とリンクすると非常にいい。人間関係の進展に合わせて新たなスピンが加わると理想的だ。事件が彼らの心理に与えるインパクトや、事件を解決するための重大な課題は何か。人物にとって事件が困難であるほどストーリーは緊迫する。見ごたえのあるドラマの裏には優秀なショーランナーがいる。彼らがドラマの金脈を探し当てているかどうかが成否の分かれ目だ。ジャンルにもよるが、その金脈とはモラルを激しく問う題材や、人として逃れられない葛藤なのかもしれない。

一話完結＋連続物の混合型

単純な「今週の事件」型には変形パターンもある。『グッド・ワイフ』は一話完結の部分と次の回に継続する部分の両方がある。

ケーブルドラマの『デクスター』や『ザ・フォロイング』は一つの事件を複数回、あるいはシーズン全体で追う（『THE KILLING～闇に眠る美少女』はシーズン1が終わっても事件が解決せずに不評を買った）。ＴＶ業界は人々の視聴スタイルの変化を強く意識している。数年前に比べて連続ドラマは全般的にわかりやすい作りになってきた。

一話完結型はどの回から見始めても楽しめるが、連続型はそうはいかない。二、三話飛ばしてしまうと見るのが億劫になってしまう（『LOST』や『24－TWENTY-FOUR－』『ゲーム・オブ・スローンズ』などがそうだった）。もちろん、今なら録画やダウンロードをして好きな時に見ることができる。

連続型のドラマはペース作りが難しい。遅すぎれば退屈（『ウォーキング・デッド』シーズン2の前半）

だし、速すぎれば人物描写が浅くなり、プロットも雑に見えてしまう（『ホームランド』のシーズン2がそうかもしれない）。事件の内容とプロットだけでなく、新情報や手がかり、解決を提示するペースも考えなくてはならない。

また、フランチャイズを構築する際は「スイートスポット」を定めることも重要だ。これについては後の章で詳しく述べる。要はストーリーが持つカレンシー（価値）を生かし、賢く使えということだ。

『ホームランド』の価値はどの人物も怪しいことだ。誰が善人で誰が悪人かもわからないし、利害関係もどうなっているのか謎である。誰が勝ち、何が犠牲になるのかも気にかかる。

『ウォーキング・デッド』の価値は荒廃した世界で主要人物たちが繰り広げるサバイバルだ。

セントラル・クエスチョン

ストーリーがこの先どうなるかを問う質問を「セントラル・クエスチョン」と呼ぶ。よい質問を設定すれば視聴者の関心は高まる。何が起きてどう解決されるかが知りたくなるのだ。

優れたTVドラマはパワフルな質問を出してくる。『ザ・ソプラノズ』ではトニーの鬱病やマフィア稼業の行く末、トニーの家族の運命などが問いになる。

「これは見なきゃ！」と言わせるドラマには強烈なセントラル・クエスチョンがあるものだ。僕らはTVにかじりつき、犯罪捜査や恋の行方を見守る。どうなるんだろう、次はこうなるんじゃないかと予測をし、人と話し合ったりネットに投稿したりして番組を見続ける。答えが出ればおしまいだから、番組はまた新たなクエスチョンを生み出すしかない。

『GIRLS／ガールズ』はハンナと友人たちの人生観が気になる。彼女たちが幸せになれるかどうかがクエスチョンだ。

『Parenthood』は三世代の家族の絆を三人の子どもたちの視点で描く。ほのぼのした中にも結構シリアスな問いが出る。同じように三つの家族を描くシットコム『モダン・ファミリー』は笑いがメインだ。キャラクターがカメラ目線で質問に答える（『ザ・オフィス』と同じである）形式は打ち明け話を聞くようで面白い。くだけた雰囲気でテーマやセントラル・クエスチョンを伝えてくれる。

人間ドラマ寄りのものでは人物が何かに成功するか失敗するかの間で揺らぐことが多い。フランチャイズを言い表すなら「毎週、登場人物は○○しようと奮闘する」。失ないたくない、後悔したくないと思う気持ちが起爆剤となる。

『Friday Night Lights』のセントラル・クエスチョンは「チームは試合に勝てるか？　町おこしは成功するか？」。『ビッグバン★セオリー』は「四人のオタクは世間でうまくやれるか？」。王国どうしが権力争いを続ける『ゲーム・オブ・スローンズ』は「どちらが勝つか？」。『ブレイキング・バッド』は「ウォルターはどこまでカネと権力を得れば満たされるのか？」。

傘のように全体を覆うクエスチョンを設定し、シーズン単位でさらに細かなクエスチョンを作ってアーク（ストーリーの流れ）を作ってもよい。

セントラル・クエスチョンがテーマを表す時もある。『マッドメン』シーズン1はアメリカン・ドリームの追求、シーズン2は夢が壊れた後の広告会社と人生をめぐる問いが出る。『デクスター』ではシーズンごとに新たな犯罪者が登場するが、クエスチョンは「正義とは何か」で一貫している。『リベンジ』は「復讐すれば気が済むか」。『ホームランド』は「テロを防げるか」だ。

セントラル・ミステリー

秘められた過去や謎を設定するドラマもある。何があったのか？　どのように、いつ、どこで、なぜ起きたのか？　主要人物への影響は？

『LOST』のフランチャイズは謎そのものだった。遭難した人々を描くだけでは話が続かないと作り手も承知していたからである。難破船の乗客たちを描く『ギリガン君SOS』も笑いの要素をふんだんに加えてドラマを成立させていた（映画女優の衣裳や大富豪の現金が都合よく出てくると笑い声の音声が入る）。

『LOST』は「墜落機の乗客たちは助かるか？」という問いで幕を開けるが、すぐさま怪現象や島の謎が提示される。「どうすればこの島から出られるの？」という問いは「ここはどこ？　なぜ僕たちはここに？　他に誰かいるの？」という問いに膨れ上がるのだ。人は改心できるか？　改心して許されたとしても、時間は存在するのか？　僕たちの存在の意味は？　なぜまだ生きているのか？　そもそも僕たちは生きているのか？

現在のリアリティーと過去のファンタジーが交錯する『ワンス・アポン・ア・タイム』も革新的な作品だ。『オズの魔法使い』と似た作りで、ファンタジーの世界のキャラクターはみな姿を変えて現実の世界にも登場する。このドラマの中心には「愛は恐怖に打ち勝つか？」という問いがある。シーズン１で悪い女王は絵本の中の人物らに呪いをかけ、現実世界まで追ってくる。それでも人物たちは愛し合えるか？　また、現実と空想の境目はどこなのか？

『アメリカン・ホラー・ストーリー』はさらにダークな趣きだ。シーズンごとに登場人物もロケーションも一新される。呪われた病院や屋敷のホラーでよくあるように、過去の忌まわしい出来事が人物を危機に陥れる。シーズン２の舞台は厳格なシスターが取り仕切る精神病院。そこから脱出するには脳の手術を受けるか死ぬかしかない。


ＴＶドラマの人物には「逆境＋前向きなゴール」が必要だ。この陰／陽の引っ張り合いが葛藤を生む。葛藤がなければドラマもコメディーも生まれない。全てのＴＶドラマは「勝つか負けるか」が根底にある。

インタビュー

『ロイヤル・ペインズ〜救命医ハンク〜』
マイケル・ローチ

主な経歴　『ロイヤル・ペインズ〜救命医ハンク〜』(製作総指揮／脚本／監督)2009-2012
『Life Is Wild』(製作総指揮／クリエイター)2007-2012
『Love Monkey』(製作総指揮／クリエイター)2006
『セレブになりたくて〜サイモンの青春日記〜』(製作総指揮／クリエイター)2005-2006
『Wake Up and Smell the Coffee』(製作総指揮／監督)(映画)2001
『In the Weeds』(脚本／監督)2000

NL：医療ドラマ『ロイヤル・ペインズ』では毎回のミステリーをどう設定していますか？まず症状や病気を決めるのか、それとも人物像が先なのか。

MR：順序は決まっていません。AとBのストーリーは必ず医療の話にしますが、ブルースカイ（まっさらな状態）から概略を作ります。期間は二週間以内かな。先に症状を考える時と、テーマや人物像が先に決まる時があります。会議では週二回専門家を呼び、撮影中もコンサルタント二名に現場にいてもらうんですけどね。さすがに五六話まで作るとスタッフも慣れてきて、題材探しがうまくなりました。その回を担当するライターの案に対して「いいAストーリーになりそうだね」とか「物語の分量としてはBストーリー向きだね。そのテーマ性で新たにAストーリーを考えようか」と言ったりします。

NL：ティーザーと六幕を足した七幕構成です

か？

MR：ティーザーと四幕とタグで合計六幕です。ネットワークからそう指定されたのですが、うまくいっています。タグが先方の希望より短くなる時もありますが。去年、患者が死ぬ回では死亡宣告を最後の一分二十秒で見せたかったけど、ネットワークは「その前に視聴者はチャンネルを変えてしまうかも」と。番組の最後のあたりはどうせCMだってみんな思っているから、九時五六分頃には見るのをやめる人が多い。だから第四幕のシーンを移動させ、最後のタグを四分間に伸ばしました。

NL：A、B、Cストーリーを一つのテーマでまとめますか？

MR：もちろん。テーマがはっきり出せる時もあるし、シーズン全体のメッセージがその回のテーマに重なる時もあります。少々頑張ってでもテーマを絞ればストーリーがまとまりますね。

毎シーズンの最初と最後の二話分あたりはテーマを打ち出しやすい。ブルースカイ（まっさらな状態）からテーマを決めるとストーリーが作りやすいです。それに比べて今、構成中の第一二話なんかはストーリーが固まってからテーマが見えてきました。

NL：シーズン単位でテーマを考えますか？

MR：ええ、例えば先程の患者が死ぬ回はハンクの人間性を描写するための流れなんです。患者のジャックはとてもいいやつで、ハンクとも仲がいい。ハンクは前の職場のお偉いさんを死なせたことを非難されて退職し、ハンプトンにやってきた。患者の死はそれ以来初めてで、しかも彼と親しい患者が突然死ぬ。ハンクは前向きに頑張るけれど、患者たちと心を通わせ始めたがゆえの悩みにも直面します。まず「ハンクが患者の死と向き合う」というテーマありきで、そこからループス腎炎を患う友人ジャックのストーリーを作り、シーズン3全体を通して描いています。

NL：患者が死ぬのは視聴者にとって予想外だったでしょうね。

MR：ファンの皆さんはおおむね肯定的に受け止めて下さいましたね。いい意味でがっかりしたという声もありました。シーズン4も予想外と言われる展開をしています。シーズンでハンク兄弟は決裂しますが、次のシーズンが明けたらもう元の鞘、というのは安っぽい。シーズン3全体をかけて徐々に兄弟の意見の相違を深めてきましたから、シーズン4でも最初の数話はわだかまりを残しています。和気あいあいとした雰囲気がなくなっていやだという人もいるだろうけど、リアルな人間関係が描けたと思います。仕事仲間も兄弟も愛があるからけんかするし、修復にも時間がかかる。

NL：二人がライバルになれば新しいストーリーも生まれますね。

MR：その通り。新しい人物を登場させることができました。兄弟が仲直りした後もサカーニ医師とヴァンダイク医師をまじえて新しい展開が続きます。

NL：人気の秘密はハンクの温かい人柄でしょうね。でもハッピーエンドの物語を作るのは難しいでしょう？　どうやって治すかというミステリーの部分を作るのが大変。でも、たまにすごい変化球がきますね。シーズン4の第一話「それぞれの夏」は爆発事故で唐突に終わっています。

MR：あの終わり方は番組としては珍しいですよね。いつもはもっと人間ドラマ寄りで、エヴァンの破産や父親エディーの登場などで盛り上げて終わりますから。でもシーズン初めに夏の花火を見せるのも楽しいし、兄弟の未来も暗示しています。

NL：脚本会議では毎回のクリフハンガーも考えますか？

MR：はい。会議はかなりいい感じですよ。医療ドラマなんだからCM前は必ず患者の症状でクリフハンガーを作らなければと、そりゃもう苦心しましたよ。随分経ってようやく、ネットワークが「人間ドラマの部分も結構いいから、柔軟にいきましょう」。安心しましたよ。

今は無理をせず、これまでに築いた人間ドラマの部分と医療ドラマのバランスをうまくとろうとしています。ディヴィヤの恋愛模様やハンク、エヴァン、ペイジの私生活、ボリスの場面で幕を終えてもよくなってきた。USAネットワークも成長してきたので番組のトーンを変えたい気持ちが強まっていますしね。でも、このドラマのスイートスポットは幸せな人々も病気になるという部分。麻薬依存でリハビリ施設に入る重い場面があれば、女性が真っ青になって倒れる軽い場面を入れて中和しながら描きます。『CSI：マイアミ』みたいにシリアスになると困りますから。

NL：ケーブルのドラマはシーズンが短めですが、全体の流れをまとめて決めますか？　多くの番組では脚本家の人数によって進め方を決めています。『ロイヤル・ペインズ』は五人か六人体勢だと思いますが。

MR：だいたいの方向性は決めますね。後でキャストの問題が出てきたりして変更はありますが。

NL：セントラル・クエスチョンは決めますか？　ハンク兄弟の父親の過去やボリスの病状など、知りたいなと思いながら見ています。

MR：クエスチョンはよく考えますよ。社会的地位が高いサカーニ医師がなぜ小さなハンク・

メッドに興味を示すのか、とか。ハンクたちと出会って彼はどう成長するか。そうした質問を考えながら人物像を作っています。いい演技のおかげでいいキャラクターになりました。

NL：「ブルースカイ（まっさらな）」という言葉が何度か出ましたが、白紙の状態から考え始めるという意味と、USAネットワークのブランドイメージもあるのでしょうか？

MR：ありますね。中でも『ロイヤル・ペインズ』は青空をバックに豪邸が立ち並ぶ、おとぎ話的なイメージです。USAは爽やかなイメージをうまく作ってきましたが、最近は拡大路線で少しダークな番組も見かけます。

NL：脚本に対してネットワークはどれぐらい意見を出しますか？　ヒットの実績ができると介入も減るのかな。

MR：とても尊重して頂いていますよ。打ち合わせるのは新シーズンの構想時、最初の二、三話の大枠だけ。前シーズンの反省も含めて方針を決めます。一ヶ月ほどでピッチを準備して、副社長やスタジオの人たちと会います。一五分から二十分程度であらすじと人物の進展を説明するのですが、向こうの反応は常に「うん、うん」と至極冷静。彼らはお金を出す側ですから当然ですけどね。修正するなら早いうちがいいので、内容確認です。ネットワークは視聴者や番組内容を細かく把握していてすごいですよ。他にも番組が山のようにある中で、ワッチェル社長はセリフまで覚えてる。「その人物は前にこう言っていたから、それはおかしいんじゃないの？」って。シーズン1の第六話のセリフなんて僕らはすっかり忘れてた。そんなピッチを終えたらアウトライン提出、脚本執筆へと進みます。その都度コメントが返ってきますが、大きく介入されることはありません。

NL：アウトラインは何ページぐらいあるので

すか？

MR：十ページから二十ページほどで、結構詳しく書きます。夏の番組だから撮影も夏。ケーブルはあらかじめ脚本を全部仕上げるものが多いですが、うちは時間との戦い。だから完成度の高いアウトラインを作って脚本家に送り、一週間で脚本に仕上げる流れ作業です。

NL：ショーランナーとして脚本に手を入れることはありますか？

MR：ええ、統一感が大事ですから。ただ、うちのライターはみな経験豊富で能力の高い人たちですから、シーズンを追うごとに直しの量は減ってきました。直すところがない時もあるし、ところどころ細かく書き直す時もあります。でも、スタッフには恵まれていて、これまで手がけたどの番組よりもクオリティーが高い。

NL：だからフランチャイズを長く継続できるのですね。

法則 4

エピソードの終わり方と続け方

昔のＴＶドラマは毎回クライマックスで盛り上がり、しっかり結末がついていた。それを視聴者が求めていたからだ。みんな深く考えずにお決まりのパターンを楽しんだ。ネットワークも無難な路線をひた走り、ドラマの中の悪者は必ず捕らえられて裁きを受けた。善人がいつも勝つとは限らなかったが、エンディングにはいつも希望の光が差していた。

だが時代は変わった。現代人は忙しく、飽きっぽく、チャンネルをすぐに切り替える。インターネットのダウンロードやストリーミングが普及する一方、複雑で刺激的なコンテンツの需要が増え、過激な演出にも許容度が高くなった。コンテストで出場者を競わせるリアリティー番組はハプニングが売り物だ。視聴者参加型の番組が求められているのである。

ＴＶドラマも過激になり、精神障がいや依存症を抱えた主人公も多くなった。彼らは世の中のお手本にはなれないアンチヒーローであり、複雑な側面を持っている。昔のドラマのような単純な結末は導けないが、ニュアンスに富むグレーゾーンを描くことができる。

TVドラマのエンディング

TVドラマのエピソードには三つの終わり方がある。

1. 完結タイプのエピソード

メインのプロットが中盤で複雑化し、その回の終わりで解決する。

『ロー&オーダー』『ボストン・リーガル』『アリー my Love』『ザ・プラクティス』などの法律ドラマでは判決が下りる。『CSI』『リゾーリ&アイルズ』『BONES』などの刑事ドラマでは証拠や犯人の自白によって犯罪事件が解決する。

記録的ヒットとなった『CSI』や『ロー&オーダー』は司法の力を描いている。DNA鑑定などによって容疑者がシロかクロかが比較的明確にわかるため、明確なエンディングに持ち込める。『CSI』はさらに「誰が犯人か」ではなく「どのように犯行がなされたか」という全く新しい発想を持ち込んだ。優秀な捜査班が証拠を集めて真犯人を特定する経緯が面白い。

犯人に特別な事情があると結末への関心が高まる。捜査班の中で意見が分かれ、一人が私情をあらわにすることもある。ただし毎回だと鼻につくので、抑えたレベルにする方がいい。

事件解決後の余波が先のエピソードに続く時もある。医療ドラマは通常、治癒（診断、治療や処置、回復の見通し）で終結する。

シットコムはAストーリーを三幕構成で見せることが多く、エピソードの中で事件や問題が起きては解決する。おかしな癖や欠点を持つ人物たち自身は変わらない。彼らはその欠点のおかげで長年愛され続けているわけだ。身近な存在である彼らがストレスを抱えると、僕たちは自分を重ね合わせて共感してしまう。長寿番組では毎週、困った状況をうまく設定している。もちろん、シングルカメラ撮影のシットコムが増えるにつれて例外も増えてきた。『モダン・ファミリー』のジェイも時を経て少しずつカドが取れてきたようだ。

2.「続く」タイプ

複数話またはシーズンにわたっていくつかのプロットが展開し、新情報や謎を見せて「次回へ続く」。主人公の恋愛や仕事の進展を追うことが多い。人物の成長や変化の軌跡を「キャラクター・アーク」と呼ぶ。シーズン初めにどんな状態で、シーズン最後にどんな終着点にたどり着くのか、その過程でどんな対立や葛藤に直面するかが設定される。

アメリカの連続ドラマは昼メロの形式を踏襲しているが（例：『デスパレートな妻たち』『マッドメン』『ブレイキング・バッド』『ホームランド』『リベンジ』『デクスター』）、昼メロに比べて物語の展開が速く、人物像の作り込みは深い。

3.「終わり」と「続く」の混合タイプ

一話で完結するAストーリーと、シーズン全体を通して人物の私生活の変化を追う混合型は今日最も優勢だ。プロットが終わるタイミングや連鎖のさせ方は様々である。

初期の『グッド・ワイフ』は一話完結で事件を描いていたが、徐々にヒロインの人間ドラマが「続く」部分も増えている。メインのAストーリー（法律ドラマのプロット）がBストーリーになった、あるいは副次的だったBストーリー（ヒロインの私生活）がメインのAストーリーになったとも言える。

『グレイズ・アナトミー』は一話完結の医療ドラマに見えるが、人物たちの恋愛模様が核になっている。

『スキャンダル』も「今週の依頼」を毎週解決させていたが、徐々にホワイトハウスの内情を描くドラマが中心になってきた。ヒロインと大統領の関係は大きな軸としてふさわしい。一話完結の要素が復活しそうな気配もあるが、見ごたえのある政治ドラマに成長してきた。『ハウス・オブ・カード』もお勧めだ。

混合タイプと「続く」タイプは一話完結よりずっと複雑だ。主観によって異なる真実が描かれる。『ブレイキング・バッド』のウォルターが独自の価値観で突き進む様子を見れば、善悪の観念など吹き飛んでしまうだろう。全ては視点によって変わるのだ。勝ち負けは自分で決める世界なのである。

『デクスター』のデクスターや『マッドメン』のドン、『Weeds〜ママの秘密』のナンシーも嘘つきで人を操るのがうまい。元々の動機は悪くないが、良心よりも衝動に駆られて動く。その衝動が思いっきりパワフルでなければ、逆に僕らがチャンネルを変えたい衝動に駆られてしまう。

未来のTVドラマはどうなるか

大手もケーブルも二〇一〇年までは一話完結タイプを好んでいた。新番組を立ち上げるのは難しいが、毎週見てくれる視聴者をつかむのはもっと難しい。彼らは毎年九月になると気を揉んだ。それはパイロット版の放映シーズンであり、視聴者の反応が悪い番組は打ち切りだ。一話完結のドラマなら、後から番組を見始める人々を拾って挽回できる。だが『LOST』のような連続物ではそれができない。「シーズンの途中から見てもついていけないや」と完全にあきらめられてしまうリスクがあった。

だが視聴者のトレンドはここ数年で激変している。配信サービスなどを通し、連続物をまとめて一気に見る人が増えている。昔は年末のTVで「『トワイライト・ゾーン』マラソン」のように人気ドラマが二四時間、一気に放映されていた。今では年がら年じゅう、好きな番組が「イッキ見」できる。

とはいえ二〇一三年の時点でまだ一話完結タイプが多いのは海外市場を頼りにしているからだ。アメリカ国外ではまだ録画環境が整っていない国もあり、決まった時間に番組を見る視聴者も多い。また、万一外国のネットワークが変なところでCMを差し込んだとしても、一話完結のドラマなら筋が追いやすい。

エピソードの終わり方がどうであれ、視聴者を惹きつける登場人物には共通点がある。問題に巻き込まれ、そこから抜け出そうとすることだ。

インタビュー

『グッド・ワイフ　彼女の評決』
ミシェル＆ロバート・キング

主な経歴　『グッド・ワイフ　彼女の評決』（クリエイター／製作総指揮／脚本／監督―ロバート・キング）2009-2012
エミー賞ノミネート（ドラマ部門）2010-2011
エミー賞ノミネート（脚本賞ドラマ部門）2010
全米脚本家組合賞ノミネート（ドラマシリーズ部門）2012
全米脚本家組合賞ノミネート（新シリーズ部門）2010
『In Justice』（製作総指揮／脚本）2006
『バーティカル・リミット』（脚本―ロバート・キング）2000
『レッド・コーナー　北京のふたり』（脚本―ロバート・キング）1997

NL：エンディングの書き方や法律ドラマに特有の課題について伺う前に『グッド・ワイフ』のパイロット版について教えて下さい。冒頭の記者会見から一気に半年後に飛びますよね。

RK：あの辞任会見のシーンはピッチで僕らが強く訴えた部分なんですよ。普通なら男の隣で妻は微笑んでいるはずなのに、このヒロインは違う。不祥事を責められているのは夫ですが、ひどい屈辱に耐え忍んでいるのは彼女です。（1）誰もが同情せずにはいられない人物で、（2）ニュース映像仕立てなので彼女の内面がうかがい知れなくても興味が沸く、と感じました。

MK：半年というのは彼女が社会復帰するのにそれぐらい必要だろうと考えたからです。番組のほぼ全体をアリシア目線で動かしています。

NL：会見直後の暮らしを描いてもよかったけれど、一気に半年後にジャンプしたのは早く法律ドラマの部分に入るためかな、と思いました。

早く彼女を弁護士として法廷に出すために。

MK／RK：そうですね。

NL：冒頭、アリシアが夫の洋服のほつれに手を伸ばすところはいいですね。僕はＵＣＬＡで授業をする時、必ずあのシーンを学生に見てもらうんですよ。映像もきれいです。

RK：最近はＴＶドラマも映画っぽい表現ができるので面白いですね。昔なら家政婦や奥さんキャラが出てきて「あら、いやだわ」とか「恥ずかしくて消えてしまいたい」なんてナレーションが入るところだったけど、そういう心情を一瞬の映像で表現できるというのはね。

NL：シーズン１の初期、ＣＢＳは一話完結のＡストーリーを強く押していたでしょう？　でも『グッド・ワイフ』はわりと早い段階からヒロインの人間ドラマや恋愛へとシフトして、連続物の要素が増えました。最初からそういう計画でしたか？

MK：シーズン４でも事件の部分をＡストーリーと考えています。たまに人間ドラマの部分が強く出る回ではＡストーリーの二本立てとして打ち合わせをします。

RK：その方が話し合いやすいからかな。僕たちは非常にロジカルな面を見るから。キャラクターの心情描写をするには、ストーリーの骨子を固めて肉付けするのが一番なんですよ。こんなことが言えるのも、ＣＢＳのニナ・タスラー社長が「彼女が再就職した時の気持ちを表すシーンがほしい」と言ってくれたから。それでアリシアと姑の会話シーンを書き足しました。古風な姑の視点を通してアリシアの芯の強さや夫に対する嫌悪感がうまく表現できたと思っています。実はそれまで、複数の役員から「もっと事件の描写を増やして」って全く逆の意見が出ていたんですよ。そうすると状況説明が増える。でも今の視聴者は法律ドラマを見慣れているから説明はあまり必要ない。実質四二分間の尺の中で、説明を減らした分だけ人物像が描けます。

NL：パイロット版の構成は独特ですね。ティーザーが一六ページというのは非常に長いです。

RK：最初のCMまでに主要人物の人間関係を紹介したかったからです。本人の外見や性格だけでなく、他の人物とどう関わっているかも見せました。ウィルはアリシアの再就職を助けた男で、ケイリーは同じ新人としてアリシアをちょっと警戒している……というふうに、相関図のようにぶつけ合って面白く描こうとすると、それなりの尺になりますね。

MK：スタジオやネットワークはティーザーと呼んでいますが、私たちは幕と考えています。

NL：じゃあ五幕構成ですか？

RK：ええ、そうですね。ABC、あとNBCでさえ六幕に分けているでしょう。番組が終わった後にCMを入れず、即座に次の番組を始めたいからドラマの中で一回余分にCMを入れちゃう。その皺寄せは僕らに来るんですよ。（ABCで『LOST』を手がけた）デイモン・リンデロフも苦労したと思いますよ。ネットワークは「CMは自然なところで入れて下さい」と言う。その通りにすると、後で「いや、その入り方はちょっとイマイチ」。リズムが作りづらいんですよ。

NL：幕の分け方はストーリーを組み立てる段階から強く意識するんでしょう？

MK：しますね。

RK：事件の内容が決まったら「山場はどこと、どこ？」と考えます。二つの山場が近ければ間に何か入れて、山場で幕が終わるようにします。

NL：判決を先に決める時はありますか？

MK：それは一度もなかったんじゃないかしら。

RK：僕らは法律ドラマを作っているくせに法律ドラマが嫌いなんですよ。裁判が始まってしばらくしたら証人が主人公に不利な発言をしたりしてはらはらさせる。やがて陪審員が審理に入って判決、という流れに決まってる。そんなの面白くないですよ。判決だって毎回、脚本家が好きなように決めて書いている。『グッド・ワイフ』で判決を出したのは四年間で四回だけです。

NL：判決は一日や二日で出ませんしね。

RK：そうでしょ。

MK：それに弁護士が法廷以外の場で活躍する姿も描きたい。やっぱり裁判がおなじみの場面なのかもしれませんが、司法取引とか、民事なら示談を提案することもある。有罪か無罪かでなく、提示された金額や条件に納得できるかがある意味、勝ち負けになりますから、意外な結末に持って行きやすいです。

NL：スタッフに弁護士はいますか？　それともキングさんご自身がご専門でいらっしゃいますか？

MK：ロバートも私も弁護士じゃないけど、今シーズンの脚本家八人のうち四人は弁護士です。それとは別にイリノイ州の法律コンサルタントにも付いてもらっています。

NL：そうか、ドラマの舞台はイリノイ州クック郡でしたね。個人的にはアリシアが私生活にどんなジャッジをするかも気になります。これまでの流れを見る限り、夫婦はヨリを戻しそうですね。そして夫ピーターの州知事選出馬。それぞれの人物の動きはどれぐらいのスパンで構想されますか？

RK：一年を半分に分けて、前半で一三話前後を考えます。これはシーズン1でとりあえず一三話まで作った名残り。それ以上継続になるかが確定されないまま始めて、結局二二話か二三話までいくことになって、後から九話か十話分を付け足したんです。本当は最初に後半の展開も決めるべきなんですけどね。二年目からは一年全体を視野に入れるようになりました。例えば第一七話でカリンダがアリシアの夫と寝たことが発覚すると最初に決めて、前半から徐々に盛り上げてみたり。ケーブルならワンシーズンが八話から一三話ぐらいですが、一年間続けてとなるとその倍ですから大変ですね。中盤が長いので、シーズン第一話からの筋を追う見方か、最終話を期待しながら追っていく見方のいずれかができるようにと考えています。前半と後半、それぞれ大きなロードマップを作ります。前半が一三話、後半が十話あるから複雑ですけどね。

NL：ペース作りも難しいでしょう？ 『ホームランド』を見ていたら展開が速くてびっくりしたんです。ネットワーク向けだとエピソード数が多いから、小出しにしないとネタが切れてしまいそう。

RK：確かにネットワークはメロドラマ寄りだから、出来事がどんどん起きる方を好みますね。でも実際、そんなに派手な人生なんてあり得ない。この点では、もっとヒューマンなストーリーが描けるケーブルの方がいいですよ。僕たちは人物描写をゆっくりすることで対処していますけど。アリシアだけじゃなく、ケイリーやカリンダの悩みも描いたり。

MK：あとは俳優のスケジュールの問題もありますね。

RK：これは読者の皆さんにもお知らせしたいな。ネットワークのTVドラマで役者を確保するのは大変ですよ。僕らのドラマに出たいと言ってくれる人が今『サン・オブ・アナーキー』の撮影中だとか、まもなく『プライベート・プラクティス』の撮影に入るとか。ふと気づくと「あっちの撮影が終わるタイミングは……」なんて考えながらこっちのストーリーを考えてたり。

MK：純粋な一話完結物ならその都度、新しい被告や弁護士役をキャスティングすればいいから楽なんですけどね。ニューヨークには優れた俳優が山ほどいます。でも、特定の俳優さんを一定期間拘束するとなると、途端に難しくなるの。

NL：人間ドラマの部分でテーマ性を重視しますか？　法律ドラマの部分とテーマを合わせますか？

RK／MK：いいえ。

RK：そうしないようにしているんですよ。脚本を書く中で生まれたものなら、自然にテーマがまとまるはずだから。三つのストーリーラインを編み合わせて書く時に、どこかで響き合うんじゃないかな。ばらばらに書いたものをつないでもテーマは生まれない。別々のストーリーをつなぎ合わせるのはドミノ効果がある時だけです。一つの話が次の話につながる場合ですね。

MK：常にアリシアの気持ちをリアルに考えていますしね。彼女がドラマを作り出すのではなく、自然にドラマの時間を生きて、エピソードの終わりに振り返ってふと何か思うという感じで。

RK：そういう作り方をしていれば、一見ばらばらな人物がちゃんとつながるんですよ。脚本会議で考えて決めても作り事にしかならない。脈絡がなさそうな出来事でも、人物自身が何かの関連性を感じるんじゃないか。実生活でも、しゃべっていたら結構、共通のテーマがあって驚くことがあるでしょう。僕らはドラマの登場人物にも自由にそうさせたい。

NL：ビートシートやアウトラインは作りますか？　スタッフ・ライターさんたちとの仕事の進め方について教えて下さい。

RK：結構ぐちゃぐちゃです（笑）。

MK：スタジオに提出するのはまず一、二ページ程度で事件と人間ドラマのあらすじですね。その次にアウトラインを提出します。

RK：というのは、ネットワークが持っている他の番組と内容が重複しないか、法律上の問題がないかの確認が必要だから。例えば今度のエピソードで連邦通信委員会が出てくるので、ちょっと気をつけた方がいい点があるか、とか。

MK：その後で一二～一八ページのアウトラインを書いて、それから脚本初稿に移ります。シーズン4からは簡略化して、二ページぐらいのあらすじの後に脚本を提出しています。

RK：ミシェルと僕との間では詳しいビートシートを書きますけどね。僕ら二人と担当ライターだけがわかるような。出来事の順序を入れ替えたり、何か追加する時に役立つんですよ。色々組み替えて全体像をチェックします。

NL：お二人の拠点はニューヨークですよね？

RK：脚本と編集はロサンゼルスで、制作はニューヨークです。

NL：監督を迎える時、トーンについて打ち合わせしますか？

RK：ええ、四時間ほど会議します。とても大変。

MK：テレビ電話会議ですけどね。

NL：『グッド・ワイフ』は夫婦のドラマでもあります。お二人もご結婚されていますが、夫婦でショーランナーをされていて、いかがですか？

RK：仕事がすごく複雑なので、夫婦でできるのは助かります。ネットワークのドラマでは脚本、制作、編集の三つが同時進行していますからね。第四話の脚本を考えている間に第三話が撮影中、第二話が編集中という感じですので、夫婦で情報を共有して切り盛りしています。他のショーランナーさんも似たような感じじゃないかな。

MK：細かい仕事が多いんですよ。キャスティングや雑務、法務関係の書類処理もあるから、二人でする方がいいですね。一人では無理じゃないかと思うぐらい。

RK：しかも夫婦だとさらにやりやすいですよ。うちの場合、趣味や感覚が似ているからでしょうけど。互いに信頼して任せておけるのが理想だけど、一三歳の娘が気がかりですね。彼女は幸い、親の職業を面白がってくれているようですが。

NL：そのあたりはアリシアとも重なりますね。『グッド・ワイフ』のショーランナーをされていて一番いいことと、最も難しいことは何ですか？

ML：二二話という長丁場だから時間的に大変。よい面は、この作品が好きであること。俳優さんたちが素晴らしいし、脚本家も最高のメンバーが揃っています。プロデューサー陣もきちんとした感覚を持ちながらユーモアもある。素晴らしい人々に囲まれてお仕事させて頂くのは、私にとってプラスになっています。

RK：僕はしばらく映画を手がけていましたが、一人ぼっちで一つの脚本を何百回も書き直し、ごく少数のスタジオ幹部とだけ話し合う狭い世界。それに比べてTVは多くの人たちと一緒に作っていけます。ショーランナーがファイナルカット権を持てるのも嬉しい。映画で編集を好きに決められるのはスピルバーグ監督ぐらいでしょう。TVではあれだけ多くのエピソード全てに対して決定権がもらえる。しかも、全て僕らにお任せ状態。みんな忙しいから僕らの決定事項をチェックする時間はないんですよ。今のTVほど素晴らしいものはないですね。ショーランナーをしていればどんどん仕事が降ってくる。「じゃあ今度はこれをお願いします」って。

つらいのはミシェルが言うように、やっぱり時間かな。丁寧に作る余裕がない。予算の問題というよりは、編集の時間がじゅうぶんにとれないというような面が大きいです。それから視聴率。ネットワークが重要視するのはそこですからね。あとは私生活がなかなか充実できないのが問題点。

NL：視聴者の反応をＳＮＳでチェックしてストーリーを変更したりしますか？

RK：自信たっぷりにノーと言いたいところですが、答えはイエス。ファンの意見を吸収できるのはすごく嬉しい。その中でも、大多数の意見とは違った知的な分析を探します。一人だけ、核心を突くような見方をしている人が、たとえばブラジルのどこかの町にいたとしたら、その人が僕らの視聴者だと想定して次のエピソードを考えます。コメントを返したりする同業者もいますが、僕はしません。番組のことは番組が語り、視聴者が語って下さればいいと思っています。

気になるドラマを作り出す

書き手のコンディションが佳境に達すると登場人物がひとりでに動き、語るように感じるものだ。そうして書かれた脚本は読み手にも同じような感覚をもたらす。物語の世界にワープしたかのような臨場感を感じさせるのだ。

視聴者に感情移入をさせるには?

ＴＶドラマを不朽の名作にできるかどうかは登場人物に感情移入させられるかにかかっている。小さな希望や大きな夢、人生のアップダウンに視聴者は共感してくれるだろうか? ドラマの中の人物たちがあたかも友だちや同僚、家族のように感じられるかどうかである。

シットコムのキャラクターには格好悪さも求められる。彼らのぶざまさを嘲笑する時、僕らは自分自身を重ねて笑っている。恥をかいたり善意が裏目に出たり、がっかりしたりすることは誰にでもあるからだ。

TVドラマの人物は好かれるタイプでなくていい。だが魅力は絶対に必要だ。何が魅力的かはジャンルやネットワークの方針にもよるだろう。第一章で述べた通り、CBSはヒーロー的な人物で一話完結物を作り、屈折した人物は『ビッグバン★セオリー』や『NYボンビー・ガール』、『チャーリー・シーンのハーパー★ボーイズ』などのシットコムに登場させている。他のネットワークにも独自の路線がある。

窮地に陥った猫を助ける場面を描く（『SAVE THE CATの法則』ブレイク・スナイダー著、菊池淳子訳、フィルムアート社）だけでは感情移入は得られない。人との摩擦を避ける「いい人」はコメディーでもドラマでもぱっとしない。心の中に矛盾を抱えた人が面白い。ストーリーの中でその矛盾が揺さぶられると出来心や嫉妬、競争心やこだわり、欲やわがままが生まれて変化が起きる。そこから様々な表情が生まれ、ドラマが豊かに長く続くだろう。

アイコン的な登場人物を作る

みみっちく、嫌味たっぷりのアーチー・バンカーという頑固親父がいる。一九六〇〜七〇年代のTVドラマ『All in the Family』の主人公だ。本人はむっつりしているが、いつもジョークの種になる。アーチーの矛盾は偉そうなのに頼りないことだ。彼は若者の考え方が気に食わず、同居中の娘婿が癪にさわってしょうがない。だが、彼の本当の敵は自分自身なのである。TVドラマの人気キャラクターは皆そうだ。

アーチーは家族思いのくせに孤立する。頑固で怒りっぽいから自分で墓穴を掘ってしまう。娘にメロメロだから婿が余計に憎い。それは巡りめぐってアーチー自身の弱点になる。

そんな感じでTVドラマ史上に残る人物はみな弱点を持っている。『チアーズ』のサムはアルコール依存症、『ザ・ソプラノズ』のトニーは鬱病、『マッドメン』のドン・ドレイパーは貧しい育ち、『ホームランド』のキャリーはブロディとの関係と双極性障がい。これらは見る者の関心を引き付ける。

また、これらの人物たちは強い意志や願望も持っていて、常に何かに駆り立てられている。頑固親父アーチーの時代は人権運動が盛んであった。自由にひらけていく社会の中で彼だけが古い価値観にしがみつき、人に遅れをとって弱者に転じていく。たとえ自業自得でも、アメリカの視聴者は力が弱い者を応援したがる傾向が強い。アーチーがいっこうに悟りを開かず、古い自分のままでい続ける姿が笑いと共感を呼ぶのである。

HBOの『Enlightened』でローラ・ダーン演じるヒロインのエイミーは心の病から立ち直ろうと奮闘する。以前の職場に復帰して何度も苦境を乗り越えようとする姿は視聴者の共感を呼んだ。TVドラマがすいすい走れる道路のようではつまらない。穴ぼこだらけで危険なカーブがある道がいい。信号が赤に変わる瞬間、猛スピードで突っ込んでくる人物が面白い。少なくとも「早く渡らなきゃ！」と思う人物に僕らは魅力的を感じる。さあ、人物はどうなるか？ 違反切符を切られるか、うまく逃げおおせるか、事故を起こしてひどい目に遭ったりするかが気になるだろう。

『トゥルーブラッド』のスーキーは恋愛で意志の強さを発揮する。彼女の相手は吸血鬼。周囲の反対やライバルの存在もあるが、逆境をものともしないところに彼女の個性が表れる。

　同じシチュエーションでも、その人らしい独特な反応をするキャラクターは魅力的だ。感情移入しながら見ていれば、「なぜそんなことをするのだろう？」と好奇心が高まる。よいＴＶドラマはそのようになっている。視聴者が好んで見たがる人物を作り、厳しい状況下に置いて何かをさせる。視聴者側は自分が知っている人物像を手がかりに先を予測する。緊迫感を高めるディテールをどんどん出しながら予測を裏切る展開に持ち込むのが鍵だ。頑固親父のアーチーがアフリカ系アメリカ人の大スター（サミー・デイヴィス・Ｊｒ）としぶしぶ写真を撮るエピソードがある。脚本家はそれに輪をかけるように、シャッターが押される瞬間スターが彼の頬にキスをする場面に盛り上げた。これはアーチーにとっても視聴者にとっても衝撃だ。キス自体は些細なことだが、アーチーの感性からすればあり得ない驚愕の事件なのである。視聴者としても、そうであってほしいのだ。アイコン的な人物は皆、純粋で正直な面がある。

　シットコムの人気者には視野の狭さがつきものだ。自分が知っている範囲の中で現在や未来を捉え、自分が知らないものを怖がる。外に飛び出していくより、おなじみの世界にいる方が楽だし安全だ。人気キャラクターがスピンオフの作品に登場するのを見るとよくわかる。『チアーズ』

のフレイジャーはボストンを離れ、シアトルに移ってスピンオフ『そりゃないぜ!? フレイジャー』に登場した。そこでラジオ人生相談番組を始めるが、彼の愛嬌や知性、おしゃべりな人柄は変わらない。

アンチヒーローの作り方

最近では社会に挑戦状を突きつけるようなアンチヒーローも多い。画期的といわれる作品にはルールを破る人物が必ず登場している。『ブレイキング・バッド』のウォルターや『デクスター』のデクスター、『ホームランド』のキャリー、『マッドメン』のドン・ドレイパー、『ザ・シールド』のヴィックなど、みな一筋縄ではいかない人物だ。

『JUSTIFIED　俺の正義』のレイランは保安官でありながら、故郷ケンタッキーでも法律を無視した行動に出る。彼はパイロット版で犯人に「二四時間以内にこの街から出ろ。そうしないと撃つ」と言い、言葉どおり撃ち殺す。

自らの目的のために手段を正当化する者もいる。デクスターは正義感から世間で野放しになっている悪人たちを自分で殺す。『ザ・シールド』のヴィックはロサンゼルスの犯罪を撲滅するためには法律など守っていられないと考える。彼にとっては警察の官僚主義も邪魔でしかない。

他のドラマにも不良っぽい人物は登場するが、根本的な道徳観念は善であるため共感しやすい。『サン・オブ・アナーキー』のジャックスは暴力や強奪、殺人もするし、息子と暮らすためならと元ジャンキーの前妻にヘロインを注射する。そんな彼が主人公として生きざまを見せようというのだから驚きだ。だが、彼が家族を思い、バイク仲間を思う気持ちは非常に強い。身内を守るためなら命がけである。『ザ・ワイヤー』のオマールも窃盗専門のアウトローだが麻薬の売人だけを狙う。

だが『ブレイキング・バッド』の場合、シリーズが進むにつれてウォルターに同情しづらくなってくる。彼は最初、末期がんの身で家族を養う善人だった。そんな彼が見る見るうちに犯罪の黒幕へと変身し、強欲になっていく。自分に対しても嘘をつき、一層傲慢さをつのらせる。彼の目的は結局カネではなく、人から恐れられ、一目置かれる存在になることなのだろう。その代償であるかのように、人としての良識をどんどん捨て去ってしまうのだ。

腹黒い殺人モンスターになっていくウォルターに視聴者がどう共感するのか、考えてみると非常に面白い。ウォルター・ホワイトという怪物はショーランナーのヴィンス・ギリガンと名優ブライアン・クランストンによって巧みに作られたものなのか、他に何かがあるのだろうか。

時代に名を刻む人物には肯定的な面（＋）と否定的な面（－）の両方が見られる。この＋／－の二極性がドラマを生み出し、何シーズンも続く番組になっていく。

- ウォルター・ホワイトは麻薬については素人だが、化学の専門家である。無知である反面、賢い。
- 彼は統率力がある反面、猜疑心のために孤立する。

● 彼は家族に対して献身的である反面、妻子を危険に陥れる。
● 彼は富と権力を渇望する反面、地味で目立たない生活を続ける。裏社会では大物でも、その名声が公になると捕まってしまう。

頑固なアーチーや精神科医フレイジャーといった主人公に多くの人が共感するのは、誰しも心の中に光と闇があるからだろう。主人公が心の闇を垣間見せるとわくわくするのはそのためだ。彼らがどこまでやりおおせるかが見たくなる。その裏には、どんづまりになって悲惨な報いを受けるかどうかが知りたい気持ちもあるのだろう。

列車の衝突事故現場に遭遇すると、なぜか目がそらせない。関心を引くのは事故そのものではなく、生存者がいるかどうかだ。生きることは厳しく、つらく、尊い。TVドラマで時代に名を刻む人物たちも、何度叩かれようと、けっしてあきらめずに立ち上がる。

インタビュー

『ブレイキング・バッド』

ヴィンス・ギリガン

主な経歴 『ブレイキング・バッド』(製作総指揮／脚本／監督)2008-2013
エミー賞ノミネート(演出監督賞ドラマシリーズ部門)2008, 2012
エミー賞ノミネート(ドラマ部門)2009-2010, 2012
全米脚本家組合賞受賞(ドラマシリーズ賞)2012
全米脚本家組合賞受賞(ドラマエピソード賞)2009, 2012
全米脚本家組合賞ノミネート(ドラマシリーズ賞)2010-2011
全米脚本家組合賞ノミネート(ドラマシリーズ賞)2011
全米脚本家組合賞ノミネート(新シリーズ賞)2009
ＡＦＩトップ10ＴＶシリーズ　2009, 2011-2013
ＴＣＡ賞　2010, 2012
ピーボディ賞 2008
『ハンコック』(映画)2008
『Ｘ-ファイル』(製作総指揮／共同プロデューサー／スーパーバイジング・プロデューサー／脚本／監督)1996-2002
エミー賞ノミネート(ドラマ部門)1997-1998
エミー賞ノミネート(脚本賞ドラマ部門)1997
『Ｘ－ファイル外伝　ローンガンメン』(製作総指揮／脚本)2001

NL：人物像を作るのは誰にとっても難しいと思います。番組のアイデアは思いついても、複雑で深みのあるキャラクターはなかなか作れない。『ブレイキング・バッド』のウォルターはすごい決断を次々としますよね。パイロット版企画の経緯を教えて下さい。

VG：企画というのは雪の結晶みたいで、一つひとつがユニークなんですよ。ですから『ブレイキング・バッド』に限定してお話ししますね。

最初はただ一人の人物を思いついただけ。それが後にウォルター・ホワイトになるのですが、初めは名前すら考えていませんでした。よき家庭人で犯罪とも無縁。それが突然、やむにやまれぬ事情で悪人になったらどうなるか。RV車で覚せい剤を作る案は後づけです。とりあえず「いい人が悪い人になっていく」という土台からスタートしました。白紙の状態で「さあ、今日はどんな面白いキャラクターを作ろうかな？」と考えても毎回何か思いつくわけじゃないんですよね。何かがひらめいた時は嬉しいです。

NL：『ブレイキング・バッド』は『チップス先生さようなら』が『スカーフェイス』になる話だとどこかでおっしゃっていましたね。化学教師や覚せい剤の精製といった設定はいつ思いつきましたか？ 舞台をアルバカーキに設定したことや、家族の設定は？

VG：ニューヨーク大学時代の友人と一緒に『X-ファイル』で仕事をして、一年か二年後に「次は何をしようか」と話し合っていた時、彼が「新聞でこんな記事を読んだよ」。キャンピング・カーで移動しながらクリスタル・メスを作っていた男が逮捕された記事だったんです。「それ、いけるかも」と友人のトム・シュナウズが冗談めかして言いましたが、僕は人物像がぱっとひらめいた。それがさっきの善人が悪人になるアイデアです。彼はいい理由で悪いことをする。もし彼のバイオグラフィーを書いてキャラ設定を考えろと言われていたら、今のウォルターとは大きく異なる人物像を書いていたでしょうね。そういうやり方が悪いわけではありません。紙に書くことで考えがはっきりするし、何か形が見えてくる。色んなものを組み合わせて人物像ができるならそれでいいけれど、後から付け足していく柔軟性も必要だと思います。ウォルターの本当に面白い面はシーズン1か2でやっと見えてきましたから。それは俳優ブライアン・クランストンのおかげでもあるし、優れた脚本家たちの力も大きいです。僕一人が考えるより、ずっと豊かなものになりました。ウォルターの超人的なパワーにも気づかせてもらえた。当初、彼があれほど見事な嘘つきになるとは想像していませんでした。でも、それが彼のパワーです。彼は自分さえも騙せる。自分のためなら何だって正当化できる。ウォルターがすることは全て家族のためですが、それを超越する嘘が『ブレイキング・バッド』の中心にあります。

NL：ウォルターの場合、パワーと弱点が一体化しているように見えます。

VG：その通りです。プライドが高過ぎて間違った選択をたくさんする。「宇宙が自分を中心に回っていると思っているクソ野郎」って誰かが言った言葉なんですけど、ウォルターにぴったり。彼は「俺はクソ野郎じゃない、宇宙の中心なんだ」と思っている。でも周囲に軽視された時、その宇宙はあっけなくひび割れる。

NL：映画『ソーシャル・ネットワーク』（二〇一〇）でマーク・ザッカーバーグが女の子にフラれた時のようですね。ウォルターは末期がんの宣告を受けた上に、洗車場でのアルバイトを教え子たちに見られて馬鹿にされます。これは『風と共に去りぬ』のスカーレット・オハラが「神に誓って、もう二度と飢えたりしない」と言うシーンに匹敵しますね。この先いくら稼ごうと、その不安は消えない。妻のスカイラーが「じゅうぶんって、いくら?」とウォルターに尋ねるけれど、お金の問題ではありませんよね。彼は何に怯えているのでしょうか?

VG:端的に言えば死でしょうね。死ぬのが恐かったから犯罪に手を染めた。自分の死について考えるはずだけど、あまり時間を費やしていないように見えます。おそらくシーズン1の初めで考えて、もう吹っ切れた。その後、ある回で義理の弟に「以前は何もかもが不安で眠れなかった。だがガンを告知されてからはぐっすり眠れる」と言っています。ウォルターは存在を軽く見られることを恐れているんじゃないかな。死んだらすぐに忘れられてしまうんじゃないか、俺が消えても誰も困らないんじゃないかと思うと怖い。それで、自分の存在意義をジェシーや視聴者に見せつけるわけですね。彼は同級生と一緒にグレイマター社の経営を続けていれば富豪になれた。脱退後に株価がどんどん上がって、何度も後悔したはずです。彼の自尊心は深く傷付いた。その挙句「天国で人に仕えるよりも地獄を支配する方がましだ」と、これは確かミルトンの『失楽園』のサタンの言葉だったと思いますが、ウォルターの心理を言い当てています。

NL:シーズン4で妻に言う「危険など迫っていない。私が危険人物なんだ」はすごいセリフです。本人もそこまでになるとは思わなかったでしょうね。権力の中毒になってしまった。

VG:その権力もカネも、彼にとってただの物になってしまいます。シーズン5の第八話で出てくる大量の札束も、使ったら最後、税務署に目をつけられる。「危険など迫っていない」なんて見当違いもいいところで、そこにウォルターの能力が表れていますよね。自分に嘘をつくという。

NL：薬物などの専門的な知識はどうされましたか？

VG：専門家にスタッフとして入ってもらいました。それまでは僕一人で脚本を書いていましたが、専門家の助けで本当に世界が広がりました。ウォルターがダメな学生たちにわかりやすく授業をするところで僕自身も学んだし、視聴者にとっても入りやすかったと思います。悪の道に踏み出すところは「もし僕だったら」と想像して書いたので楽しかった。僕はリサーチよりも自分と人物を重ね合わせて書く方が得意です。

NL：書き手もウォルターも新しい世界に踏み出したわけですね。ジェシーを登場させたいきさつは？

VG：認めるのは悔しいけど、当初は単にプロットを動かすための駒でしかありませんでした。パイロット版では結構、機械的な要素として人物を登場させています。ハンクだって、ウォルターをある方向に押しやる役として書いていた。押しが強い体育会系のハンクに対し、ウォルターは嫉妬や敵意を抱いています。ジェシーはウォルターに犯罪の手引きをする役。それが終わったら死ぬ予定でした。

だから、最初に設定を全部決めたと言ったら嘘になります。ジェシーに初歩的な知識を伝授させたら死ぬことにして、シーズン２でもっと面白い人物を登場させようと思ってた。ウォルターに相棒が必要だなんて意識もなかった。アーロン・ポールという素晴らしい俳優にジェシーを演じてもらえて本当によかったです。作品をすごくいいものにしてくれたので、ジェシーが死ぬ展開はあり得なくなりました。最初の案ではほんの脇役で、プロット上で適当なところが来たら派手に殺す予定だったんですけどね。でも、完璧なものを書きたければ小説を書けばいい。いつか僕も書きたいと思っていますが、TVや映画は共同作業の部分が大きいです。俳優の熱意や監督の演出が脚本を変えることもある。彼らは脚本の隙間を埋めて、さらにいいものにしてくれる。逆に、いい脚本をだめにしてしまうこともあるけれど、キャストや監督は運ですよね。いい人に決まりますようにと祈るしかない。どんな作品になるかは撮影してみないとわからない。怖いけれどわくわくします。

NL：教師ウォルターがジェシーから犯罪を学ぶ生徒になったのも面白いですね。彼はあらゆる人から何かを少しずつ学び取る。

VG：そう言えばそうですね。ウォルターは優秀な生徒で自己評価も高い。ガス・フリングとの関係はぴりぴりしているでしょう？　ガスがご主人様、ウォルターは召使い。ウォルターはそれが気に食わない。

NL：ストーリーはA、B、Cに分けて作りますか？　構成は一度にどれぐらいまとめて考えますか？

VG：エピソードごとに考えることが多いです。A、B、Cで作る番組は、僕にとってこれが初めてです。『X-ファイル』は僕一人で考えることが多かったけれど、『ブレイキング・バッド』は連続物ですから全員が情報を共有しないとだめ。脚本家六人全員と連日、トイレに行く間も惜しんで話し合いました。「ゴールは何？　恐れていることは何？　スカイラーはどうしたい？　ジェシーは何がしたい？」というような質問に答えることで築き上げる。だからA、B、Cという呼び方でなく、ウォルター・ホワイトの物語として考える。彼の決断と行動が他の人物たちに困難や問題をもたらします。彼自身がAストーリーですね。彼が根っこで、そこからストーリーの枝葉が伸びていく。全てを動かす種のような存在でもあります。

がんで死にゆく男の物語に見えるけれど、実はウォルター自身ががん細胞のようなもの。彼は周囲に悪い影響を及ぼしていく。最も被害を被るのは彼の家族です。

NL：連続物のドラマでは展開が速いとネタ切れになる心配があります。エピソードごとにストーリーを作るのでしたら、全体のペース配分をどのように確認しますか？

VG：連続物をやってみて面白い感覚がありました。一話完結のドラマでも同じかもしれませんが、こちらとしては精一杯やりたいし、多くの人に見てほしい。見続けてもらうのは大変です。だけど、そうかと言って展開を速くすると、作り手の必死さが見えてしまって視聴者が離れるんです。だから僕は焦らないで、時には必要最小限しか出さない。できるだけ話の進展を遅くして、止まらないようにしながら面白く見てもらう。そう言うと身も蓋もないけれど、ぴったりの表現だと思います。新しい面を見せて進展させることは大事な反面、それを次々と出し過ぎると視聴者は疲れてしまう。実は、僕は、すんでのところで『ブレイキング・バッド』はシーズン1で手の内を全部見せてしまうところでした。ありったけのものを出して、後でまた新しいものを考えようと思っていた。すごく気に入っているドラマだったから、何がなんでも継続させたかったからなんですけど、それは逆効果以外の何物でもなかった。その時たまたま脚本家組合のストライキが起きて、シーズン最後の二話分の制作を延期せざるを得なくなって、逆に命拾いしたんです。あのまま制作を続けていたらフルスイングして燃え尽きて、重要な人物も二、三人消してしまっていたでしょう。焦っていたんだな、と今になって思います。でも、ドラマを長続きさせるにはスローダウンすべき時もある——偶然の出来事を通してそう学びました。

何話でシーズンが終わるのか、何シーズン続くのか最初からわかれば助かるんですけどね。そんなことができるのはミニシリーズぐらい。見る側も「これは六時間分で完結するドラマ」という意識で見てくれる。そうした企画があればぜひやりたいですね。

NL：『LOST』は前から終わり方を大体決めていたそうです。『ブレイキング・バッド』はどうでしたか？

VG：最初から決まっていたとは言えないです。登場人物について僕が知らないことがたくさんあったし、知っていたつもりでも実はそうでなかった物事もありましたから。でも、後でよりよいものに変えることができました。自分の考えにこだわらない方がいい。これはすごいアイデアだと思っても、誰かが「こういうふうにしたら？」と言ってくれて、僕は「やられた、そっちの方がいいじゃないか」と思うことがよくありました。TVドラマは生き物みたいに絶えず変化します。決まった筋書きどおりに動かそうとするより、人物が自ら動いていく方がいい。登場人物が人間らしくあれば、道を大きく外れることはないでしょう。

そうだ、もともとの話題はキャラクター設定と感情移入でしたね。『ブレイキング・バッド』では後になるほどウォルターは共感しづらい人物になっていきますから、好感度が高い俳優をキャスティングしなければと思っていました。また妻の妊娠や息子の脳性麻痺、アルバイト先での屈辱的な仕打ちなど、感情移入できる設定をたくさん入れました。でも、彼がドラッグビジネスを始めてからも、まだ思い入れを持って見てくれる人が多くて驚いています。分別のある人々がなぜウォルターに共感するのか、社会学的に見ると面白いかもしれません。僕は随分前にウォルターに共感するのをやめましたからね。こんな男を友達にするのはご免です。視聴者からも「彼には我慢できない。もう見るのをやめたい」という声がありました。もともと、ちょっと実験的に始めた感がある作品で、主人公が常に変化していくストーリーにしたかった。ですから、共感できなくてもドラマとして何か面白さを感じて頂けていれば嬉しいです。

NL：ウォルターの行動は真似できないですからね。一人ぼっちで体制に反抗するところがいいのかも。それに実権を握ったように見えてもどこかに弱みがあるし、絶対、彼よりもっと悪い人間が登場しますしね。

VG：ああ、確かにそうだ。その通りですね。

法則 6

TVドラマは家族を描く

Value Family Dynamics

TVドラマは家族を描く。たとえ他人の集まりでも、結局、描いているのは家族の姿だ。

もちろん、血のつながった家族が登場する作品も多い。『モダン・ファミリー』や『Parenthood』『ザ・ソプラノズ』『ブレイキング・バッド』『ダウントン・アビー』『グッド・ワイフ』『Friday Night Lights』『ホームランド』『Weeds』『THE KILLING～闇に眠る美少女』（シーズン1と2）『アメリカン・ホラー・ストーリー』（シーズン1）『Brothers & Sisters』などがそうだ。

変り種は『The Americans』。家族を隠れ蓑にしてスパイ活動を行なう男女を緊迫感たっぷりに描いている。

シットコムの家族が小さな騒動をくり返して笑わせてくれる一方、連続ドラマの家族はより現実的な試練に遭遇する。『Parenthood』や『グッド・ワイフ』は人間関係やコミュニケーションの難しさ。『キャッスル』や『エレメンタリー』は軽いユーモアを感じさせる危機。それよりずっとシリアスな危機や犯罪を描く『ブレイキング・バッド』や『ホームランド』まで、作品ごとに様々な問題が提起されている。つまり、独自の切り口でTVドラマを作るということは、不完全で不満を抱える家族を作るということだ。「幸せな家族はみな似ているが、不幸な家族はみなそれぞれの不幸がある」とロシアの文豪も言っている。

「冷戦時代のスパイ」「ニューメキシコ州の麻薬製造人」「マフィアの親分」「アメフトのコーチ」と言っても視聴者はピンとこないかもしれない。だが「家族のあり方」なら誰もがリアルに理解できる。それがこの章のポイントだ。家族のストーリーには普遍性がある。

家族のようにふるまう人たち

先に挙げた例の中で、特に『グッド・ワイフ』はヒロインの職場の人々もまるで家族のようだ（後述）。『ワンス・アポン・ア・タイム』や『ハーパー★ボーイズ』『ゲーム・オブ・スローンズ』『マッドメン』『スパルタカス』『ザ・ホワイトハウス』『サン・オブ・アナーキー』でも血縁関係がない人物たちが家族のように結束する。

その他のドラマでも、職場の人々を描くシーンはまるで家族の姿を見るかのようだ。経営者や上司は父母、仲良く競い合う社員たちは兄弟姉妹のようであり、夫婦のように協力し合うコンビもいれば祖父母のようなアドバイス役、駄々っ子やいつも損な役回りをする人物もいる。彼らは本物の家族より家族らしいかもしれない。特に今では家より職場で過ごす時間が長い人も増えている。親の代わりに上司に認められれば給料もおまけについてくる。また兄弟やいとこより、黙って話を聞いてくれる同僚や親友の方が話しやすい時もある。家族は僕らのことを知り過ぎているから、かえって話しづらいのだ。

だが、友人や同僚の言動も癪にさわる時がある。節度を保って付き合ううちはいいのだが、相手を思う気持ちのために、つい干渉してしまうのだ。謝罪して水に流すのは難しい。根にもつ方が人間的と言えるだろう。

家族だからこそ衝突する

どの家族にも支え合うべき義務や共通の関心事が非常に多いが、それをめぐる葛藤や矛盾も多い。特に、家計の問題は大きなストレスを引き起こす。一家の大黒柱と言えばまだ男が多いが、家事をしながら夫より高収入を得る妻たちが増えてくると新たな摩擦も生まれる。TVドラマの人物たちも自分を認めてほしい、愛してほしいという欲求から様々な行動を起こし、シーズンごとに物語を展開させていく。

キャラクターが何かを決断する時、よくある理由は基本的な生活に関するものだ。『ブレイキング・バッド』のウォルターが覚せい剤を作り始めるのも生活費を稼ぐため。末期がんを患う彼は、これから生まれてくる子のためにも遺産を残したい。やがて途方もない金額を手にするが、その先に悲劇が待っていることは想像に難くない。闇社会で大きな顔をするようになったウォルターは家族と疎遠になり、周囲とも敵対する。最後は『スカーフェイス』のトニー・モンタナ（アル・パチーノ）のように一人で死んでいくしかなさそうだ。

海外ドラマの家族たち

職場の人間関係はどのように家族に似ているか、例を見ながら考えてみよう。

『グッド・ワイフ　彼女の評決』（シーズン1）

家庭の家族：

アリシア・フロリック（ジュリアナ・マルグリーズ）妻、母親。

ピーター・フロリック（クリス・ノース）冷たい夫、父親。

ザック（グレアム・フィリップス）とグレース（マッケンジー・ヴェガ）子どもたち。

ジャッキー・フロリック（メアリー・ベス・ペイル）批判的な義母。

職場の家族：

ダイアン・ロックハート（クリスティーン・バランスキー）事務所の共同経営者、母親的な役割。

ウィル・ガードナー（ジョシュ・チャールズ）アリシアとつかず離れずの恋人。夫婦的な関係。

カリンダ・シャルマ（アーチー・パンジャビ）ワイルドな妹。

ケイリー・アゴス（マット・ズークリー）未熟な弟。

『グレイズ・アナトミー　恋の解剖学』（シーズン1）

職場の家族：

ミランダ・ベイリー（チャンドラ・ウィルソン）厳格な母親。

リチャード・ウェーバー（ジェームズ・ピケンズ・Jr.）家長。

メレディス・グレイ（エレン・ポンピオ）不安な心を持つ娘。他人から認められたい。

彼女の「姉妹」：

クリスティーナ・ヤン（サンドラ・オー）、イジー・スティーブンス（キャサリン・ハイグル）

彼女の「兄弟」：

ジョージ・オマリー（T・R・ナイト）、アレックス・カレフ（ジャスティン・チェンバース）

マーク・スローン（エリック・デイン）従兄弟。

デレク・シェパード（パトリック・デンプシー）メレディスとつかず離れずの恋人。他の人物たちにとっては伯父さん。

『LOST』（シーズン1）

ジャック・シェパード（マシュー・フォックス）リーダー、父的存在、怪我や病気の手当てをする人。

ケイト・オースティン（エヴァンジェリン・リリー）副リーダー、育ての母的存在。

ヒューゴ・〝ハーリー〟・レイエス（ホルヘ・ガルシア）怠け者の息子。

チャーリー・ペース（ドミニク・モナハン）麻薬依存で反抗的な息子。

ジェームズ・〝ソーヤー〟・フォード（ジョシュ・ホロウェイ）怒りを秘めた冒険的な兄。

ブーン・カーライル（イアン・サマーホルダー）兄。

シャノン・ラザフォード（マギー・グレイス）ブーンの義理の妹だが、他の人物たちの妹的存在でもある。

『マッドメン』（シーズン1）

家庭の家族：

ドン・ドレイパー（ジョン・ハム）浮気性で留守がちの夫／父親。

ベティ・ドレイパー（ジャニュアリー・ジョーンズ）自己愛が強い女親（だめな母親）。

サリー（キーナン・シプカ）とボビー（ジャレッド・ギルモア）子どもたち。

職場の家族：

バートラム・クーパー（ロバート・モース）知恵があり、温厚な家長的存在。

ドン・ドレイパーとロジャー・スターリング（ジョン・スラッテリー）互いに兄弟のような関係であり、部下や同僚に対しては伯父さん。

ペギー・オルセン（エリザベス・モス）賢い長女。

ジョーン・ハリス（クリスティーナ・ヘンドリックス）職場のお母さん的存在。

ピート・キャンベル（ヴィンセント・カーシーザー）末の弟。時にわがままで生意気な息子。

ケン・コスグローブ（アーロン・ステイトン）とハリー・クレイン（リッチ・ソマー）、ポール・キンゼイ（マイケル・グラディス）ドンとロジャーの息子たちであり、互いに兄弟のような関係。


『スキャンダル　託された秘密』（シーズン1）

職場の家族：

オリヴィア・ポープ（ケリー・ワシントン）パワフルでグラマラスな母、ボス。

サイラス・ビーン（ジェフ・ペリー）大統領のスタッフの長。政治的なパワーはオリヴィアと対等。伯父さん／父親的な役割。

検事補デイヴィッド・ローゼン（ジョシュア・マリーナ）オリヴィアに対して兄のようにふるまう。

大統領フィッツジェラルド・グラント（トニー・ゴールドウィン）オリヴィアの秘密の恋人であり親友。

メリーと夫婦だが、オリヴィアの夫のような存在。

大統領夫人メリー・グラント（ベラミー・ヤング）オリヴィアの最大のライバル。義姉。

ハリソン・ライト（コロンバス・ショート）とアビー・ウェラン（ダービー・スタンチフィールド）、クイン・パーキンス（ケイティ・ロウズ）、ハック（ギレルモ・ディアス）子どもたち。

家族の中でのポジションは?

キャラクターがたくさん出てくるドラマでは、家族にたとえる見方が特に役立つ。互いの人間関係がどうプラスに出るか、マイナスに出るかに注目するといい。男性刑事のコンビが夫婦のように衝突したり、職場の同僚が兄弟のように嫉妬や小競り合いをしたりすることもある。

家族の中での位置づけは性別や年齢と一致しないこともある。『ウォーキング・デッド』シーズン3ではリックの息子カールが実年齢以上に成長せねばならない局面に遭遇し、あどけない顔がどんどん大人びた表情になってくる。父は妻を亡くして放心状態であり、リーダーの役目がうまく果たせない。他の大人たちも忙しく奔走中で余裕がない。その間、世代交代するかのように、年若いカールが一行を支えようとする。

その後のエピソードでは町の統治者と恋仲になったアンドレアがファーストレディ（母親）的な位置につく。リックたちが過ごす刑務所跡ではキャロルとハーシェルの娘たちが母親的な存在になる。グレンとマギーは夫婦になる。ベスとキャロルはリックの赤ん坊に対して母親の役割をする。ミショーンはカールと再会し、母親／姉のように彼を守る。

人間関係は鏡に似ている。僕たちは他人の中に自分を見るし、自分の記憶も投影する。赤の他人に父や母の面影を感じて過剰に反応することもある。家族の力学は水面下であらゆるシーンに影響を与えるのだ。

優れたドラマの根底には家族的な構造がある。舞台設定や企画のセールスポイントを考える時も、そのことを覚えておこう。

インタビュー

『スキャンダル　託された秘密』
ションダ・ライムズ

主な経歴 『スキャンダル　託された秘密』（製作総指揮／クリエイター）2012
『プライベート・プラクティス LA診療所』（製作総指揮／クリエイター）2007-2012
『グレイズ・アナトミー　恋の解剖学』（製作総指揮／クリエイター）2005-2012
エミー賞ノミネート（ドラマシリーズ賞）2006-2007
全米脚本家組合賞ノミネート（ドラマシリーズ賞）2006-2007
全米脚本家組合賞受賞（新シリーズ賞）2006
全米製作者組合賞ノミネート（ドラマ部門）2006,2008
全米製作者組合賞受賞（ドラマ部門）2007
『Off the Map／オフ・ザ・マップ』（製作総指揮）2011
『プリティ・プリンセス2／ロイヤル・ウェディング』2004
『アカデミー　栄光と悲劇』（テレビ映画）1999

NL： ションダさんが手がけるドラマにはいつも引き込まれてしまいます。俳優陣も素晴らしいですが、登場人物の吸引力はどこから生まれるのでしょう？

SR： 実はTVドラマを書いたのは『グレイズ・アナトミー』が初めてで、日記を綴る感じで書いたんですよ。自分にすなおに、正直に、人物が生きて動いているところを想像しながら書きました。大きな反響を頂いて驚きましたよ。自分にとってリアルに感じられることを書けば、不思議と人にも伝わるのかもしれません。

NL： その通りだと思います。それに、人物の不安や欠点もつぶさに書かれているでしょう？人物像を考える時はまず外見を想像しますか、それとも内面から？

SR： 内面からですね。外見のタイプなどは考えないし、脚本にも外見の描写はあえて書かないんです。オーディションで色々な俳優さんの演技を見せてもらって、自分が思い描くイメージをどんどん変えていく感じです。そうでなければ、何かを付け加えて理想にぴったりの表現をしてくれる俳優さんを探し続けることになるでしょうね。

NL：ションダさんの作品はどれも一匹狼か、はみ出し者が集まって家族のように団結しますよね。実際、『グレイズ』ではそんなセリフもありました。人物たちを家族にたとえて考えることはありますか？

SR：「一匹狼か、はみ出し者が作った家族」と聞いてゾクッとしましたよ。違います、と言おうとしたけどその通りだわ。私は五人の兄姉がいる末っ子で、いつも周囲を観察しているおとなしい子でした。でも、その観察癖を執筆に生かそうと思ったことはないんです。意識するとかえってできなくなりそうですから。

NL：オリヴィアはみんなのお母さんみたいです。傷ついた人たちを守るんだけど、実は彼女も傷だらけ。『グレイズ』ではミランダがそういう存在ですね。

SR：メレディスも人々を癒す母的な存在ですが、背景は異なります。『グレイズ』の後で手がけた『スキャンダル』では、オリヴィアに私自身を結構重ね合わせています。ショーランナーとオリヴィアってそんなに変わらないんですよ。ショーランナーは人の問題解決を請け負う仕事ではないけれど。

NL：でも、人が泣くのを許す時もあるんですよね？

SR：ええ。

NL：パイロット版で最初に大胆に宣言したことを、最後には見事に覆すでしょう？「涙を見せる者は誰一人いない」って言うんだけど、最後には彼女の弱さが表れる。

SR：そうです。オリヴィアが泣いている。あれは見せたかったです。

NL：『グレイズ』はメレディスの視点で語られます。たまに他の人物の視点もありますが。

SR：ええ、ごくたまに。

NL：僕、夕べは銃撃犯が出てくる回［シーズン6第二三話］を見ました。

SR：あのエピソードは一番のお気に入りなの。

NL：ベッドの下に隠れたミランダが犯人の足を見るところは本当に怖かった。どんな脚本でもサスペンス感は大事ですね。ドラマ全体の視点であるメレディスは、有名な外科医を母に持ちながら将来に不安を抱えています。彼女の心の声がナレーションとして入りますが、『スキャンダル』と『プライベート・プラクティス』ではそれがない。『スキャンダル』でメレディスに近いのはクインですね。誰の視点で描くかはいつ頃決めますか？

SR：『グレイズ』はメレディスの視点と決めていました。彼女は新人インターンとして初めて病院にやってくる。そういう目線で描けば私自身も自然に病院の世界に入れますから。新しい世界に戸惑いながら、色々案内してもらう立場としてね。『スキャンダル』のオリヴィア・ポープは大物フィクサーで、誰もが彼女を知っています。その世界を新人クインの視点で紹介しました。その後、すぐオリヴィア視点に移ったのはクインに秘密がたくさんあるからです。

NL：オリヴィアの事務所は「我々は法律家だが起訴も弁護もしない」って、ちょっと普通じゃないですからね。新人の目線なら自然に状況説明ができるし、戸惑いやワクワク感でドラマ性も高い。シーズン1の最後、「クインは何者？」という問いがアマンダ・ターナーのプロットと入れ替わりに浮上したのは意外でした。答えやヒントを出すタイミングはどのように決めていますか？「謎の答えはシーズンの中盤か終盤で出そう」と決めて逆算しますか？

SR：一つは勘ですね。シーズン初めの脚本会議で結末をピッチしますが、そこからさかのぼって構成を考えることはしません。みんなで物語の行き先を確認したら、そこへ向かうロードマップを作るんです。細かく考えないで感覚的なレベルで判断します。もともとアマンダ・タナーは死ぬ設定ではなかったけれど、ある時「ここで死ぬはず」と私もみんなも感じた。クインの謎は第三話か四話でオリヴィアの事務所スタッフの話題が出た時に思いつきました。みんなが「クインの経歴は？」と私に聞くので「二〇〇八年以前には存在しなかった」と答えたの。パイロット版の脚本で、クインが女子トイレで泣くシーンを書くたびに「怪しいな」と感じていましたから。ただそれだけ。「なぜ私なんか雇ったの？」と彼女が言い続けているのも変ですよね。シーズン終盤に向けてその謎が大きくなってきました。

NL：『グレイズ・アナトミー』は放映前に一三話全部を書いたそうですね。

SR：ええ、でもシーズン2で放映しました。シーズン1の放映は九話まで。残りはシーズン2で放映しました。でも一三話分の制作を終えた日曜が第一話の放映日だったんですよ。

NL：放映までは視聴者の反応が得られません。ひたすら直感に従うのですか？

SR：ええ。ただ「私は入り込めてる？　面白い？　ワクワクしてる？　見向きもされなくても私は平気？」と自問します。今でもそれは同じ。『グレイズ』が始まった時はエグゼクティヴ・プロデューサーのベッツィーと二人で「誰も見てくれないならクルマに積んで売り歩きましょ」。それほど思い入れが強かった。ネットワークに認めてもらわなくたって平気、と思えたのは自分でもすごいなと感じます。『スキャンダル』にかける思いも同じです。これまでで最高の仕事ができたと思っています。

NL：主演のケリー・ワシントンもすごくいいですしね。美しくてタフな、まさに「スーツを着た剣闘士」のイメージです。その反面、アメリカ大統領との不倫関係や、彼女自身のもろさが徐々に明らかになってくる。主人公の好感度はどれぐらい重要ですか？

SR：その点はネットワークにかなり突っ込まれました。メレディスは研修初日の前の晩に一夜限りの遊びで男と寝ますが「好感度が下がるので変更してはどうか」と言われたんですよ。『スキャンダル』では別の役員から「オリヴィアの不倫の設定は削除できないか」。私は「第四話でオリヴィアと大統領がセックスする場面が出ます──執務室のデスクの上で。それがだめなら番組は中止ですね」って言っちゃった。ケーブルでは結構、色々なことをやっているのにね。『デクスター』だって殺人鬼の話なのに共感できるし、続きが楽しみ。女性キャラクターはリアルさが大事ですから、欠点があってめちゃくちゃでも、それが真実の自分なら謝る必要はない。きれいごとではなく、真実の姿が視聴者にとっても、脚本家にとっても価値あるものだと思います。

NL：僕も「好かれなくていい、外に表れる弱さに共感できるから」と学生によく言います。リリー・トムリンも「本当はみんな社会不適応者だ」と言っている。完璧な人なんていないですからね。というところで、最初の質問に戻らせて下さい。なぜあなたのドラマの人物はみんな魅力的なのか。僕らと同じ欠点を持っているからでしょうか？

SR：完璧な人たちの完璧な人生を描くドラマなんていやでしょう？　私は見たくないわ。『ブレイキング・バッド』みたいに問題が山ほど出てくるドラマは見ていて飽きません。

NL：やはり、どこかに欠点や弱さがある人々が家族のように集まるところが魅力かな。

SR：メレディス・グレイがお母さん的なのは、みんなの中心的な存在だからでしょうね。その点ではオリヴィア・ポープも同じです。そういえば『プライベート・プラクティス』のシーズン2か3の初めでも「私たちの家族はあなたの家族」というセリフがあったっけ。

NL：ありました。プロモーションビデオで見てメモしましたよ。

SR：確かに家族に見立てて作っていますね。その意味ではファミリードラマだわ。面白いですね。

NL：うまくいかない時もあるけど、一丸となって問題に立ち向かう時は最高。壊れかけの家族でも何かがあると力を合わせますからね。

SR：血のつながった家族はみんな、どこか健康的でないのが面白い。メレディスを見るとそうですね。オリヴィアは家族の気配が全く見えません。メリーとフィッツは最も問題多き家族ですね。メレディスにはあの母がいる。アディソンの母親は同性愛を隠していて、父親は酒びたり。でもみんな自分なりの家族を作っています。

あら、こんなふうに考えるようになったら、もう脚本が書けなくなっちゃう（笑）。

NL：ションダさんのドラマではAとBのストーリーがいつも共通のテーマで合わさっている感じがします。僕が前に出した映画脚本の本では、テーマに対する考え方が真っ二つに分かれているんです。テーマから全てが生まれるという考えと、テーマを意識しないで書くべきだという考えと。『グレイズ』はナレーションでテーマが前面に表れています。シーズンごと、エピソードごとのテーマを意識的に考えますか？

SR：番組によります。三つとも別人が作ったみたいだとよく言われるの。『グレイズ』はシーズンとエピソード両方にテーマがあって、ストーリーとの整合性を強く意識しています。『プライベート・プラクティス』はシーズン単位でテーマがあるけど、エピソード単位では自由にしています。先シーズンではアディソンがセラピーを受ける回で心の声を入れましたが、ごく一部に過ぎません。『スキャンダル』はテーマの設定はなし。でも、AとBのストーリーはなんとなく一致しています。意図的に合わせているわけではないけど。ただみんなで話しながら作っているだけ。

NL：ショーランナーの仕事で一番いいことと、悪いことは？

SR：空想が形になるのは最高。脚本で「屋内オーバル・オフィス――日中」と書いた八週間後には本物そっくりのセットが出来ている。大統領になったつもりでデスクに座ってみたり、手術室のセットに入って外科医のように動いてみたり。いつもそうやって、四五分間ぐらい過ごしています。創造主の気分と言ったらばちが当たるけれど、楽しくて。一番大変なのは多くの人たちに対する責任です。私がパイロット版を書けば八百人の雇用が発生しますから、失敗すればそれだけ多くの人々に迷惑がかかる。それを思うと夜中でも目がさえますね。

NL：そうやってションダランド〔自身の制作会社〕を動かしていらっしゃるんですね。

SR：おかげさまで『グレイズ』も十シーズンを越すことができました。私たちは家族。スタッフも家族です。皆さんと末永く一緒に頑張っていきたいです。

法則 7

「ストーリー・エンジン」で物語を動かす

Fuel Your Story Engine

アメリカでは圧倒的多数のドラマが数話で打ち切られる一方、現象的にヒットする番組が生まれる。どうすればそんな番組が作れるかは誰も知らない。僕たちにできるのは、ヒットした作品の共通点を探して指標にすることだけだ。

アメリカの業界では見込みのある企画を「has legs（脚がある）」と形容する。マラソンで走り続けるフォレスト・ガンプのイメージだ。TVは瞬発力より持久力。それがなければいずれ打ち切りとなり、やり直しはほぼ絶望的だ。最初の好視聴率を維持するか、徐々に口コミで盛り上げるかで、激しい競争を勝ち抜いていかねばならない。ゴールは常に先へ、先へと送られる。ネットワークは番組の将来性を常に問い続ける。シーズン1が成功しても、次はどうなるかわからない。

コストと視聴率の問題

ネットワークは長く継続できるドラマを求める。少なくとも五シーズン（または百エピソード以上）続けられそうな企画だけに興味を示す。短期間では制作コストが回収できないからだ。作品の評価や受賞歴はともかく、相対的に安定した視聴率こそスタジオやネットワークに意味がある。「相対的に」というのは大手ネットワークとケーブルでは規模が違うからだ。ケーブルネットワークＡＭＣの『マッドメン』は大成功したドラマだが、視聴者数では大手ＣＢＳの『ＮＣＩＳ』の方がはるかに多い。だが『マッドメン』の視聴者層は高級志向を狙うスポンサーにぴったりで、ＡＭＣにとっても嬉しいことなのだ（もし『マッドメン』がＣＢＳで放映されていたら視聴率不振ですぐ打ち切られていただろう。ＡＭＣは『ウォーキング・デッド』も大ヒットさせている。エミー賞での注目度は『マッドメン』に負けるが、毎週ゾンビを倒し続けて『マッドメン』の四倍の視聴率を獲得した）。

家族が生み出すプロットは無限にある

アメリカの長寿番組第一位は『ザ・シンプソンズ』だ。二〇一五年現在第26シーズンが放映中で、五百話以上続いている。作者マット・グレイニングとジェームズ・L・ブルックスを筆頭に、才能あふれるライターたちが繰り出すギャグは非常に面白く、番組自体が文化現象とも言える。クレイジーでめちゃくちゃなシンプソン一家だが、よく見るとやはり家族の力学が働いている。誰かが問題を起こすと必ず対立が起き、ストーリーが生まれるのだ。家族は無限の可能性を秘めた「ストーリー・エンジン」なのである。

家族のドラマはクリフハンガーで終わって翌週に続くことが多く、キャラクターたちは毎週少しずつ成長する。それに対してシットコムは毎週テーマに沿って展開し、最後に教訓めいたオチで終わることが多い。

家族のドラマでも命に関わるシリアスな局面を扱う時がある。その昔、『ダラス』で大富豪の長男が不可解な死を遂げた時は大反響を巻き起こした。『デスパレートな妻たち』も自殺か他殺かをめぐる謎を仕掛けている。こうした挑発的なドラマは親子で楽しめるファミリードラマとは別物だ。

かけがえのない友情のストーリー

親友や幼なじみ、ライバル同士や男の友情などもストーリーの宝庫だ。友情ドラマを成功させる鍵は魅力的なキャストと優れた脚本である。

舞台設定も大きな比重を占める。『デスパレートな妻たち』を見れば僕らもウィステリア通りの住人のような気分になるし、『ワン・トゥリー・ヒル』はバスケットボール部、『Friday Night Lights』はフットボール部が「友情＋ライバルとの競争＝サスペンス」の舞台になっている。「いつもの場所」が登場するのも特徴だ。キャラクターの部屋がやけにおしゃれで、やっぱりドラマだなあと思ったりするが、そのうち自分の部屋のように親しみを感じるようになる。頑固親父アーチーの椅子はスミソニアン協会の博物館に恒久展示されているし、人気シットコム『メアリー・タイラー・ムーア・ショウ』の「M」と書かれた壁やオープニングで投げる帽子はアメリカの視聴者たちの目に焼き付いている。友人たちのたまり場もよく登場する。『ビバリーヒルズ青春白書』のダイナー「ピーチピット」や『フレンズ』のセントラル・パーク、『ママと恋に落ちるまで』のバー「マクラーレンズ」などがおなじみだ。

職場での騒動や新しい出会い、敵の出現や事件が友情ドラマをさらに発展させる。『フレンズ』や『セックス・アンド・ザ・シティ』を見ての通りだ。

セックスと力関係と「真実の愛」

友だちや家族はけんかしても元の鞘に収まるものだ。頭ではわかっていても、つい余計なことを言ってしまう。言われた方はそれもありがたいことと思って受け流す。それでも年末年始やお盆に集まったりする時に、昔のことを思い出して腹が立つことがある。だが、せっかくの家族だし、友だちだしと思い直して乾杯し、みんなで料理を囲むのだ。反論されるのは承知だけれど、ここで僕が言いたいのは「そうした人間関係とセックスがらみの関係とは全く別」ということだ。

恋は時に苦しく、時に激しい陶酔をもたらす。それをTVで見るのは最高だ。だが防御を解いて裸で触れ合う二人の間には、必ず力関係が存在する。誰が何をどうするかを決めるのには微妙な主従関係がある。行為の後にどうするか。ねえ、泊まってく？　すぐ帰る？　煙草、吸う？　朝ごはん一緒に食べる？　電話してくれる？

その上、お互いの友人や家族、服や髪型のセンスから趣味、学歴、収入、宗教や政治や育児の考え方、そもそも子どもがほしいかどうか、ということまで確かめなければ進まない。そんなにたくさん、と思うかもしれないが、まだ音楽や映画、ＴＶの好みにすら触れていないのだ――もう面倒だ、うまくいきっこない。君のせいじゃないよ、僕が悪いんだ。だから、いい友だちでいよう？

セックスがらみの恋愛では全てが一大事。友だちや家族ならそうしたことは気にならない。彼らが何をしようと勝手だからだ。言い換えれば、次の見出しのようになる。

恋愛は僕らの最高の部分と最低の部分を引き出す

恋をすると誰もが繊細になる。性的な興奮と違って「本当に好き」になると内に閉じこもる。感情的になって泣いたりする。不安になる。

それでもみんな、人を愛したい。だから恋愛はＴＶドラマに必要なのである。恋とは欲望と不安の交差点であり、ドラマとコメディーを作り出す。僕らは自分を認めてくれる特別な相手を求める。一緒に生きる意味を感じ、愛を感じさせてくれる誰かを。そのためには相手にケミストリーを感じることが必要だ。ケミストリーとは相性のようなもので、ある時は強く惹かれ合うことがはっきりわかる。こうした相性がＴＶドラマで描けるかはキャスト次第だ。ある時はあるし、ない時はどう頑張ってもない。

TVドラマは人の暮らしを覗き見するようなものだ。僕らは現実を忘れ、揺れ動く恋人たちに自分を重ねてワクワクする。かすかな想いを胸に秘め、なかなか結ばれないでいる二人の姿はぐっとくる。動物はにおいを出し、声で呼ぶ。ヒトは相手を魅惑して誘う。

では、ヒット番組に見られる恋愛のサブカテゴリーを挙げてみよう。

おしどり夫婦

世の中、悲惨な結婚ばかりとは限らない。『Parenthood』や『Friday Night Lights』『モダン・ファミリー』『ザ・ホワイトハウス』『ママと恋に落ちるまで』『Hey! レイモンド』『Home Improvement』『ダウントン・アビー』に登場する夫婦はみな愛し合っている。たまに口論もするが、揺るぎない信頼関係があり、互いに愛を注ぎ合う。

仮面夫婦

不和のあげくにカウンセリングや別居、離婚を通して隠し事や嘘がばれ、問題が表面化する。『ブレイキング・バッド』のウォルターは妻に隠れて覚せい剤を作り、将来の生活費を蓄えようとして家庭崩壊に至る。『ザ・ソプラノズ』『グッド・ワイフ』『スキャンダル』『マッドメン』『デスパレートな妻たち』『ホームランド』『Nip/Tuck マイアミ整形外科医』『レスキュー・ミー』『The Americans』『ハウス・オブ・カード』『ボードウォーク・エンパイア』にも破綻寸前のカップルが登場する。

僕が好きな映画『月の輝く夜に』(一九八七)は「なぜ男は浮気をするか」がテーマだが、「死が怖いから」という答えを提示している。これは、かなり真実を突いているのではないだろうか。僕らは常に死を意識するし、その恐怖から目をそらすための誘惑もまた多い。

浮気は男性に多いが、女性でも『ナース・ジャッキー』のジャッキーや『Weeds』のナンシー、『マッドメン』のベティらがいるので一概には言えない。

徐々に惹かれる恋

正反対の者どうしは惹かれあう。この原理でつかず離れず延々と続く二人もいる。何かにつけて衝突するが、相手を意識しているのは明らかだ。むきになって否定する様子をハムレットも「このご婦人はおおげさに言い過ぎる」と言っている。

『キャッスル』では推理小説作家キャッスルが書いた話を模倣する事件が起き、捜査に協力を申し出る。刑事ケイトは彼の強引さにうんざりするが、徐々に惹かれていく。彼は作家としてのスランプを克服し、ケイトをモデルにしたヒロインで新作を執筆。彼女の母を殺した犯人の捜査に協力しようと意気込む。

恋がゆっくり進行するドラマに『チアーズ』(知的なウェイトレスとハンサムで男くさいオーナー)『X－ファイル』(超常現象を信じる男と疑う女)『こちらブルームーン探偵社』(元ファッションモデルと饒舌な探

偵）『Who's the Boss?』（キャリアウーマンと男性ベビーシッター）『ビッグバン★セオリー』（オタクな物理学者とブロンド美女）『BONES－骨は語る－』（くだけたＦＢＩ捜査官とお堅い法人類学者）などがある。

『チアーズ』と『こちらブルームーン探偵社』は意識し合う二人をとことん引き離す。二人の距離を縮めると番組が終わってしまうのだ。『こちらブルームーン探偵社』では視聴率が劇的に落ちた。『チアーズ』ではダイアンが去り、支配人のレベッカが新たに登場してから徐々に視聴率が持ち直した。

逆に『New Girl／ダサかわ女子と三銃士』クリエイター／ショーランナーのリズ・メリウェザーはジェスとニックの恋を進展させた。「もったいぶらず、自然にキスするタイミングに合わせた。新たな展開や事件も起こせるし、番組にとってプラスになったと思う」と語っている。

ショーランナーのグレッグ・ダニエルズ（『ザ・オフィス』）も淡い恋を引き伸ばすと熱が冷めると指摘する。他の恋人候補を登場させる手もあるが、視聴者の興味がそちらに移ってしまうリスクもありそうだ。

『バーン・ノーティス』は逆転の発想を生かしている。バーン・ノーティスとはアメリカの諜報機関が発行する解雇通知。スパイの除名や情報抹消の指示を指す（就労履歴は即座に消去され、支援も預金口座も凍結される）。主人公マイケルは「burned（解雇）」されて命からがらマイアミに舞い戻るが、常に当局から監視されるはめになる。そんな彼の前に現れるのがＩＲＡの元工作員で元恋人のフィオナだ。スローな恋愛はたいていプラトニックな関係から始まるが、マイケルとフィオナは元恋人どうし。問題は「二人はヨリを戻すか、戻さないか？」だ。マイケルは彼女に未練はあるが、またケンカ別れするのではと恐れている。フィオナの方が積極的で、彼と一緒に危険なミッションを遂行するのを楽しみにする。彼女にとって暴力は前戯。二人の関係はスローに燃えるというより徐々にほぐれるという感じだ。

禁断の恋

人間ではない、超自然的な存在を相手にするのも禁じられた恋である。『バフィー〜恋する十字架〜』とスピンオフの『エンジェル』は人間の魂を取り戻した吸血鬼エンジェルがバフィーと恋に落ちる。二人が結ばれるとエンジェルは再び吸血鬼に戻ってしまう。『ヴァンパイヤ・ダイアリーズ』『トゥルーブラッド』『Being Human』『ヤング・スーパーマン』も同系列だ。

人間どうしの関係もある。『スキャンダル』のオリヴィアは大統領への思いを胸に秘める。『デスパレートな妻たち』の美人妻ガブリエルは庭師アルバイトのジョンと浮気を楽しむ。ジョンは大人っぽく見えるがまだ十代。単なる火遊びでは済まない違法行為だ。

三角関係

『ホームランド』のキャリーとブロディは関係を持つが、ブロディには妻がいる。妻は夫が死亡したと聞かされていたため、夫の親友と交際。ブロディが生還した後も相手への思いを断ち切れないでいる。

『Parks and Recreation』のアンはシーズン2で恋人アンディーに見切りをつけて別れる。その後真面目に働き始めた彼に惚れ直すが、彼の視線は新たな女性エイプリルに向いている。エイプリルもアンディーとの交際に前向きだ。

『トゥルーブラッド』シーズン1でスーキーは若い吸血鬼ビルに惹かれるが、年上の吸血鬼エリックの出現でビルの態度が変わり、スーキーとエリックがカップルになる。

『Friday Night Lights』のライラは恋人ジェイソンが負傷した後、不良っぽいティムに心変わりしそうになって試練に立つ。やがて彼女は華やかなチアリーダーから教会の青年活動のまとめ役になる。

『ワンス・アポン・ア・タイム』シーズン1で白雪姫と王子は現代の世界でメアリーとデヴィッドに転生、結ばれそうに見える。だがデヴィッドには婚約者キャスリンがいる。おとぎの国ではアビゲイル姫に当たる存在で、王子は姫に惹かれている。

『サーティー・ロック』シーズン4のジャックはエイヴリーともナンシーとも付き合いながら、心が定まらない。ジャックのためにナンシーは離婚する。エイヴリーは自分の天邪鬼な性格に悩む。結局、エイヴリーがジャックの子を妊娠、二人は結婚。ナンシーは身を引く。シーズン5で子どもが生まれるが、後に円満離婚する。

ゆきずりの関係：間違いだらけの恋人探し

ＴＶドラマの男女は今でも古い描かれ方をする。ＴＶ視聴者の感覚はまだ保守的のようだ。例外もあるが、ＴＶドラマの女性キャラクターは一夜のスリルを味わった後で落ち込み、妊娠や性病への不安に悩むことが多い。一方、男性キャラクターは罪の意識もなく去っていく。だが、それも人物の考え方次第。『セックス・アンド・ザ・シティ』のサマンサは女性だって楽しむべきだと割り切っている。だが『ガールズ』のハンナのように冒険好きな人物も不安や迷いを感じることがあるだろう。

カジュアルな関係は『ガールズ』『アントラージュ』『セックス・アンド・ザ・シティ』『グレイズ・アナトミー』などに描かれている。セックス依存症的な人物が登場する『Californification／カリフォルニフィケーション』『Nip/Tuck　マイアミ整形外科医』『Queer as Folk』『マッドメン』も同様だ。

見返りを求める関係

対価や見返りを求める関係といえば『The Secret Diary of a Call Girl』『Hung』『クライアント・リスト』などで描かれる売春行為がある。男女スパイが夫婦を装う『The Americans』はさらにひねりが効いている。

『ハウス・オブ・カード』のフランクは政治的利益のために女性記者と関係を持ち、見返りに彼女の便宜も図ってやる。『マッドメン』のジョーンは自分が勤める会社が有利になるよう、取引先の男に体を提供する。その対価として会社の共同経営者に昇格するが、心の傷は癒えずに残る。『ホームランド』のキャリーはテロリスト容疑がある海兵隊軍曹を誘惑するが、彼女も彼も作戦なのか本心なのかわからない。真意は謎のまま二人の攻防が続いていく。

結婚相手募集中

ソウルメイトとも言うべき理想の相手を懸命に探す人物もいる。彼らは「デートする↓期待する↓拒否する↓拒否される」というサイクルを繰り返す。

『ガールズ』のハンナは親友のマーニー、ジェッサ、ショシャンナらと恋人探しに励むが、不安や自己嫌悪のせいで失敗続きだ。笑いあり、涙あり、全てにおいて共感できるが、この路線がいつまで続くかは不明だ。

『サーティー・ロック』のリズも懲りずに相手を探し続ける。歯科クリニックの男からクリーヴランドのナイスガイ、ハンサムなパイロットまで様々な出会いがあるが、何かが起きてチャンスを逃す。スター・ウォーズ好きの男と出会い、ようやく仕事と家庭を両立させる道を見出す。

『The Mindy Project』のミンディは恋愛映画とロマンティックなことが大好きだ。ヒット映画にめっぽう詳しいことから理想の恋人探しに火がつく。弁護士のジョシュには恋人がおり、おまけに薬物依存だ。結婚願望が強いミンディはハンサムな牧師と出会い、奉仕の精神をアピールすべく一年間、彼と一緒にハイチに行こうと決意する。だが彼女にふさわしい相手は同僚ダニー。ミンディがハイチに経つまでに彼の存在に気づくかどうかが面白い。

『アリー my Love』や『セックス・アンド・ザ・シティ』にも同様のキャラクターが登場する。

片思い

青春時代に特有の恋もある。アメリカで大人気を博した『素晴らしき日々』は青年がほろ苦い恋と別れを体験するドラマだ。大人になった彼はナレーションで過去を振り返る。

ABCでの放映が短命に終わった『アンジェラ　15歳の日々』はカルト的な人気が再燃している。ヒロインのアンジェラはジョーダンが好きだが、彼の態度はそっけなく、いつもぎこちない。彼女は幼なじみブライアンに対しても気持ちが揺れ動く。さりげなさの中にも深い心の動きが見えるドラマだ。

MTV放映の『Awkward 不器用ジェナのはみだし青春日記』のジェナはうっかりトイレで叫んでしまい、みんなに自殺未遂と勘違いされて大騒動になる。恥ずかしさを笑いに変えようとして始めたブログをきっかけに人気者の男子と初体験もするが、徐々に彼の親友に心惹かれるようになる。笑いの中にスリルもあるみずみずしい映像は映画監督ジョン・ヒューズの作品を彷彿とさせる。

裕福な家庭の高校生たちの世界をメロドラマ的に描いた『ゴシップガール』や『プリティ・リ

トル・ライアーズ』などもある。

危険な関係

『スパルタカス』や『ゲーム・オブ・スローンズ』『THE TUDORS～背徳の王冠～』には乱交パーティーのような場面があり、『アントラージュ』や『ガールズ』『Nip/Tuck　マイアミ整形外科医』『マッドメン』『トゥルーブラッド』『Hung』では浮気や享楽的な関係が描かれる。少々過激な描写もあれば、さりげなく想像させるだけの場面もある。ケーブルネットワークは表現の自由度が高く、『Queer as Folk』や『Lの世界』『デクスター』『Weeds』『セックス・アンド・ザ・シティ』『アメリカン・ホラー・ストーリー』『Nip/Tuck　マイアミ整形外科医』『The Americans』『官能のダイアリー』『The Secret Diary of a Call Girl』などは大胆な内容に挑んでいる。

　恋愛の要素はTVドラマの成功と継続に欠かせない。男女の惹かれ合いが薄れると、ほとんどの番組は勢いが落ちる。「全てのストーリーは異性を求める人間の物語」とは著名な映画監督・脚本家ポール・マザースキーの言葉だが、その通りかもしれない。

職場の仲間たち

職場を舞台にした群像劇（一話完結物を除く）もプロットを無限に生み出す可能性に満ちている。

● **『M*A*S*H』：**一一シーズン（朝鮮戦争の野戦病院が舞台のブラックコメディー）
ストーリー・エンジン：軍医と看護婦たちの日常と負傷した兵士たち

● **『チアーズ』：**一一シーズン（ボストンのバーに集まる仲間たち）
ストーリー・エンジン：バーテンダー、ウェイター、常連客

● **『ザ・オフィス』（アメリカ版）：**九シーズン（ドキュメンタリー仕立てでペンシルバニア州の製紙会社を描く）
ストーリー・エンジン：ぼんやりした社員と社内の出世競争

● **『マッドメン』：**七シーズン（一九六〇年代ニューヨークの広告代理店役員や秘書、妻や愛人たちを描く）
ストーリー・エンジン：社内の人間関係や派閥、市民権運動やフェミニスト運動前後の時代の性差別や人種差別、結婚生活や家族関係。

● **『TVキャスター　マーフィー・ブラウン』：**十シーズン（ワシントンDCのテレビ局が放送する政治番組「FYI」）
ストーリー・エンジン：政治の裏舞台と報道の世界をヒロインの私生活と共に描く。

● **『メアリー・タイラー・ムーア・ショウ』：**七シーズン（ミネアポリスのテレビ局）
ストーリー・エンジン：取材に奔走するローカルなテレビ局とメアリーの仕事と恋と友情。

事件物の根強い人気

『ザ・シンプソンズ』に次ぐ視聴率王はディック・ウルフ製作総指揮の『ロー&オーダー』だ。

シーズン20まで継続し、スピンオフもできた（「性犯罪特捜班」「クリミナル・インテント」と、短命に終わった「陪審評決」）。新聞記事に題材を多く得ており、世界的なヒットで事件物ドラマの道を切り拓いた。ラスベガスが舞台の『CSI：科学捜査班』はシーズン15が継続中［二〇一五年現在］で、スピンオフ『CSI：マイアミ』（シーズン11で終了）、『CSI：ニューヨーク』（シーズン9で終了）もある。

複数のジャンルにまたがる作品

次のヒット作品はカテゴリー化が難しい。インパクトが強い主人公と独特の語り口が現代の視聴者に好評だ。複数のジャンルがミックスされたドラマでもある。

- **『スーパーナチュラル』**：二〇一四年現在シーズン9＋継続中――二人の兄弟が魔物狩りをしながら行方不明の父を探す。男の友情／ファミリー／SF／ミステリー。不思議なスリルと怖さを感じさせる。
- **『X-ファイル』**：九シーズンで終了――「犯罪」事件物だが超常現象が関与する。
- **『デクスター～警察官は殺人鬼』**：八シーズンで終了――「犯罪」事件物だが主人公は血痕分析専門の鑑識官であり、夜は悪を成敗する殺人鬼。妹や養父との場面でファミリードラマの要素も併せ持つ。

●『**バーン・ノーティス　元スパイの逆襲**』**：**七シーズンで終了――「犯罪」事件物だがマイケルはスパイの資格を剥奪され、政府の諜報員ではなくなっている。

●『**LOST**』**：**六シーズンで終了――飛行機墜落／謎の島で『トワイライト・ゾーン』的な怪事件が次々と起きる。生存者たちが家族のように団結する。

●『**トゥルーブラッド**』**：**二〇一四年現在シーズン7――友情群像劇／ファミリー／超常現象ホラー。吸血鬼の人気は衰えるところを知らない。

●『**ウォーキング・デッド**』**：**シーズン6継続中［二〇一五年現在］――友情／ファミリー／超常現象ホラー。ゾンビの人気も根強い。

パイロット版の続きを六話分考えてみよう。多くのアイデアが浮かんで頭が破裂しそうになるぐらいなら最高だ。シーズン1を考えるだけで一苦労ならその企画は苦しい。設定や着想を練り直す必要がある。

パム・ヴィージー（『CSI：科学捜査班』）のインタビューはウェブサイトhttp://www.focalpress.com/cw/landau（英語）に掲載。

法則 8

人物の弱点を設定する

Identify Characters' Weaknesses

僕らはみな強い面と弱い面を持っている。登場人物にも両方が必要だ。心に迫る人物像を作って毎週のエピソードへの共感度を高めるために、名作ドラマでは人物にとってのマイナス要素が色濃く設定されている。

人の弱さは物理的、心理的な極限状態で浮上する。例を挙げてみよう。

- 生存に必要な物資や安全が確保できない（『ウォーキング・デッド』『LOST』『レボリューション』）
- 囚われている／自由がない（『プリズン・ブレイク』『The Americans』『ワンス・アポン・ア・タイム』）
- お金がない（『ブレイキング・バッド』『Weeds』『NYボンビー・ガール』）
- 心身が健康でない（『ドクター・ハウス』『デクスター』『Boss』）
- 資格や能力、備えがない（『グッド・ワイフ』『X－ファイル』『ダメージ』『デッドウッド』『Friday Night

Lights』『Parenthood』)

- 信頼関係や自信がない(『ガールズ』『セックス・アンド・ザ・シティ』『スキャンダル』『グレイズ・アナトミー』)
- 友人や家族、仲間の助けがない(『マッドメン』『ザ・ソプラノズ』)
- 時間がない(『THE KILLING〜闇に眠る美少女』『24 − TWENTY FOUR −』『ホームランド』)

人物の弱点をバックストーリーにうまく溶け込ませておくと、長期にわたって効果が表れる。パイロット版や最初の数話でほんのちょっとだけ匂わせておくといい。隠れた一面がありそうだ、と思う気持ちが好奇心をかき立てる。

プロットの中で変わる人物、変わらない人物

少しずつ人物の素顔が見えてくるのは楽しいものだ。彼らはシーズンごとに変化する。ほとんど気づかないほど(『ドクター・ハウス』)からニュアンス程度(『マッドメン』のドン)、まるで別人(『ブレイキング・バッド』のウォルター)まで、変化の度合いは様々だ。事件のプロットがメインの『ロー&オーダー』や『CSI』の人物は変化が少ないが、長期にわたる連続ドラマでは視聴者の反応が人物のその後を変えることもある。僕がインタビューしたショーランナーは全員インターネットの書き込みをチェックしている。

だが、シットコムの人物たちはいっこうに変わらない。彼らは失敗を繰り返して笑わせてくれる。実際、変わらないでいる方が楽なのだ。それは視聴者である僕らも同じで、相変わらずのキャラクターに自分の姿を重ね合わせて笑うのである。

シットコム以外の人物は常に新鮮味がある方がいい。顔に出さない心配事や悩みを設定したり、状況の変化に対する不安を抱えさせるとよいだろう。作品に合った試練に遭遇させることも大切だ。人物が新たな一面を見せる時は前後の因果関係を見るといい。それを無視して見せ場を作ろうとすると不自然になる。

不自然といえば『ガールズ』シーズン2終盤、ハンナが異常なほどの潔癖症になるところは不評を買った。もともと変わり者の女の子を唐突に変化させる必要性が疑問視された。

重大な欠点はパイロット版ではっきり見せるか、かすかに匂わせるかのどちらかがいいだろう。だが、人物の弱点や欠点を設定するだけではまだ足りない。記憶に残るキャラクターを作るには、もう一つやらねばならないことがある。次の項で説明しよう。

人物のギャップは極端に

記憶に残る人物はプラスの性質（＋）とマイナスの性質（－）とが共存している。つまり、大きな矛盾を持っている。ドクター・ハウスは片足を引きずって歩く偏屈な男。人の気持ちを考えずにずけずけと物を言うし、薬物依存の問題を抱えている。だが、彼は素晴らしい名医である。しかも、僕らがなかなか言えないことを言ってのけるのだ（「俺が間違っていると思うのは自由だが、それだけじゃ解決にならん」）。ハウスはずっと変人のまま、周囲を怒らせながら医師として活躍する。それほど腕が立つということだ。

『ザ・ソプラノズ』のトニー・ソプラノにも大きなギャップがある。マフィアのボスだが鬱病だ。浮気や暴力行為もするが、自らの死を思い、妻子を思って不安や罪悪感に苦しんでいる。本当の自分はカトリック信者で愛国者だが、マフィアの掟は絶対だ。あまりの重圧に発作を起こし、精神科医のところに送られてくる。トニーにはプールに住みついた鴨の一家に大喜びする一面もあり、妻子のことも愛している。だが、マフィアの出自が大きなマイナス面となり、彼は苦しみ続けるのだ。

『マッドメン』のドン・ドレイパーはルックスがよく、颯爽と仕事をして高収入を稼ぎ出すことがプラス面。大きなギャップは彼の心にある闇だ。彼は別人になりすまし、嘘で固めた人生を生きている。表面的には華やかな広告マンだが、人の命を救うドクター・ハウスに比べれば浮き草のようでしかない。ドンが嘘をつくのは深い劣等感のせいだろう。そう思える間は共感できるが、やがてアンチヒーローなのか無気力なのかわからない存在になっていく。

『スキャンダル』のオリヴィア・ポープも仕事の有能さがプラスだが、大統領との不倫がマイナス要素に見える。二人の関係はシーズン2で一旦終わっているが、彼女にはまだ思いが残る。それでも視聴者がオリヴィアを受け入れるのは仕事ができて格好いいからだけでなく、誰かに片思いし続ける気持ちが痛いほどわかるからだ。過去にあやまちがあっても、今を懸命に生きることの方がもっと大事なのだと気づかせてくれる。

『ブレイキング・バッド』のウォルター・ホワイトは末期の肺ガンと告知され、家族の生活費を稼ぐために覚せい剤の精製を始める。内気で真面目な高校教師としての顔と、高慢な麻薬王としての顔とのギャップが強烈だ。マイナス面は善意の嘘で自分まで騙してしまうこと。家族のためと言いながら、結局は自分のエゴで行動し始める。

『ホームランド』のキャリー・マティソンのマイナス面は双極性障がいへの不安（シーズン1）から職務に過剰な熱意で取り組むことだ。彼女の鋭い洞察力は捜査の面でプラスになるが、時に危険な行動に走るマイナス面もある。だが、キャリーの執念深さや勝負強さはたいしたものだ。協力を拒むサウジの外交官に「お嬢さんはイェール大学でしたよね。退学になりますよ」と切り札を突きつけて窮地を切り抜けたりもする。政治的な思念が渦巻く世界において、キャリーは真実を叫ぶ一匹狼でありアウトサイダーだ。ブロディとの関係は危険過ぎるが、二人は心に矛盾を抱える者どうし。愛が全てを解決するか、ドラマの行方が気にかかる。

できる人の、できないところ

『ビッグバン★セオリー』のシェルドンは優秀な科学者だが融通がきかず、平気で人を怒らせる。だが、そのデリカシーのなさときたら爆笑せずにいられない。異常な潔癖症だから女性とも縁がない。天才的な人物にも困った面が多いのだ。

『エレメンタリー』のシャーロック・ホームズも天才ぶりが鼻につくが、薬物依存と戦う姿は人間くさい。相棒ワトソンに歩み寄ろうと努力するところもほほえましい。

『BONES』のテンペランス・ブレナン博士もシェルドン同様、学問はできるが世慣れていない。そもそも「テンペランス（＝節制）」という名前からしてお堅い印象だ。彼女は今どきの流行に対して「意味がわからない」と漏らす。専門分野から一歩外に出るとお手上げの彼女は身近な存在として共感できる。

概して天才、秀才の欠点は大目に見てもらえると言えそうだ。仕事があまりできない人物への許容範囲は狭いかもしれない。

素顔が徐々に見えてくる

人物のマイナス面がシーズンごとに少しずつ表面化する例を見てみよう。『マッドメン』のパイロット版で華麗な女性遍歴を垣間見せるドン・ドレイパーが、実は娼婦の子だということはシーズン6で浮上する。

『スキャンダル』のオリヴィアが泥棒猫のような印象を与えるのはシーズン1の第五話までだ。第六話では一転、大統領夫妻の間に愛がなく、政治的利益のための結婚に過ぎないことが明かされる。また、大統領であるフィッツはオリヴィアより地位が高く見えるが、シーズン2では当選の裏でオリヴィアが暗躍していたことが明かされる。だが、善意のためについた嘘が次々と表沙汰になり、彼女の恋や仕事に危機が迫る。秀でた情報操作能力が回りまわって自分の首を絞める展開になっていく。

傑出したキャラクターたちは内なる悪と戦い続けることになるだろう。その一方で内なる悪を否定しながら生きる主人公たちもいる。『ドクター・ハウス』や『デクスター』『ザ・シールド』『ブレイキング・バッド』の主人公は自分の欠点が力の源だ。内なる悪に屈する者もいる。最終回でマイナス面を克服し、愛に目覚める者もいる。『X－ファイル』のモルダーとスカリーはエリア51の実態を知って互いの想いに素直になる。『LOST』の生存者たちは文字通り、悟りの光を見て終わる。

最大の長所が翻って最大の短所になる設定をせよ。相反する性質を一つの種に閉じ込めて、人物の中に埋めておく。プロットの合間に芽吹かせて内面の機微を描けば目が離せないドラマになるだろう。

インタビュー

『Dr.HOUSE／ドクター・ハウス』
デイヴィッド・ショア

主な経歴 『Dr.HOUSE／ドクター・ハウス』（製作総指揮／脚本／クリエイター／監督）2004-2012

エミー賞 受賞（脚本賞ドラマ部門）2005

エミー賞ノミネート（ドラマ部門）2006-2009

全米脚本家組合賞受賞（ドラマエピソード）2010

『Hack』（製作総指揮／脚本）2002-2004

『Family Law』（製作総指揮／共同エグゼクティヴ・プロデューサー／脚本）1999-2002

『ロー＆オーダー』（プロデューサー／スーパーバイジング・プロデューサー／脚本）1997-1999

エミー賞ノミネート（ドラマ部門）1998-1999

『騎馬警官』（脚本）1994-1998

『ザ・プラクティス　ボストン弁護士ファイル』（脚本）1997

NL：八シーズン続いた『ドクター・ハウス』は何と言っても主人公の存在感が大きいですね。見ていて腹が立つ時もあるけれど非常に魅力的なキャラクターです。周囲の人物たちは変化していくけれどハウスだけは変わりませんね。

DS：あの人物像は脚本を書き始めてからはっきり見えてきました。名探偵には不可解な事件が必要であるように、キャラクターの力は試練の度合いに比例すると思うんです。だからハウスに困難な試練を与えることと、彼に匹敵する脇役を作ることを考えました。優秀で面白いドクターたちがハウスに挑戦する形。ハウスと釣り合うように、彼らも個性的なキャラクターにしました。

NL：ハウスの色々な面を引き出すために？

DS：そう意識したわけではありませんけどね。彼らがハウスにどう反応するかを考えた。ウィルソンだって、あんな男の親友ですから少しは負の部分があって複雑な人間に違いない。設定が一番難しかったのは上司のカディです。したい放題のハウスを黙認するだけではドラマになりませんからね。シットコムなら『OK捕虜収容所』（一九六五〜一九七一）のクリンク大佐みたいにとぼけた反応をさせてもいいけれど、ハウスは医療ドラマだからそうはいかない。部下の才能を認めて放任するところは放任し、締めるところは締める上司像を作りました。

NL：二人の間にだんだん恋が芽生えるのは最初からの案ですか？

DS：ええ。第一話でウィルソンに「愛と憎しみは紙一重」みたいなことを言わせています。現場の二人には男女を意識したテンションがあって、これからが楽しみだと思いましたよ。

NL：ストーリーを考える時の手順はいかがでしたか？

DS：一定の手順を決めたかったんですけどね。

テーマと患者の両方をまず作ろう、と。じゃあテーマを持った患者を設定しよう。どんな患者にしようか。ハウスとどんなやりとりをするんだろう。「嘘じゃありません」と患者が言えばハウスは当然「人は嘘をつく」と言い返すわけですが、その嘘の内容を決めなくてはなりません。それも、医学的に見て面白い嘘。結局、ヒューマンと医療の両面でいい題材が必要なんですね。ライターからのアイデアに「ヒューマンの面も頼む」とか「医療の面をもっとくれ」とか指示することもありました。出された素材をストーリーに並べて、うっすらとテーマが見えてくる程度を目指しました。

NL：Aストーリーで描く症状は珍しくてひねりがきくものがいいのでしょうか？

DS：ええ、その点は犯罪ドラマと同じ。これだと思っていたら実は違った、という展開が定番です。たまに例外もありますが。

NL：すぐに治療法がわかってしまうとまずいですか？

DS：命に関わる症状でありながら、曖昧さがあって診断が難しいものがいいんです。だから難病のエリマトーデスはよく話題に上りました。左耳がちぎれて落ちる奇病なんかがあれば見え方としていいけれど、その症状だけではドラマが作れません。

NL：ドラマの都合で医学的な事実を曲げることはありますか？

DS：できるだけ事実に忠実にしています。建前上は医療ドラマですし、視聴者に嘘はつけません。たとえ罹患率が人口の○・一パーセントでも視聴者はたくさんいますから、いたずらに希望や不安を煽りたくありません。TVドラマから医療の知識を得る人が、それこそびっくりするぐらい多いという調査結果もあります。

NL：シーズンを通した人物のアーク（変化）

を作りましたか？
DS：半シーズン単位で考えました。二週間ほどかけて前半部分の打ち合わせ。もっと長いスパンで見たいけれど難しいですね。前半のアークが終わり近くになったら後半を考え始める感じです。ハウスとカディが別れた後の続きは、別れが近づいたら考える。
NL：これまで人物の変化について述べてきたので「誰も変わらない」という『ドクター・ハウス』は興味深いです。デイヴィッドさんから見てどうですか？　ハウスの人物たちは根底から変わるのか、その場をやりすごすために一時的に変わるのか。
DS：そこは複雑ですね。純粋な事件解決物に連続して描く部分が混ざってくると、どうしても「じゃあ彼はどうなるの？　どう変わるの？」となる。ハウス役のヒュー・ローリーが「映画ではは主人公が変わって周囲は変わらない。ＴＶは逆だね」と言っていたけど、『ドクター・ハウス』の人々はあまり変わらないんです。言い訳というより説明をさせてもらうと（1）テーマは「誰も変わらない」。人はそれほど変化しないと私は思う。（2）私は人物に変わってほしくなかった。作品の中心はハウスであり、私は彼が好きだから変わらないでいてほしかった。視聴者の皆さんも同じじゃないかな。ハウスを応援しているけど、じゃあ幸せになるところが見たいかというと見たくない。

やっぱり人は変わらないじゃないか、と何度も思う。変わろうと努力する人を見る方が面白いです。たぶん……たぶんちょっとだけ変化して、また元の自分に戻っちゃう。

人の本性は困難に出会った時に表に出ます。手前味噌で申し訳ないけれど、初期のシーズン

［シーズン2］でこん睡状態にまで陥ったフォアマンにハウスが「死にかけて人生変わったのも二ヶ月だけか」というようなセリフを言うんですね。やっぱり元の自分と同じじゃないかと思う時、人はどう感じるか。実際、変わるというのは過ちを繰り返さずに現状維持すること。みじめにならず、みじめになる一歩手前であり続けるしかない。

NL：依存症の自助会や断酒会では「死ぬほどのどん底を体験しないと変われない」と言いますね。ハウスもそれほど厳しい人生を歩んでいる。

DS：行動を変えることすら難しいですよ。依存症は一生続くから、治ったと言わずに「酒を飲んでいない依存症者」という言い方をします。自分を根本から変えるのはおそらく不可能でしょうね。

NL：そして、弱さを抱える人物を新たな場に立たせる。そういえばハウスはスタッフを総入れ替えしました。

DS：そうです。新しい人々や状況を分析してみせる。

NL：ハウスは人の弱みを利用するところがあります。意外な一面に驚いたことはありますか？ カディの家に車で突っ込んだこともありましたね。

DS：あれは予想以上の反響でした。彼女に殺意を抱いたと受け取った人も多かったんです。そんな見方があるとは気づかなかった。脚本も撮影も、彼女が部屋から出るのを見届けてから車で突っ込む形にしています。殺意ではなく激情に駆られて。非常に合理的な考え方をする男がすごく不条理なことをする。家と車を大破させた後、ハウスは微笑んで去っています。彼の行動に驚かされたと言えば……「彼はこうするだろうな」と予測させつつ意外なことをする。

しかもそれに納得させられることですね。このようなドラマでは、そういうひねり方が基本です。難しいですけどね。一でも二でもなく、三番目の選択肢を考えつくか。みんなの予想と正反対のことをさせようとすると意味が通らなくなる。予想に反するけれど納得できる、という行動を見つけなくてはなりません。驚かせてくれよ、と期待するお客を驚かせるのは大変だから、うまくいくと嬉しいですよ。具体例は今、思いつきませんが、患者に対してハウスが意外な態度を見せた後でその理由がわかり、「ああ、そうか」と納得するパターンとかね。

NL：ハウスが末期がんの患者を放置して死刑囚の治療に行く回も考えさせられました。彼は社会を敵に回した男に思い入れを持ったのかな。ハウスの新たな一面が見えました。番組の人気が上がるにつれてネットワークやスタジオからの干渉は減りましたか？

DS：要望はほとんどないに等しかったです。一本につき一点かな。いや、すんなりOKの脚本もありました。脚本提出後は必ず電話で話すのが慣例でしたが、先方からの意見が少なくて逆に不安になりました。客観的な意見がほしいですからね。正直な感想を述べてくれる役員がいると助かるんだけど。

NL：もっと好かれる性格にしてくれと言われたことはないですか？　同じ質問を『THE KILLING〜闇に眠る美少女』のヴィーナ・スードにも尋ねたんですよ。リンデン刑事もハウス医師も非常に有能だけど心に闇がある。応援しづらいキャラクターです。

DS：そんな要求をされたら脚本家はみな憮然とするでしょうね。私はほとんど言われなかったですけど。フォックスの内部では色々あったかもしれませんが、どういうわけか私は守られた。ハウスを必要以上にいやなやつに設定したけれど、無意識に「ダメ出しを受けたら少しやわらげよう」と考えたからかもしれません。大手ネットワークのドラマにはない変人ですよね。みんな「好かれる人物を書け」と言うけど、脚本家が書きたいのは複雑な人物ですよ。興味をそそる人物が書きたい。脚本家も視聴者も馬鹿じゃない。そりゃ商業的な配慮は必要だけど、次も見たいと思ってもらえるものを書くべきです。ネットワークは「好かれる」を「いい人」と勘違いしているんです。いい人はつまらない。ハウスの企画はほとんど反対意見が出ませんでしたが、他のネットワークなら話は違ったかもしれません。当時フォックスはまだサイモン・コーウェルが人気でしたからね。アイドルオーディションの審査員として厳しい意見を言うのがウケていた。

NL：おかげで道がひらけました。ハウスが成功してからというもの、ケーブルはこぞってダークで複雑な人物を出し始めましたから。

DS：そう言って頂けるなら光栄です。脚本家が本当に書きたいのはそういう人物だし、それがいい作品なら視聴者も見たい。仕事ができる。単なる利己主義じゃない。自己嫌悪もある。そして人の命を救う。彼の動機についてはかなり話し合いました。死刑囚の回でいうと、ハウスにとって興味があるから治療する。

NL：ハウスは患者のことより謎解きに興味があると、どこかに書いてありました。

DS：そう、謎解きですね。それだけじゃない、何かあると皆さんが思って下さるのは嬉しい。もしかしたらそうかもしれません。ハウスが好きだから肯定的に見て下さるんですよね。ハウスが「人助けなんてくそくらえ」と言い回っていたら面白くない。そんなのは根本的にだめだし、退屈です。症状に関心を持って診ているうちに患者とも知り合って、もしかしたら人として尊重する気持ちも少しは生まれ、命を救う、という方がずっと面白いし説得力があります。

NL：自閉症に近いぐらい感情に乏しいという見方もあります。

DS：そこまで細かくは考えませんでした。彼は役に立たないことはしない。理由がない。解決の足しにならない。ただ問題をややこしくするだけ。真実を知るには客観性が必要です。真実は真実。だから彼は全てを純粋に見たいだけ。私は「どうして？」という質問にはいっさい答えないようにしています。一つめの理由は視聴者の楽しみを奪いたくないから。二つめの理由は、真実は単純に言い表せないと思うから。「どうしてハウスはそうするのか」と尋ねられたら私も脚本家も考えがあるし、ヒュー・ローリーにも考えがあるでしょう。私たち三人は大筋で一致すべきですが、ウィルソンやチームの仲間、カディの考えはみな違っていいし、視聴者にも独自の見方があるでしょう。誰の見方も真実です。Xだから、と単純に言えない。ウィルソンはYと言い、チームはZと言う。どれもハウスの行動の理由の一部を言い当てている。

NL：番組が長く続いたのもハウスがミステリアスだからかもしれませんね。わかってしまうと面白くなくなります。

DS：面白くないし真実でもない。ハウスも「人は嘘をつく」ってしょっちゅう言っていますしね。白を黒と言うわけじゃないんです。いつだって答えはグレーで、濃いか薄いか人によって違う。みんな自分が見たいと思う真実を見ようとする。ハウスはそれを超越しようとしているんです。

法則9

話者の視点を特定する

Determine the POV

ストーリーの語り方は様々だ。何を描き、誰をめぐって世界が回るか――それは誰の物語なのか？　この切り口で海外ドラマを分けてみよう。一つの作品が複数のタイプにまたがる場合も多い。

1. 主人公が世界を見回す。『デクスター』や『リベンジ』『キャシーのbig C』『ナース・ジャッキー』は主人公の視点で語られる。秘密を隠し持つ人の目線だ。警察の鑑識官デクスターは正義感を胸に秘めて殺人現場や死体を眺める。『リベンジ』のヒロインは身分を偽り、復讐の標的の前に現れる。『キャシーのbig C』のキャシーは積極的に人生を楽しむが、実は末期がんの宣告を受けている。看護婦ジャッキーは薬物依存や浮気癖があり、我が子にも隠し事をする。

これらのドラマでは主人公が時折、秘密や本音を表に出せず葛藤する。『Enlightened』『JUSTIFIED　俺の正義』『ザ・フォロイング』『アンジェラ　15歳の日々』『レスキュー・ミー』『Californification／カリフォルニフィケーション』なども当てはまる。

2. 主人公と相棒が互いを見る。

『シャーロック』(英国版)や『エレメンタリー』(米国版)『ブレイキング・バッド』『ドクター・ハウス』『THE KILLING～闇に眠る美少女』『ロイヤル・ペインズ』は主人公の助っ人が登場する。人づきあいが苦手なシャーロック・ホームズは時に苦々しい顔でワトソンの助けを借りる。ユーモアと葛藤に満ちた友人関係だ。

『ブレイキング・バッド』のウォルターは最初の二、三シーズンあたりまで元教え子のジェシーに頼りっきりである。彼の知識とジェシーの行動力は理想的な組み合わせだ。

『ドクター・ハウス』のハウスも偏屈で、親友ウィルソンの助けが必要だ。上司のカディとも衝突するが、名医ハウスはウィルソン医師との連携で一層の活躍をする。

『THE KILLING～闇に眠る美少女』のリンデン刑事は責任感が強く、仕事に没頭しすぎるきらいがある。彼女の相棒は一見不真面目そうなホールダー刑事。二人の間に暗黙の尊敬や信頼が見え隠れする。

『ロイヤル・ペインズ』の医師ハンクは会計士の弟エヴァンと共にセレブたちの緊急コールを受けて診療にあたる。ハンクはおっとりしていて患者の扱いもうまいが、弟のような商才や機敏さはない。エヴァンは負債を抱えたりもするが、二人で力を合わせれば発展的だ。互いをよく知る兄弟だから長所も短所も引き出し合うし、ピンチの時は助け合う。

3. 主人公を大勢の仲間が囲む。

主人公を大勢の仲間が囲む。リーダーとチームが等しく力を発揮する作品に『スキャンダル』『マッドメン』などの群像劇がある。

『スキャンダル』のオリヴィアは天下一品のフィクサーだ。仕事ぶりからファッションまで非の打ちどころがないが、私生活は嵐のようである。彼女の輝かしいキャリアは信頼できる仲間がいればこそ。彼らはみな一度はオリヴィアに救われ命拾いした身であり、彼女と同様、全力で職務にあたる。

『マッドメン』のドン・ドレイパーは広告代理店の有能なクリエイティヴ・ディレクター。彼の私生活も起伏が多く、離婚や再婚を繰り返す。このドラマがめっぽう面白いのは「ドンは本当は何者で、この先どうなるのか?」が気になるからだ。職場の仲間たち(ロジャー、ペギー、ピート、ジョーン、ケン、ハリー、ボスのクーパー)もそれぞれのストーリーを展開させながら、ドンの様々な面をプリズムのように映し出す。ドンが広告業界の寵児になれるのは嘘をつく才能があるからだろう。人に幻想を抱かせ、要らない物を買わせるのが広告の使命。ドン自身が思い描く幸せの形も幻なのかもしれない。

『セックス・アンド・ザ・シティ』『ガールズ』『アントラージュ』はそれぞれキャリー、ハンナ、ヴィンスら主人公を三人の親友たちが囲む。『セックス・アンド・ザ・シティ』と『アントラージュ』はニューヨークやハリウッドでの都会的な恋愛やキャリアを描き、『ガールズ』も恋に仕事に奮闘する四人の友情を描く。どれも主役の視点に大きな比重を置いており、一般的なコメディーとは異なる趣きだ。

『セックス・アンド・ザ・シティ』は毎回、最初と最後にキャリーのナレーションが入る。『ガールズ』ではハンナが全体のまとめ役。親友たちの出来事はみなハンナに伝えられる。

『アントラージュ』は俳優マーク・ウォールバーグの体験に基づくハリウッド俳優たちの物語で、ウォールバーグに当たる人物はヴィンスである。取り巻きの友人らの方が騒々しいが、みなヴィンスという太陽の周囲を回る衛星的な存在だ。

主人公メインの群像劇かどうかを見分けるには、彼または彼女なしでもドラマが成立するかを考えるといい。『アントラージュ』からヴィンスを抜けば、軽薄でがつがつしたキャラクターばかりのドラマになってしまうだろう。スターの彼はエージェントのアリに営業を任せ、自分は仲間と遊んでいる。仲間たちはみなハリウッドでのしあがろうともがいているから、のほほんとしたヴィンスが心配になってくるほどだ。だが、番組の価値観を示す存在はあくまでもヴィンスである。ショービジネスのむなしさ、あざとさが描き出されているのも彼の視点が生きているからだ。偉そうで商魂たくましいアリも、たまにしか出ない脇役だから面白い。

『サン・オブ・アナーキー』『メンタリスト』『グッド・ワイフ』『ザ・ソプラノズ』『ザ・シールド』『Weeds』『Veep』『ボードウォーク・エンパイア』『トゥルーブラッド』も参考になる。

4．主人公の心の声を追加する。ナレーションでテーマを述べ、風刺的な視点を加えたりして広がりを持たせることもできる。

『セックス・アンド・ザ・シティ』はキャリーが書いたコラム記事の朗読がその回のテーマとなる。シーズン1第六話「秘密の関係」ではこうだ。

キャリー「友達に紹介できないセックス相手って多いの？」

彼女はミスタービッグとの初デートでベッドインするが、外出先で友人たちに紹介してもらえず落胆する。彼とは距離を置くべきか？　一方、ミランダはジムで知り合った男の部屋で変態的なポルノビデオを見つけ、交際を続けるか悩む。シャーロットはユダヤ教のラビと寝たことが仲間に知れる。あけっぴろげなサマンサは自由に行動する。Aストーリーで描くキャリーの取材がテーマとなり、それに合わせて友人たちのB、C、Dストーリーが展開するのが定型だ。

『グレイズ・アナトミー』第一話「甘い夜はオペの始まり」はクリエイター／ショーランナーのションダ・ライムズによる脚本だ。オープニングとエンディングでメレディス・グレイを登場させ、彼女のナレーションを加えて彼女の視点であることを明確に打ち出している（ドラマのタイトルにも「グレイ」とあり、彼女が主人公であることは明らかだ）。冒頭、彼女と共に一人の男が登場する。行きずりの遊び相手だが、後に職場の上司だと判明する。

メレディス（モノローグ）『勝負』。その素質を持つ人もいればそうでない人もいる。私の母は大物だった。一方で私は失敗ばかり。という事はまた失敗ね。なぜ外科医を目指すのだろう？　辞めるべき理由なら思いつく。厄介な人間関係。責任の重さ。必ず訪れる本当の『勝負』の瞬間。その時、前へ踏み出すか、そこを立ち去るかだ。辞めるのも自由、でも確かなのは……、このフィールドが好き」。

外科医のインターンとして病院に入ったメレディスは仲間と出会う。タフな完璧主義者のクリスティーナ、内気なジョージ、元モデルのイジー、尊大なアレックス――彼らを指導するのは通称「ナチ」の厳しい女医ミランダ。メレディスと仲間たちは過酷な研修第一日目を乗り越えていく。

メレディスの母は伝説的な外科医であったが、第一話の終わりで介護施設にいることが明かされる。オープニングで独り言のように聞こえたメレディスの語りは、娘の顔もわからない母に向かって話す言葉だったのだ。

以後、シーズン1はメレディスを軸にインターンたちの日々を描いていく。だが仲間たちの人気が高まるにつれ（別の作品に活躍の場を移すキャラクターも出た）、群像劇として均等に描写がなされるようになってきた。

『デクスター』では主人公デクスターの語りが重要な役割を担っている。悪人たちを自分の手で殺すところは映像でわかるが、理由までは表せない。彼の胸の内に秘められた動機を説明するのにナレーションが役立っている。

『セックス・アンド・ザ・シティ』や『グレイズ・アナトミー』『Enlightened』の語りはテーマを伝えているが、デクスターの語りは彼の考えや気持ちを述べている。養父ハリーが定めた「掟」に従っていることや、彼の有能さや気難しさ、誰も信用していないことなどが伺える。警察の鑑識官でありながら、なぜ自ら極悪人を殺して回るのかが心の声で語られる。淡々とした口調はなぜか魅力があり、殺しの場面は残虐なのに続きがまた見たくなる。それもデクスターが善良な心を持つ怪物だからだろう。

彼の語りは時にドライでひょうきんでもあり、不謹慎だが笑ってしまう。彼が成敗するのは悪党や社会のクズだ。だからと言って殺していいはずはないが、報いを受けるべきだとは思う。デクスターは平然とそれを実行に移すのだ。まったく狂っているが、彼の世界ではそれがエンターテインメントなのである。

5. 二人の視点を交互に切り替える。

『ホームランド』はキャリーとブロディの視点を同等に配分して見せている。キャリーはＣＩＡテロ対策要員、ブロディは中東で捕虜となった後に帰還した英雄だが母国アメリカに対するテロ攻撃を企てる。八年間の監禁生活でイスラム過激派アブ・ナジールに洗脳されたのか、自分の信念でアメリカに報復したいのか？　キャリーの見方は後者だが確証はない。また、彼女は双極性障がいを患っており、薬を飲まずにいると精神状態が大きく乱れてしまう。キャリーが既婚者のブロディと性行為にまで及ぶのは国家を守るための作戦にも見えるし、個人的な感情のようにも見える。

特にシーズン1はわからないことが多いために面白い。回を追うごとに二人の動機の新たな面が見えてくる。毎回予測を裏切る展開で、次をまた予測したくなる。『ホームランド』に描かれるのは善悪のグレーゾーンだ。アブ・ナジールのテロの動機は無人爆撃機の攻撃で息子を失なった悲しみと怒りにある。ブロディも子を持つ父だから、その気持ちがわかるに違いない。登場する「善人」たちは欠点だらけで複雑で、暗い側面も丹念に作り込まれている反面、敵対者側にも共感できるよう描かれている。このように双方の視点を交互に見せていくのは難しい。視聴者を感情移入させることが鍵となる。

旧ソビエト連邦のスパイ男女が偽装結婚してアメリカに住む『The Americans』も二人の視点を使っている。妻の視点（使命に忠実）と夫の視点（使命に疑問を抱く）という分け方がうまい。これが単純にアメリカ対ソ連という図式だったら面白さは半減していただろう。偽の夫婦が育児や近所づきあい、司令部とのやりとりで見せる感情が面白い。前の章で「家族はストーリーを無限に生み出す」と述べた通り、この作品もスパイ物に家族ドラマをミックスし、プロットと感情移入の両面で成功している。

また『The Americans』には近所に越してきた一家の視点も使われている。夫のスタンはFBIの諜報捜査員だが、スパイ夫婦の偽装に気づいていない。職務さえなければ本当に親しくなれそうな相性だけに、交流が深まるにつれてテンションが高くなる（一緒にキャンプに行く場面もあるのだ）。FBIが追うスパイ二人がスタンの目と鼻の先にいるのだから、見る側は本当にドキドキしてしまう。

二人の視点を交互に等しく入れる場合、互いの意見や考え、長所や短所が大きく異なると効果的だ。凹凸を合わせて完璧な形を作るようなものである。

● 『X－ファイル』：モルダーは超常現象を信じる。スカリーは懐疑的。
● 『BONES』：捜査官ブースが司法、学者ブレナンが科学の面を請け負う。ブースは信心深いがブレナンは無神論者。
● 『キャッスル』：男性推理小説家と女性刑事のコンビ。異性として意識し合うだけでなく、捜査の進め方や意見も異なる。
● 『リゾーリ&アイルズ』：刑事と検視官のコンビ。『BONES』は法と科学の視点だが、本作は性格が違う二人（さばさばしたリゾーリと女性らしいアイルズ）の視点が交錯する。
● 『Nip/Tuck　マイアミ整形外科医』：妻子あるまじめなショーンとセクシーな不良タイプのクリスチャンのコンビ。
● 『ビッグバン★セオリー』：四人の中でルームメイトのレナードとシェルドンの関係が最も強

い。二人とも優秀な学者だが、レナードの方が常識的でシェルドンは変人だ。

●『NYボンビー・ガール』：女性ルームメイト二人は共に貧乏だが、育ちが異なる（労働者層と富裕層）ために視点も異なる。

●『ハーパー★ボーイズ』：女性の扱いが苦手で子持ちのアランと遊び人の兄の組み合わせ。二人ともどこか的が外れており、中間点がたいてい正しい。

6. 群像劇で複数の視点を使う。様々な人物の視点を使っているのが『デスパレートな妻たち』『グレイズ・アナトミー』『シェイムレス』『ダウントン・アビー』『バーン・ノーティス』『ウォーキング・デッド』『Friday Night Lights』『Parenthood』『ザ・ワイヤー』『アントラージュ』『シックス・フィート・アンダー』『グリー』『ダラス』『ママと恋に落ちるまで』などだ。

これらのシリーズはA、B、Cの三種類以上のプロットを見かける時もある。主人公と関わる分だけストーリーがあるが、Aストーリーに多くの人物が登場する場合が多い。『ウォーキング・デッド』の「表と裏の狭間で」では物資の枯渇を予測するリックの動きがAストーリー。Bストーリーではウッドベリーの町を率いるガバナーが戦闘準備を整える。Cストーリーではアンドレアがリックと交渉するため刑務所に向かおうとする。それぞれのプロットに多くの人物が関与する。連続ドラマによくある進め方だ。

上流階級の邸宅を描く『ダウントン・アビー』は住人と使用人の群像劇で、やはり多くのプロットが進行する。例えばシーズン2の第六話で一族の後継者を名乗る男がやってくるが、顔が焼けただれており真偽がわからない。また、車椅子のマシューをメアリーが世話する話や執事カーソンが新聞社オーナーのリチャードに仕えるべきか迷う話が出てくるが、それも多くの人物たちが織りなす物語のほんの一部だ。

パラレル・ワールドや複数の世界

『ワンス・アポン・ア・タイム』は二つの世界が平行して進むパラレル・ワールドの設定だ。メイン州の町で起きる出来事と、おとぎ話の国での出来事が相互に影響しあう。『ゲーム・オブ・スローンズ』は舞台となる王国が複数あり、それぞれに人物や設定がある。

1. 現在の出来事を回想シーンで説明する。『The Americans』や『リベンジ』『Any Day Now』『LOST』は不可解な事象の説明や謎解きのヒントを回想シーンで示している。人物の考えを表す時もある。

- 『リベンジ』：ヒロインが故郷に戻り、父を陥れた人々への復讐を企てる。彼女の秘密や隠された動機が回想シーンで描かれる。
- 『Any Day Now』：人種が異なる女性どうしが長年の友情を育む。設定は現代だが毎回二人の回想シーンが挿入され、公民権運動が盛んな一九六〇年代アラバマ州での出会いを振り返る。

● 『コールドケース　迷宮事件簿』：女性刑事が未解決事件に挑む。聞き込み調査の内容を回想シーンで効果的に表現している。

2．舞台を途中で切り替える。『ロー&オーダー』は前半三十分でニューヨーク市警の犯罪事件捜査を見せ、後半ではマンハッタン地方検事局での起訴を見せる。容疑者を裁く時に立ちはだかる司法の壁がドラマの鍵だ。「神父の決断」の回では神父が宗教上の守秘義務を理由に証言を拒む。

3．主観的、あるいは客観的な視点を使う。『CSI』や『NUMBERS　天才数学者の事件ファイル』『BONES』『アリー my Love』『ゴースト　天国からのささやき』『Wonderfalls』『ツイン・ピークス』『GALACTICA／ギャラクティカ』は内容にふさわしい視点を採用している。

● 『ゴースト』：ヒロインは幽霊の姿が見え、話もできる霊能者。彼女にしか見えない視点が使われる。

● 『CSI：科学捜査班』：弾痕や毛髪、外傷などの証拠や遺留品は完全に第三者的な視点で撮影されている。細部までよく見える超クロースアップは通称「CSIショット」と呼ばれる。

● 『BONES』：捜査チームの中で複数の仮説が出た時に、それぞれの主観で仮説を映像化してわかりやすく伝えている。

● 『アリー my Love』：「踊る赤ちゃん」の映像はアリーだけに見える主観的なもの。彼女の妊娠適齢期を示すメタファーだ。

●『ギャラクティカ』：サイロン・ナンバー6は科学者バルターにしか見えない主観的な存在だ。客観的にはバルターの妄想かどうか判断できない。

ドキュメンタリー／インタビュー形式でコメントする

1. **カメラ目線。** 人物がカメラ目線で視聴者に語りかける。『モダン・ファミリー』ではこの手法で人物が本音を打ち明け、笑わせる。カメラマンと被写体とが会話する設定が多く、『ザ・オフィス』でもこの形式が生かされている。プラスの効果は(1)人物がふと我に返り、素顔を見せること。(2)こういうふうに見てもらいたい、という視点を視聴者に提示できること。『ハウス・オブ・カード』ではケヴィン・スペイシー演じるフランクが時折、視聴者に目配せをして腹の内を明かす。魑魅魍魎とした政界の雰囲気がよく表れている。

2. **全知全能の視点。** 『デスパレートな妻たち』では自殺した主婦の語りと共に、ご近所の主婦たちの様子が描かれていく。『Joan of Arcadia』のジョアンは神の姿が見え、対話もできる。『ゴシップガール』のナレーションも全知の視点で出来事にコメントをする。噂話を綴る女子高生のブログの朗読のように聞こえるが、実はダン・ハンフリーの心の声。それがシリーズ最終回で明かされると、みなびっくりするだろう。

3. **未来から現在を振り返る視点のナレーション。** 『ママと恋に落ちるまで』はテッドの青春時代を描いているが、ナレーションは大人になった彼が昔を振り返って子どもたち（と視聴者）

に語りかける形になっている。未来の視点のコメントを聞きながら、進行中の青春ドラマを追うことができる。

古いドラマだが『素晴らしき日々』も有名だ。男が一九六〇年代後半に過ごした思春期をなつかしく振り返るナレーションが入っている。

4. 時間の操作。『24－TWENTY FOUR－』は二四時間の中で起きる出来事をワンシーズンかけて描いて話題沸騰した。毎回ほぼリアルタイムで展開するためテンションが高い。

『Early Edition』では主人公にだけ、なぜか翌日の新聞が届くようになる。彼は事件を未然に防ぐために奔走する。

『LOST』は人物の動機を説明する回想と未来の場面に加え、「もう一つの現実」を描くフラッシュ・サイドウェイという方式を採用した。

魅力的な人物たちの魅力的な行動にあふれる企画を思いついたら、その世界にどう切り込んでいくかが課題となる。誰の視点で世界を見るか、ということだ。

インタビュー

『HOMELAND／ホームランド』

アレックス・ガンサ

主な経歴 『HOMELAND／ホームランド』(製作総指揮／企画／脚本) 2011-2012
ピーボディ賞 2011
AFI 年間ＴＶプログラム賞 2011
エミー賞受賞（ドラマ部門）2012
エミー賞受賞（脚本賞ドラマ部門）2012
ゴールデングローブ賞受賞（最優秀ドラマシリーズ）2012
全米脚本家組合賞受賞（新シリーズ）2012
全米脚本家組合賞ノミネート（ドラマシリーズ）2012
『24-TWENTY FOUR-』（製作総指揮／共同エグゼクティヴ・プロデューサー／脚本）2010/2009
『アントラージュ★オレたちのハリウッド』（コンサルティング・プロデューサー）2007
全米脚本家組合賞ノミネート（コメディーシリーズ）2008
『NUMBERS　天才数学者の事件ファイル』（製作総指揮）2005
『ドーソンズ・クリーク』（製作総指揮／脚本）1999-2000
『Maximum Bob』（製作総指揮／脚本）1998
『X-ファイル』（スーパーバイジング・プロデューサー／脚本）1993-1994
『Sisters』（スーパーバイジング・プロデューサー／脚本）1991
『美女と野獣』（プロデューサー／共同プロデューサー／脚本）1989-1990/1988-1989
エミー賞ノミネート（ドラマ部門）1989
『私立探偵スペンサー』（脚本）1986-1987

NL：『ホームランド』はイスラエルのドラマ『Hatufim』のリメイクです。原作との大きな違いは何ですか？

AG：『ホームランド』は心理スリラーですが、原作はホームドラマ色が強いです。大筋は同じですが中身は大幅に変えました。特に捕虜の設定です。元になっている実話ではギラッド・シャリートという一人の軍人と引き換えに約千人のパレスチナ人テロリストの解放が要求されました。イスラエルにとっては大変な決断だし、世論ももちろん黙ってはいない。最悪の場合は過激な反対運動も起きかねませんでした。でも、同じことがアメリカで起きるとは現実的に考えにくい。捕虜が生きて帰ってきても、一日ぐらいニュースで注目された後は忘れ去られてしまいます。原作では解放される捕虜が二人いますが『ホームランド』では一人にして、その代わりに全く別の人物を登場させました。それがキャリー・マティソンです。

NL：キャリーの視点でＣＩＡの動きを見せるのですね。原作を生かしながら、全く新しいドラマになっています。

AG：原作にイスラエルの諜報機関も登場しますが背景的な感じですね。「一七年前の拘留期間中に二人は情報を漏らしたか」が前面に出ています。『ホームランド』の方は見ての通り「彼はこれからアメリカにテロ攻撃をするか」がメインです。

NL：視点について教えて下さい。最初のアプローチはキャリーとブロディ、どちらの視点でしたか？

AG：実はですね、はて、どっちにしようか、と僕もハワード・ゴードン（製作総指揮）も最初は困ってしまったんです。反対意見も多かったですよ。二人の視点をどう使って、どんな物語にするかもわからない。ＣＩＡが悪者を追うだけじゃなくて、もっと面白い話にできるのか。どこに売り込むかも含め、いろんな人と話し合いました。フォックスに持ち込むんだったら先方の好みに合わせて「ヒロインが悪者を追う」という単純な筋にしていたでしょうね。幸いショウタイムでの放映が決まったので、二人の視点を交錯させる凝った作りにできました。

NL：誰が悪者と決めつけない演出も面白いですよね。テロリストのアブ・ナジールにも共感を覚えます。その一方で、アメリカ副大統領はどこか怪しいし。敵対者の設定はどうされましたか？

AG：敵対者は終始ブロディだと僕らは思っています。彼にも共感してもらうために彼の視点も取り入れ、攻撃する理由もできるだけわかりやすく設定しました。シーズン1では二つの問いが出てきます。「彼は監禁中、敵国に寝返ったか？」。その答えが明かされると「彼は約束どおりに計画を実行するか？」。第二の問いはブロディの視点で追うので面白さが増すと思います。ここでも彼の動機がきちんと伝わるよう、なぜ実行しようとし、なぜ迷うのかブロディの目線で考えました。

NL：監禁された人々が加害者の味方に転じる「ストックホルム症候群」がありますが、ブロディはどうですか？　映画『影なき狙撃者』（一九六二）みたいに洗脳されているのか。シーズン1のフィナーレで僕が一番好きなのは自爆テロ直前、彼が娘や家庭のことを思って苦しむところです。

AG：洗脳はされていないと思います。洗脳されて自分の意思を失なう人物ではなく、心が壊れてしまった男として描こうとしました。何年も拷問を受け続ければ心身に打撃を受けます。ナジールはブロディを痛めつけておいて息子アイサの家庭教師を任せ、人間らしさを取り戻させる。そうした人間関係とコーランの教えに出会ってブロディは変わっていった。だから洗脳とは違うと僕たちは考えています。ナジールはそうやって彼を政治の道具に仕立て上げたけれど、爆撃を受けて息子が死ぬとは思っていなかった。だから息子の命と引き換えに何かを企んだのではなく、起きてしまった悲劇を後で利用した。ブロディが進んで計画に乗り出すなんてナジールはかつて予想しなかったでしょう。

NL：ブロディはアメリカ人としての自己とイスラム過激派としての自己との間で揺れ動きます。これはキャリーの双極性障がいと重ね合わされていますか？　キャリーの人物設定について教えて下さい。

AG：この企画は当初スペックだったのですが、ハワードはフォックス向けに番組をする話があったので、『ホームランド』のパイロット版をそれに当てるつもりでした。だから、大手ネットワーク向けに考えていたんです。

NL：『24 －TWENTY-FOUR－』の次に何か作ってくれ、という感じ？

AG：ええ。だからさっきも言った通り、最初は諜報員キャリーが悪者を追う路線で、双極性障がいなんて設定じゃなく「ちょっぴり危なっかしい性格」という程度。でも、ケーブルでの放映を考えると可能性が一気に広がりました。実際、ショウタイムに持ち込むと「典型的なヒーローロータイプでなくていいですよ。キャリーの人物像をもっと生かして下さい」。とはいえ、先方からこういう人物にしろという提案はありませんから、こちらで考えなくてはなりません。セックスとか薬物とかの依存症も含め、どういう個性を持たせたらケーブルならではのヒロイン像になるのか、ハワードとかなり検討した結果、ブロディもキャリーも同じように心の闇を抱えた人物にしました。

> ブロディは軍人として捕虜として心身に傷を負いました。キャリーも海外で危険な任務を遂行しましたが、彼女の傷の大部分は心の病いが原因です。だから過激で危なっかしい反面、何を考えているかが見えにくい。

NL：パイロット版の脚本が仕上がってから、シーズン1の一二話分の流れを考えたのですか？

AG：はい。ブロディがテロ攻撃を企むところまでは決まっていました。でも、爆弾を仕込んだベストなどのディテールは後からです。他にもたくさんの選択肢を考えましたよ。他の標的も狙うのか、だとしたら無人爆撃機センターは攻撃するか。爆撃機を操作したパイロットを狙うのか――そうしたことは全然決まっていなかった。攻撃をもっと大規模にするか、大統領の一般教書演説を狙うか、それとも副大統領を暗殺するか。結局、爆弾付きのベストを着て自爆テロというのがインパクトが大きいな、と。でも、それじゃいかにもテロリスト風だと思って最初は躊躇していたんです。アメリカの海兵隊員がそこまでするかな、と。

NL：キャリーの電気ショック療法については？

AG：エピソードの流れを組んだ時には少々疑問でした。パイロット版以降、毎回僕らは「ここで症状を悪化させるべきか？」と考え続けるわけですよ。第十話、一二話まで来た時に「よし、ここだ」と思いました。シーズンもそろそろ終わりに来て大事件が起ころうとしている。そんな時にＣＩＡを解雇されかかったキャリーがめちゃくちゃな行動に打って出てもおかしくない。現実的な範疇でね。

NL：アレックスさんはネットワーク向けの番組を制作されたご経験をお持ちなので伺います

が、A、B、C、Dストーリーの構成はされましたか？　キャリーとソールの二人が中心的な軸であり、ブロディと娘デイナも中心的な存在です。人物たちや人間関係の動きを全体的に見るプロセスは？

AG：総合的にエピソード単位で、キャラクター目線で考えることが多かったです。しばらくソールの出番がなかった時に、彼の側面を知ってもらおうと思って妻との関係の描写を入れました。ピッチした時は「ソールがどうした。ソールと嫁の問題なんか見て誰が喜ぶんだ」って、反応は悪かったですけどね。ですから最初の段階で、どんな話が面白くて説得力があるか、かなり検討しました。パイロット版を撮影した後でも、ハワードと僕との間で「ブロディの家族の描写なんて面白いのか？」とかなり意見の相違が出ましたよ。ブロディの夫婦仲や子どもとの関係に興味を持つ人なんているのか。これから自爆テロをしようという時に、彼の家庭を見せる意味があるのか。エピソード間でバランスが悪くならないか――結局、最初の二、三話を見て頂くと、いかにも悪役っぽいブロディ自身より、彼の家族の様子の方が面白いです。

「ものを書くことは素手で石炭を掘り出そうとするようなものだ」と言ったのはジョゼフ・コンラッドだったかな。まさに僕らもそんな感じでストーリーを掘り出そうとしました。シーズン初めからはっきり見えていた部分もありますけどね。まずブロディとキャリーの関係性、これは最初に決めておかないと始まらない。また、瀬戸際でブロディを説得するのはデイナ。これも確定していました。帰還したブロディを空港で出迎える時、妻のハグはよそよそしいけれど、デイナはありったけの心を込めてブロディを抱きしめます。この場面を皮切りにブロディの感情が見えてくる。家族との関係は一つの軸になるだろうなと思っていたし、キャリーとブロディの心情の変化もだいたいは決めていました。キャリーの病状が悪化することも決まっていた。電気ショック療法までは考えていませんでしたけど。

NL：海兵隊の狙撃手トム・ウォーカーが敵に寝返るプロットは？

AG：原作から拝借しました。捕虜収容所で仲間を殴り殺せと命じられた軍人が登場するんです。心の闇を作る背景として非常にいいと思いました。

NL：毎回ひとつ大きな新情報が出てきて、最後はドキドキさせるクリフハンガーで終わりますね。これもエピソード単位で組む時に考えるのですか？

AG：シーズン1はほぼ、そうですね。『24 -TWENTY-FOUR-』時代の名残りです。

NL：すごいですよ。見始めるとまるで中毒のようにハマってしまいます。

AG：というのも家族の話やソールの嫁に誰が興味を持つんだという問題があったから。そこは僕らも本当に、どうなるかわからなかった。だから、特にシーズン1は押さえるところを確実に押さえ、続きが見たいと思えるドラマにしたかったんです。その仕掛けを会議で戦略的に考えたのですが、そういう方法がうまくいく時もあればそうでない時もある。視聴者はスリラー物を見慣れていますからね。肉体的なアクションをあちこちで入れることと、あとはストーリーを視聴者の予測を先んじる早さで展開させました。キャリーがブロディに接近するのは当然、予測がつくけれど、体の関係までいくのは第四話。皆さんびっくりされたでしょう。「ちょっと、なんでいきなり、そこまで？」って。いずれこうなるだろうと予測されることを前倒しで見せて、新鮮な感じが出せたと思います。

NL：「過ちの週末」の回で紅茶の話をするところなんかもそうですよね。僕、「嘘だろ？そんなこと、咄嗟に気づくわけないじゃん」と思いましたもん。そうしたらもう次の瞬間、ブロディがキャリーに銃を向けていた。

AG：シーズン初め、色々な人のブログを見ていたら「ここまで見せてしまったら後がない。この先どうするんだろう？」というような記事が毎週のようにアップされていましたよ。シーズン全体の密度を濃く、パワフルに描けたと思います。新番組が成功するかは蓋を開けてみるまでわかりませんが、脚本家も僕たちも全員中年かそれ以上の年齢だから経験則で判断したい。だから安全パイを取らないで、敢えて大胆にやりました。ブロディとキャリーの関係も面白い流れにできたと思います。

NL：シーズン2はシーズン1の直後に続いて始まりますか？

AG：少なくとも半年は経過したところから始まります。

NL：そして新しいセントラル・クエスチョンとミステリーが出てくるんですね？

AG：はい。シーズン1ほど純粋な問いではないけれど。シーズン2の宿命ですね。シーズン1ではたくさんの疑問を提示できますが、シーズン2ではそれらに答えなくてはなりません。説得力のあるストーリーにするために、また掘り下げなくては。1が一旦終わって、間を開けて再起動させるのも難しいです。

NL：最大の難関はどうやってキャリーをCIAに復帰させるかですね。

AG：皆さんそうおっしゃるんですが、そこは難しくなかったです（笑）。

NL：第八話「弱点」でキャリーがソールに「私は一生孤独なのね」と言うところは、じんときました。ソールも孤独なんですよね。ぼろぼろになったキャリーの私生活や恋愛面もシーズン2でさらに見ることができそうです。

AG：何と言ってもキャリーとブロディが中心ですからね。二人を再び引き合わせることがシーズン2の課題です。そして、さらに悲劇的なロマンスへと向かわせていけたらと思っています。

法則 10

ストーリーの心をつかむ

Get to the Heart of Your Story

映画と違ってTVは何シーズンにもわたり、人物たちと一緒に過ごす感覚がある。何年もの間、毎週おなじみの人々を見守っていけるのが魅力の一つだ。トップレベルの番組ならば何百時間分ものストーリーが語られる。それも、中心に登場人物がいるからだ。

優れたTVドラマは魅力的な人物設定だけでなく、人物がどうしたいかをしっかり設定できている。番組全体で、またシーズンやエピソード単位で人物は何を追い求めるか。それに対してどんな不安や希望を抱いているか——ドラマを見る僕たちは、彼らの気持ちが知りたいのだ。言い換えれば、彼らのことが気になると思えなければドラマは見ない。

名作ドラマの本質はそこにある。気になる人がどうなっていくかを見て、何かを感じたい——視聴者はそう思ってチャンネルを合わせるのである。

この点を考えるために、この章では名作のパイロット版から「ちょっとした」シーンを紹介していこう。優れたシーンは小さな物語のようになっている。始まり、真ん中、終わりがあり、深さやニュアンスに富み、たいてい人物が何かをしようとする姿が軸になっている。出来事の裏で心が様々に揺れ動き、大きな変化を経てテーマが浮かび上がる。その出来事は映画に比べてさりげないものが多い。人間ドラマ的な作品は特にそうだ。

では、いくつかの例を見てみよう。

事例1：『Parenthood』

ポイント：主人公や仲間や家族が最も恐れることに直面させる。

『Parenthood』の原作は映画『バックマン家の人々』（ローウェル・ガンツ／ババルー・マンデル脚本、ロン・ハワード監督）である。ドラマ版のショーランナーと翻案はジェイソン・ケイティムズ。大家族の日常を描くコメディーで、多くの賞を受賞した。

パイロット版でアダム夫妻の末っ子マックスはアスペルガー症候群と診断されるが、アダムは事実を受け入れられない。一家総出で親戚の子の学芸会を見に行く日、アダム父子は講堂の中に入らず外で時間をつぶす。いったい何をしているのかと、おじいちゃんのジークが二人を呼びに出てくる。

元軍人で無骨なジークは「何してる？」としか言わない。アダムはマックスの病気のせいだと言わねばならないが、それは彼が認めたくない事実なのである。

ここまでの流れでアダムは息子に手を焼いてきた。講堂に入れないのもキャンドルの炎が怖くて暴れるからだ。事情を知らないジークは昔かたぎのお爺さんだから「男だろう、甘やかすな」と叱るだけ。それはアダムも充分承知しているから黙ってひたすら耐えてきた。脚本家は彼をぎりぎりのところまで追い込んでいるのだ。

だが、もうこれ以上隠してはおけない。ついにアダムは自分が恐れ続けてきたことを、言葉を絞り出すようにして伝える——この子は他の子とはちょっと違うんだ。おじいちゃんの助けが必要なんだ、と。ジークはアダムに寄り添い、たったひとこと「そうか」とつぶやく。愛があるシーンだ。

では振り返ってみよう。アダムにとって非常に難しいことが二つ設定されている。一つは息子の病気を認めること。もう一つは自分が思う男らしさを捨てて家族に理解を求めることだ。アダムはこれまで経験したことがない困難に遭遇し、それはやがて家族みんなの問題へと波及していく。どう生きるべきかという問いに合わせ、細かな感情の動きが表現されている。プロットばかり追及すると、こうした繊細な部分を見失いがちだ。

さりげない瞬間の積み重ねでもドラマが生まれる。キャラクターの気持ちがさざ波のように周囲へと広がるところを探してみよう。一つひとつの出来事に呼吸をさせて、何かと響き合うように。TVドラマの生命はそこにある。

事例2：『シェイムレス　俺たちに恥はない』

ポイント：人物の個性に合った面白い方法で、繊細な問題と対峙させる。

大手NBCの『Parenthood』がほのぼの路線であるのに対し、ショウタイムの有料放送である『シェイムレス』は過激な表現が許されている。一時間物のコメディードラマで、原作はBBC放映のドラマ。米国版はポール・アボットとジョン・ウェルズが企画翻案している。酒とクスリの常習者フランク・ギャラガーと六人の子どもたちが肩を寄せ合いシカゴのスラム街で生きていく。

パイロット版で一七歳のリップは弟イアンと同じ部屋だが、ある日突然、イアンがゲイだと気づく。彼らは大げんかをするが決着はつかない。同性愛はギャラガー家の一員として許されるのだろうか？

イアンは車の中でタバコを吸っている。リップが追ってきて、ゲイのポルノ雑誌を叩きつける。「こんなものが好きなのかよ？」。このシーンのクエスチョンは「けんかが続くか、決裂するか」。決裂すれば兄弟は一生、離ればなれになるだろう。二人の絆と、それぞれの人間性が表れる場面だ。

兄はすでに、イアンが大人の男と関係したことを知っている。「あいつが初めての相手か？」。彼はイアンの恋愛について聞こうとしているのだが、イアンは答えようとしない。さらに兄は「俺がお前を悲しませたことなんて一回もないだろ？」。イアンの表情で答えはノーだとわかる。二人の間の緊張はほぐれ、煙草を分け合い、冗談を言い合って和解する。イアンと兄との関係は一つの軸となり、その後のストーリーを数年間支えていく。優れたドラマに無意味なシーンは存在しない。続きが気になるドラマには、表面的な出来事の下に深い何かが仕込まれているのだ。

事例3：『ザ・ホワイトハウス』

ポイント：主人公をぼんやりさせない。プレッシャーと紆余曲折、新たな発見を与え続ける。

『ザ・ホワイトハウス』は大手ネットワークでの放映用に、映画とＴＶの両方で活躍するアーロン・ソーキンが企画したドラマである。第七シーズンまで継続し、ゴールデングローブ賞二部門、エミー賞二六部門を受賞した。

パイロット版第四幕冒頭の短いシーンを見てみよう。ロブ・ロウ演じる広報部次長サムは災難続きの一日だ。彼が記者にしゃべったことで親友が職を失ないそうになる。嵐が来る中フロリダ沖では難民船が立ち往生だ。その上、彼はそうとは知らずに売春婦と寝てしまう。

そして今、サムは上司の命令で小学生の見学ツアーを案内中だ。その一行の中には上司の娘もいるらしい。ホワイトハウスの歴史に無知なサムは適当に話をごまかしていた。「失礼ですけど、あなた気は確か？」――唐突に女性教師に攻撃される。

彼女は見事な知識でサムの間違いを指摘する。子どもたちに失態を見られたら大変だ。サムは上司の娘がどの子か聞き出そうとするが、教師はもちろん教えてくれない。困った彼は彼女に内情を打ち明ける。自分がどんなに大変だったか、おまけに売春婦と寝てしまってどんな目に遭ったか――だが恐ろしいことに、「上司の娘」というのはその女教師だったことが判明する。このシーンもパイロット版全体も非常にうまくできている。

サムは上司の娘がどの子が知ろうとしただけだ。小学四年生の女の子に悪い印象を与えたくない、というのが彼の望みだが、それではプレッシャーが小さすぎる。上司に隠しておきたいことを、知られては最もまずい相手に漏らしてしまう筋書きはお見事だ。自業自得とはいえ、彼には心底共感してしまう。

事例4：『ゲーム・オブ・スローンズ』

ポイント：最初の人物設定はただの出発点。ストーリーが進むうちに性格や態度の変化、隠れた素質の表面化があってもいいし、それが必要な時もある。初めに性格を極端に描いておけば、そこから大きく変化させていける。

HBOのファンタジー大作『ゲーム・オブ・スローンズ』はジョージ・R・R・マーティンの原作小説をデイヴィッド・ベニオフとD・B・ワイスの指揮でドラマ化したものだ。七つの王国が統治をめぐって争う物語である。

パイロット版の終盤、デナーリスは言葉も通じない遊牧民族ドスラクの長と結婚させられる。彼女の兄の目的はドスラク族の軍隊を味方につけること。そうして一五年前に奪われた王座を取り戻そうという算段だ。

婚礼シーンは情報提示が目的のように見える。デナーリスのかよわさとドスラク族の激しさ、王座奪還には彼らの力が必要であることが描かれている。また、花嫁への贈り物として「ドラゴンの卵」が登場する。

実は、このシーンは層が厚い。後にデナーリスは「ドラゴンの母」となり、強い女王に成長する。そこに至る全てがこのシーンに種のように詰まっているのである。

冒頭、側近と兄は王座奪還の約束やいくさの心づもりについて会話を交わす。婚礼の宴は盛り上がり、ドスラク族の男女は激しく交わる。一人の女をめぐって二人が戦い、片方が殺されると群集は大喝采。デナーリスは怯え、不安な表情だ。側近は兄に「三人は死なないと退屈な式だと言われます」。こんな人々の中に放り込まれたデナーリスがかわいそうに見えてくる。いたいけな少女は野蛮人の手篭めにされるのだ。

婚礼の夕べ、迷子のようにすすり泣くデナーリス。だが、そんな彼女も、あと数話先には堂々たる女王として君臨することになるのだが、その理由も徐々に明かされる。

事例5：『グッド・ワイフ　彼女の評決』

ポイント：見逃していいシーンなどない。一つひとつを重ね、パワフルな映像表現で感情をえぐり出す。

大手ネットワークは警察や医療、法律ドラマを好む。二〇〇九年開始の『グッド・ワイフ』

は弁護士として復帰する主婦を描き、シーズン3までの間にエミー賞合計二十部門以上で候補になった。

パイロット版は長い導入部分で主人公アリシアを鮮やかに紹介している。彼女は州検事の夫ピーターの買春疑惑謝罪会見で報道陣の前に立つ。渦中の人は夫だが、感情を押し殺したような彼女の顔から心の痛みがにじみ出る。

逃げ出したいが、我が子に及ぶ影響を考えると我慢するしかない。ふと夫の上着の袖から糸屑が出ているのを見つける。こんな時でも夫を思いやる妻なのだ。糸屑を取ろうと手を伸ばした瞬間、会見は慌しく終了。彼女は嵐のような現実に引き戻され、夫と会場を後にする。アリシアは夫の顔を見ることさえできず、夫は弱々しく「大丈夫?」と言うだけだ。彼女は夫に平手打ちをして踵を返し、記者たちがつめかける中を歩き去る。

ここから物語は六ヵ月後にジャンプする。弁護士として復帰することにしたアリシアは、ぽつんと会議室に座っている。しまった、フロアを間違えた――なんとも幸先のいいスタートだ。ここから彼女は法廷で活躍するが、『グッド・ワイフ』がありきたりの法律ドラマと一線を画する鍵が終盤にある。彼女の私生活や内面が短い場面に色濃く描き出されているのだ。

彼女は復帰後、初の仕事を終えて事務所に戻る。携帯に姑から「何時に帰る?」。姑は家で夕食の支度をしてくれている。

だがアリシアはすぐに答えないで、ふっと笑う。「私もよくピーターにそう言ってたの」。彼女と一緒に僕らも過去を思い出し、そういえば彼女は耐えていたんだよなあ、と思い出す。だがこれからは姑に手伝ってもらいながら仕事を頑張るしかない。

彼女は次に「すぐ帰ります」と言う。シーンはまだ終わらない。一人、事務所を見回す。ようやく落ち着き、「ここが私の居場所」と感じ始める気持ちが映像に表れる。ファイルをしまう仕草から、きちんと整頓された棚、新しい椅子、壁の写真――彼女が初出勤した時には段ボール箱があちこちに置かれたままだった。彼女の心境の変化は部屋の描写のビフォー・アフターでも表現されている。

彼女と姑の会話は続く。「感謝してます」「当然のことよ」「じゃあ九時頃に」。同じ主婦として、分かり合った者同士の会話である。嫁と姑のドラマもこれから展開されそうだ。僕はこれをストーリーの触手と呼んでいる。

最後に上司のウィルが「明日の民事裁判で君がサブを務めてくれ」。昔の淡い恋愛関係が発展しそうな予感もあり、アリシアの今後が楽しみになる。ほんの短い場面だが、素晴らしい。

優れたドラマのシーンは……

1. 基本の性格描写をしたら困難に遭遇させてさらに一歩踏み込み、新たな面を描写する。
2. 主な人物たちの人間関係を織り交ぜ、悩みや試練も課す。
3. シーンの中で「出来事」や「疑問」を提起してプロットを進める。
4. エンターテインメント性やサプライズがある。情報を伏せておき、意外だが納得できる明かし方をする。
5. 構成がきちんとしている。優れたシーンにはアーク（変化）がある。始まりと終わりが明確で、中間は山あり谷ありだ。

インタビュー

『Parenthood』
ジェイソン・ケイティムズ

主な経歴 『Parenthood』(製作総指揮／脚本) 2010-2012
『Friday Night Lights』(製作総指揮／脚本) 2006-2011
エミー賞 受賞(脚本部門) 2011
エミー賞ノミネート(ドラマ部門) 2011
ヒューマニタス賞受賞 2009, 2011
全米脚本家組合賞ノミネート 2007-2011
ピーボディ賞受賞 2006
『Boston Public』(製作総指揮／脚本) 2003-2004
『ロズウェル - 星の恋人たち』(製作総指揮／脚本) 1999-2002
『アンジェラ　15歳の日々』(脚本)1994

NL：まず『Friday Night Lights』と『Parenthood』のキャラクター作りについて教えて下さい。プロット重視で筋を作る人が多い中、ジェイソンさんは人物の内面を描いて驚きを生むストーリー作りをなさっています。複雑な心理描写を最初から意識されているのですか？　それとも制作の過程で徐々に見つけていく感じでしょうか。

JK：私はもともと劇作家で、TVドラマを手がけるとは思ってもいないことでした。書くなら三十分物のシットコムかな、とぼんやり思っていたぐらい。初めて参加させてもらったTVドラマは『アンジェラ　15歳の日々』で、クリエイターはウィニー・ホルツマン、製作総指揮はマーシャル・ハースコヴィッツとエドワード・ズウィック。彼らのアプローチに多くを学ばせてもらったことは、私にとって修士課程に匹敵する体験でした。初めは最小限しか語らずにニュアンスを大切にするとか、時間をかけて物語をゆっくり紐解くといったこと。ある回が「にきび（邦題は「ファッション・ショー」）」と題されているのを見た時は「にきびの話って何だ？」と思いましたよ。アンジェラが朝、目を覚まして顔のにきびに気づく。それがきっかけで美とは何か、私たちは美をどう考えるかを描いていく。アンジェラと母親がファッション・ショーをする話に広げてエピソードに仕上げました。TV脚本家として駆け出しだった私にとって、非常に面白かった。この体験は今の私の基盤になっています。

私がいつも考えるのは「何についてのストーリーで、何を言おうとしているか」。プロットが思いつかない時はひと息ついて、プロット自体は簡単なんだと思い直すことにしています。特に、私たちのドラマは群像劇。四つか五つのストーリーラインがあって、それぞれビートは六つ程度。そんなに複雑じゃないはずなんです。だからプロットができないということは、言いたいことが自分たちでわかっていない証拠。リアルで身近に感じるものを意識すればいいはずです。

NL：「にきび」のようにテーマを表すものからストーリーを考えるのですか？

JK：テーマは大事だけれど邪魔しない程度に。個人的にはテーマで統一感を持たせたエピソードがもう少しあればよかったなと思います。でも、人物の心情やストーリーラインを発展させる方が面白い。人物たちがテーマで括れない位置にいる時もあるので、無理にまとめようとはしません。『Friday Night Lights』の楽しさは、エピソードが連続性のある章みたいになっているところ。ディケンズは新聞コラムを毎週連載するように小説の章を書いていましたが、『Friday Night Lights』も似たような感覚です。人物が毎週、毎シーズン、大きく変化していくのが面白い。エピソードの中身をまとめるテーマがあれば言うことなしだけど、それはおまけのようなものとして見ています。

NL：一度に何話分の流れを作りますか？

JK：『Parenthood』と『Friday Night Lights』はどちらも家族的な人々を描く群像劇です。『Friday Night Lights』は擬似家族、『Parenthood』は家族の延長ですけれど。シーズン初めの打ち合わせで登場人物が去年は何をして今年はどうなりそうか、ラフな大枠を考えますが、全て暫定的です。中心人物はコーチとタミですが、どのキャラクターも重要。人物の出来事を考えたらストーリーの案をカードに書いて並べます。この時点でもまだ暫定的に、だいたいの出発点とシーズンの終着点を考えます。具体的なことは、まだ決めない。先々のプランに縛られたくないですから。先の展開が思いつきやすいものと、そうでないものがありますが、おおよその行き先がわかっていればよしとします。

本格的に作っていくのはそこから。エピソードを四話か五、六話ぐらいに分けて大きな流れを見ていきます。『Friday Night Lights』ですとパイロット版で人気選手がケガをしますよね。ここで「町は大丈夫か」という大きな問いが生まれます。シーズン1全体を覆う問いとして見てもいいけれど、私は最初のクエスチョンとして捉えました。コーチはチームを立て直せるか？　補欠選手のマットは代わりに活躍できるか？　ジェイソンが復帰できるかはわからない。TVですから三週間後のエピソードで復帰させてもいいけれど、後遺症がある。NFL入りも確実と言われたほどの若者だけど、立ち直れるか。この悲劇は後に彼とリギンズ、ライラの三角関係へと発展します。補欠のマットに関しては、ニューオーリンズからヴードゥーという選手を引き抜く話が出ます。クォーターバックの座につくのは彼かマットか？　第五話での試合でポジションが決まり、チームの今後も決まる。それから新たな問題を提起する、という運びです。

NL：初期の打ち合わせでシーズンの終わり方を漠然と考えておいて、あとは流れに任せるのですね？

JK：そういう進め方ができるのが『Friday Night Lights』のいいところ。ミステリーの要素がないからエンディングを決める必要もない。それよりアメフトのシーズンに影響を受けました。アメフトの中継に合わせて番組の日程を決めるんですよ。プレーオフからどれぐらいまで勝ち進めるかに合わせて構成を立てるわけです。『Parenthood』にはそういう条件がありませんから、自分たちでシーズン全体の流れを決めました。事業や結婚式の日取りを決めて準備をするような感じです。シーズン1ではマックスがアスペルガー症候群と診断されますが、これはドラマ全体の方向性にも影響を及ぼす出来事です。このように大きな出来事をいくつか置くと、その間の流れが作りやすい。幕を分ける時もストーリーの動きに注目して、漠然とした行き先を念頭にしながら柔軟に。これは以前にズウィックとマーシャルの現場で体験した作り方と同じで、一人で決めようとせずにチームで作る感覚を大切にしています。監督や俳優から非常にいい提案をもらうこともあるし、脚本段階でいいと思えたことが撮ってみるとそうでもなかった、という場合もあるので、遠い先の方まで脚本を固めずに、三話分ぐらいに小分けにして考える方がいいですね。途中で「この部分をもっと描いてみたい」と思うこともあります。ですから、積極的に俳優の演技や監督の演出を見て刺激をもらうようにしています。そうやって徐々に発展させて、よりよいものにしていけるからTVドラマは楽しいですね。それに比べて映画はヒーローが出てきて……

NL：それだけですね。

JK：それに、結局ストーリーを動かしている人物は二、三人だけだったりするでしょう？　でもTVでは小さな脇役が注目を浴びる時もあります。最終的には全員のことがよくわかる。それがTVのよさであり、面白さですね。

NL：Aストーリーは常にエリックとタミの話ですか？

JK：わりと流動的でした。彼ら夫婦が軸になっていて、大人ですから深い話も描けるのですが、毎週のエピソードを動かすエンジンとしては弱い。彼らの周囲に多くの若者がいますから、時々そちらも生かしています。色々ある年頃だから起伏に富んだAストーリーができる。

NL：『Parenthood』では兄弟姉妹が中心で、Aストーリーも常に彼らのうちの一人が出ていましたね。

JK：大抵そうですね。『Parenthood』はキャストが多く、選択肢も多かったのでちょっと考える時間が要りました。まず四人兄弟の視点で考えて、後から重点をキャラクター間でシフトできるようになりました。また、祖父母を中心に据える話にしたり、末っ子マックスの視点で描いたり。とりあえず最初に何かを決めてスタートすると考えが整理しやすいです。そこから何を広げて何を縮小するか、バランスを考えながら作っていけばいい。それがショーランナーとしての舵取りなんでしょうね。脚本家はいいアイデアをどんどん出してくる。ショーランナーは「いいね、でもそれは番組には合わない」と言ったりしながら方向を作っていかねばなりません。

NL：『Parenthood』を見ると必ずどこかでほ

ろりとします。シーズン1でクリスティーナとアダムが息子の障がいを受け入れるところは泣きました。元気でかわいい盛りの息子が直面する現実を否定するところから、認めて受け入れるまでの心の揺れが非常にリアルだと思いました。こうした心情の変化はプロットと連動させて考えるのですか？

JK：もちろんです。プロットを考える時も、会議の時も。自分の感情が揺れ動くタイミングがどこなのか、常に意識しています。私自身が惹かれるストーリーなのかどうかが大事。心が動くストーリーは構成もしやすいです。それからユーモアも大事ですね。感情的になるとユーモアも生まれる。つまり、対立や衝突があって感情が生まれ、笑いが生まれるわけですね。

「泣けた」と言って頂いたシーンですが、実は私の息子がアスペルガー症候群なんです。非常に個人的なことだから、企画に対して不安もありました。プライバシーの問題もあるし、私生活での大きな悩みを職場でまた話すことになりますから。

でも、思い直したんですよ。『Parenthood（親であること）』というドラマで親の姿を描くなら、私自身「触れるのがちょっと怖い」と感じることを敢えて語るべきだ、と。

演技力があるキャストが集められるかどうかはわからないまま、企画を進めました。実体験がない人にできるかなあ、と。でもそれは杞憂で、現場は最高に素晴らしかったです。子役のマックス・バークホルダーは本当によかったし、モニカ・ポッターやピーター・クラウスの成長ぶりもめざましく、みんな全力で取り組んでくれた。視聴者の反響も非常によかったです。時にはちょっと怖いな、どうしよう、と思えるストーリーに挑戦して自分の殻を破るべきですね。特に今のTVドラマはレベルが高いし、視聴者の要求も高い。好きな時に楽しめるコンテンツが山ほどある中で、TVドラマ業界は野心的なストーリーを模索せざるを得ないですから。

NL：確信がないまま突き進んで、僕らが驚くようなドラマができたわけですね。実際、ストーリーの予想ができない。僕はそういう展開が何よりも好きです。

JK：会議で八人が八通りの意見を言った時、何人かが「いや、それはあり得ないよ」と反応するものに惹かれます。未知の部分がそこにあるはず。先が見えないままにストーリーを語るなら、純粋なリアリティーに目を向けることが大事です。理屈でプロットをこねくり回すのをやめないと、プロットばかりが大きくなり過ぎてリアルさが失なわれる時もある。

『Friday Night Lights』や『Parenthood』を手がけることができて、私は本当にラッキーだと思っているんです。キャストに表現力があるから、おおげさな見せ場を書く必要がない。彼らもリアルな演技ができるように努めてくれて、書き手と演じ手が真にコラボレーションできた。双方が同じ感覚でいるとうまくいくんですね。だけど、TVってみんな忙しいじゃないですか。日程に追われる中で、いつの間にかネットワークと脚本家、俳優がそれぞれ別のことを考え始めるから脱線するんじゃないかな。すると結局、いい番組を届けられなくなってしまう。作り手みんなが心を一つにできているか、ショーランナーとして常に気配りをしていきたいです。『Parenthood』では俳優たちがみんな「他のキャラクターの話がすごく面白い」と言ってくれて嬉しかったです。自分のセリフを覚えるだけじゃなくて、心から作品に入れ込んでくれた。番組がリアルで新鮮に見えるとしたら、そのおかげですね。

法則11

敵と障害を設定する

Know Who and What They're Up Against

主人公には得るものと失なうものが必要だ。 ドラマは敵対勢力の出現で盛り上がる。時間のなさは特に役立つ。人物たちをよく見れば、常に時間に追われているだろう。

- 『THE KILLING〜闇に眠る美少女』：リンデン刑事は婚約者が待つカリフォルニアに引っ越そうとした矢先、ある殺人事件の担当になる。捜査は困難を極め、転居は延期に次ぐ延期を余儀なくされる。婚約者は不満を募らせ、リンデンは息子の養育権を維持することも困難に。さらに事件は政治がらみの様相を見せ、多くの人々の運命を狂わせていく。
- 『ホームランド』：ＣＩＡのキャリーはブロディへの想いのために判断力が狂い、自らのキャリアや社会的評価が危うくなる。またブロディも、テロリストのアブ・ナジールへの忠誠や、壊れかけた家族への葛藤に悩む。

●『Weeds～ママの秘密』：ナンシーは夫の死後、有閑マダム相手に始めたマリファナ密売を広げるにつれて悩みが増える。売人どうしの競争や麻薬捜査官との再婚、カルテルのリーダーとの関係、妊娠で事態はますます複雑に。長男も麻薬ビジネスに巻き込まれ、次男は殺人を犯す。

シットコムに生死を分けるほどの危機は訪れないが、人物たちにとっての一大事が巻き起こる。

●『フレンズ』：シーズン4最終回でロスが花嫁エミリーの名を「レイチェル」と呼び間違え、結婚生活に暗雲が立ち込める。レイチェルとの関係もさらに複雑になる。

●『ママと恋に落ちるまで』：テッドは『スター・ウォーズ』が大好きだが、彼の婚約者は映画を見たことがない。彼女は『スター・ウォーズ』を好きか、嫌いか？　テッドは祈るような気持ちで彼女の様子を見守る。些細なことだが、彼にとっては生涯を共にできるかどうかの瀬戸際だ。

人間どうしの戦い

敵対勢力は人であることが最も多い。主人公と敵対者が真っ向から対立し合う。

●『24－TWENTY FOUR－』：ほとんど毎回、アメリカに対するテロリストが敵対者となる。

どんどん過激化する攻撃にジャック・バウアーが立ち向かう。

【素性や動機が不明な敵対者】

● 『パーソン・オブ・インタレスト』：未来の殺人事件を予測するマシンによって、関連人物が表示される。それが被害者なのか犯人なのかを解明しなくてはならない。

【超自然的能力を持つ敵対者】

● 『ワンス・アポン・ア・タイム』：ヒロインは町に呪いをかけた「悪い女王」と敵対する。

【主人公が助けようとしている人物】

● 『スキャンダル』：パイロット版でオリヴィアは海兵隊員の殺人容疑を晴らすアリバイをつかむが、同性愛にまつわる事柄であるため本人は事実を否定する。

社会との戦い

大きな社会の構造に阻まれ、翻弄される人物も多い。

● 『ザ・ワイヤー』：麻薬犯罪が横行するボルチモア市が敵対勢力。シーズン3でコルヴィン警視は取り締まりをしない地区を設けて犯罪率低下を試みる。大胆で効果的な案だが組織の意見に勝てず、辞職に追い込まれる。

- 『ハウス・オブ・カード』：アメリカの国政が敵対勢力。次期国務長官の椅子を奪われたフランクは、さらなる策を弄して副大統領の地位を狙い、政界での野望達成をもくろむ。
- 『ゲーム・オブ・スローンズ』：中世のような政治形態が障害。王の助言者になったネッドは世継ぎについて進言するが、新王に死刑を言い渡される。
- 『ウォーキング・デッド』：ゾンビの襲来で無法地帯となった世界。シーズン2「希望という幻想」でリックたちは二人の生存者に遭遇する。仲間に入れてくれと懇願されるがリックは拒否。激昂した相手は発砲するが、先にリックが彼らを撃ち殺す。

自分自身との戦い

主人公が自分自身と戦う場合もある。この葛藤は時として最も厳しい。

- 『マッドメン』：広告業界で活躍するドンは外見とは大きくかけ離れた複雑なおいたちと格闘する。家庭を持ちつつ浮気をしたい欲望があることも彼自身の敵となる。
- 『ブレイキング・バッド』：ウォルターにとっては強すぎる自尊心が敵である。旧友からの金銭援助を拒否して覚せい剤を作り続ける。やめるチャンスは何度も訪れるが、彼はそのまま突き進む。妻が事実を知った時には使い切れないほどの現金が貯まっている。
- 『Nashville』：カントリー歌手ジュリエットは薬物依存の母親の悪影響から抜けられない。

彼女の敵は自分の中にある怒りである。

● 『リベンジ』：エミリー・ソーンも無実の父の死や子供時代の虐待などで怒りを鬱積させている。だが彼女は『Nashville』のジュリエットと違って冷静だ。復讐計画に傾倒して心が麻痺し、愛する人々の価値に気づけない。シーズン2最終回でジャックへの想いに気づけば、先の展開が楽しみになる。エミリーの真実を知った彼の反応も気にかかる。

自然との戦い

母なる自然も時として恐ろしい敵になる。

● 『LOST』：飛行機が島に墜落。資源は限られており、地形は険しく、危険な野生動物もいる。

● 『ドクター・ハウス』などの医療ドラマ：空気中に漂う病原菌なども自然物だ。

● 『ブレイキング・バッド』：ウォルターとジェシーは密かに覚せい剤を作るため、RV車で砂漠へ向かう。その選択が災いし、シーズン2「荒野の四日間」で暑さの中、死にかける。

運命との戦い

どうしようもない運命が主人公を苦しめる時もある。

● 『Boss』：シカゴ市長は不治の病レビー小体型認知症にかかり、判断力や記憶力が弱っていく。

● 『Friday Night Lights』：アメフト選手ジェイソンが試合中に大ケガをする。彼なくして試合は勝てそうになく、町全体が不安に包まれる。補欠選手やコーチにも重圧がかかる。

シットコムにはもともと不運な登場人物が多い。

- 『ギリガン君SOS』：難破船の乗客は島から脱出できない運命だ。
- 『Married......with Children』：シーズン8「バンディー家の幸運」で不運な主人公に突然運が向いてくる。「俺は勝った！」と叫んだ途端、全てが崩れ落ちる。
- 『マイ・ネーム・イズ・アール』：アールは十万ドルの当たりくじを紛失。長年ポイ捨てし続けたゴミを清掃するまで、このくじは見つからない。

複数の敵との戦い

これまでの例でわかるように、複数の敵対勢力が交差する場合もある。ストーリーに合う限り、敵対勢力は多いほどよい。

テーマ的な関連性があると上手にまとまる。『ザ・ソプラノズ』のトニーは当局や敵対マフィアと戦い、自分自身とも戦っている。家族を失なうことが不安で精神科医の助けを求める。

障害が大きければ、失なうものもまた大きい。最も大切なものを危険に晒せ。それがなければ葛藤も起きず、ドラマ的なテンションも上がらない（コメディーも同様だ）。サスペンス感も生まれず、視聴率も下降して番組は終了となるだろう。

インタビュー

『TOUCH／タッチ』

ティム・クリング

主な経歴 『TOUCH／タッチ』（製作総指揮／脚本）2012-2013
『HEROES／ヒーローズ』（製作総指揮／脚本）2006-2010
『女検死医ジョーダン』（製作総指揮／脚本）2001-2007
『プロビデンス』（共同エグゼクティヴ・プロデューサー／脚本）1999-2001
『シカゴ・ホープ』（プロデューサー／脚本）1996-1997

NL：人物を悩ませる障害や敵について話してきました。まず『タッチ』についてお聞かせ下さい。パイロット版の企画時、シーズン最終回までの流れを想定されましたか？

TK：シーズン1はマーティン（キーファー・サザーランド）の動きを中心にしようと思っていました。養護施設の話も膨らませたかったけれど、ネットワークから「第六話までは連続物の要素は入れるな」と言われていたから。ですから、ダニー・グローバーが演じる学者が死ぬところまでは単発的な話にしています。六号室に何か秘密がありそうだという話は出ますが、見逃しても楽しめるエピソード作りを心がけました。第七話から施設の秘密やジェイクの能力、アスター社の存在などを徐々に紹介して、最終回でマーティン父子がカリフォルニアへ行く。また、六号室の少女アメリアの母ルーシーとの出会いもあり、二つのストーリーが結びつく。シーズン1は養護施設や敵対勢力の設定紹介、シーズン2はアメリアの捜索が中心です。

NL：アメリアは生きていますか？　誰に誘拐されたのかも気になります。

TK：ええ。シーズン2の初めで居場所がわかりますよ。アスター社の実情も。カルヴァンという天才的な青年は同社に未来予知のアルゴリズムを売った後、新たな計画のためにアメリアとジェイクを狙っています。目的は二人の脳をマッピングすること。また「三六」の意味もアヴラムという人物が説明します。カバラの教えによると世界は三六人の「正しき者」によって守られているが、彼らはみな平凡な人々で自分の力に気づいていない。ドラマではその中に「神は絶対的な一人であるべき」と考える宗教家がいて、他の三五人を殺そうとします。

NL：シーズン1の謎に加えて新たな問いも出てくるのですね。

TK：先の方までストーリーを作っていても、予想外の事情で変更になる場合もあります。

NL：キャスティングの事情で人物を消したり？

TK：そうです。俳優どうしで引き合うものが弱かったり。私たちは熱気がある方へ興味を向けます。語りたいことを語ると同時に、物語の方から語ってほしいことを語る。川の流れに任せ、全てを委ねる感じです。とても面白いけれど、難しいことでもあります。

NL：展開に行き詰まることもありますか。

TK：本当に行き詰まると困るけど、敢えて挑戦したくなる時もあります。「この先どうするつもり？」と言わせたい。見る側が番組と勝負するみたいな感じで、ネタに詰まる直前で脱出できるとスリルがあるんですけどね。

NL：なるほど。「どうやってジェイクを施設から出すのかな？」と思った時にそれを感じましたよ。クレアはマーティンを思いやりながら職務も大事にしていたり、とても自然にまとまっていました。「偶然は必然で、全ては見えない糸でつながっている」というテーマで脚本を書く時に気をつけたことはありますか？ 一般的には「たまたま主人公が助かってしまうと出来過ぎに見えるから避けろ」と言われていますが。

TK：奇跡とご都合主義の境目ってずっと見ているとわからなくなってくるんですよ。だから、かなり議論しました。こんなに匙加減が難しい作品は初めて。一歩間違えばすごく安っぽくなる。映像のつなぎ方から音楽や演技の見せ方まで細かく調整しました。タイミングを狙って映像を少し寄せたりするんだけど、何かが少しズレたらもう全然違う。すんなりいく時もありましたけどね。最初に「偶然の出来事にも理由がある」と伝えてあるから、最後のまとめ方に納得して頂けるんじゃないかと思います。最後に全てがつながる部分は一話完結的で、作っていて面白いです。以前に手がけた『女検死医ジョーダン』では変死体発見から捜査が始まり、容疑者が三人ぐらい登場する。最後に「意外だな。義理の兄が犯人だと思った」なんて声が出ると嬉しい。『タッチ』もそんなふうに楽しんで頂きたいですね。また、「小さなことに意味があるかも」と思って頂けたら日々の意識も少し変わるかもしれないし。

NL：「毎日三十億通のPCメールと一九十億通の携帯メールが送られているのに、まだ僕たちは孤独だ」というジェイクのナレーションはぐっときます。

TK：今の時代、つながっていても一緒にいる実感がないから、かえって孤独な感じがしますね。フェイスブックで友達になっても一緒に食事に出かけはしない。

NL：『女検死医ジョーダン』と違って『HEROES』は国際色豊かです。『タッチ』も世界的な展開を続けますか？

TK：ええ、でも制作が大変なのでシーズン2ではストーリーラインを一つ減らしますが、エピソードの最後に全てがつながる形は同じ。スタイルとして定着してきたと思いますので、シーズン2も連続性のあるストーリー展開を入れながら進めていきます。

NL：毎回純粋に連続するような形ですか？

TK：時々ですね。シーズン1も2も物語のスパンは二、三週間です。間延びさせるよりテンションを高く保ちやすい。

NL：ジェイクの声が聞けるのはナレーションだけですね。彼が心の声で語ることには詩的な雰囲気と知性を感じます。でも、パイロット版でのジェイクは父親の手に負えない。

TK：マーティンは苦労人。子どもの学費が出せずに養育権を失ない、収入の道も途絶える。確かに、彼の境遇自体が敵対勢力ですね。プレッシャーは非常に重い。

マーティンは途方にくれますが、ジェイクが発する小さなサインが察知できるようになり、数字に大きな意味があると気づきます。「息子の目や耳になろう」という彼の思いがこのドラマの原動力です。

NL：その数字を無視すればジェイクが苦しむ。

TK：彼には宇宙のパターンが見える。数字に表れた異常を正さないと痛みが治まらない。ジェイクは小さな体の中に宇宙的な謎をたくさん抱えています。

NL：そういう特殊能力の魅力は何でしょうか？　超能力には弊害もあるでしょう？

TK：そうなんです。私はフリーの仕事を長くしていたので、ホラーや学園コメディー、スリラーなど色々なジャンルを書いてきました。超能力物が好きというわけではないし、ヒーロー物も『HEROES』が初めて。ただ、超能力者と聞いて一番に考えたのは葛藤がありそうだということ。人並みに仕事や恋愛、家族関係で苦労しているけれど特別な能力がある。そこが面白いし、力強いドラマが描けると思います。平凡な人たちが不思議な力を持って偉大な使命に挑む、というのが『HEROES』の物語ですが、普通の考え方から抜け出さないと大きな問いに答えられない、というポストモダンの視点もあるんです。大規模なデモ行進や抗議運動で世界を変えることもできるけれど、今の時代、普通の人たちが小さなメッセージを発して世界を変えることもまた可能。ジェイクはたった一人の小さな存在ですが、彼が自閉症かどうかは問題じゃない。最も発言権が弱いとみなされているが驚異的な能力を持っている、というアイデアに私は惹かれました。ジェイクは幼いし、臆病だし、しゃべれない。彼はかなり自閉症に近いと見られているけれど、すごいものを内に秘めている。

NL：そして、彼が世界を救うことになるかもしれないんですね。

法則12 ミステリーを掘り起こす

Mine the Mystery

ＴＶ評論家アラン・セピンウォールの著書『The Revolution Was Televised』によるとＨＢＯに却下された『マッドメン』に強い興味を示したのがＡＭＣだったそうだ。確かにＡＭＣはクラシック映画の放映が多く、『マッドメン』のレトロな時代設定と相性がいい。ＡＭＣのロブ・ソーチャーはマシュー・ワイナー（『ザ・ソプラノズ』）が書いた脚本を読んで制作を希望した。その時、彼はたった一つだけ要望を出した。

「ドン・ドレイパーに秘密を与えろ」

マフィアの親分トニー・ソプラノがぴんぴんしていたら僕らはさほど共感しないだろう。心の病に苦しむ彼だからこそ、非常に身近に感じられる。そうした脆い素顔がドン・ドレイパーにも必要だった。ソプラノもドンも浮気っぽくて身勝手だ。ドンはどこか冷たそうだがかっこいい。

仕事はできるし結構熱い。ソフトで知的だがロマンティックな面もある。仕事帰りにはアーティスト風のセクシー美女の部屋に立ち寄るうらやましい生活だが、パイロット版の最後で僕らはあっと驚くことになる。彼は郊外に家があり、美しい妻と二人の子持ちなのである。

ここでドンの印象は一変する。妻に平気で嘘をつく男。そんな彼が主役とは、どこがどう面白いからだろう?

シーズン1で徐々に彼の秘密が見えてくる。どうやら彼は偽物らしい。本名はディック・ホイットマンといい、だらしない父親と娼婦の間に生まれた子だ。彼は戦争中に他人の身分を奪ってなりすます。本当の自分がいやなんだ、という自己嫌悪が彼の秘密の根源だ。クレジット映像で摩天楼のイラストが出てくるが、彼はそこから転落すまいと必死なのかもしれない。

『マッドメン』のシーズン1は彼の秘密がストーリー・エンジンとなって進んでいく。ちなみに、連続物だがエピソード間で時間の飛躍があるのが特徴だ。社員が芝刈り機で片足を失なうエピソードの次の回は一ヵ月後の設定だが、事故の話題は少しも出ない。僕らは急いで物語に追いつこうとするわけだ。シーズンは比較的短く、全体にわたってそれぞれのキャラクターがプロットラインを進めている。セントラル・クエスチョンも一人ひとり設定されている。スターリングとクーパーの代理店経営の先行きやペギーが産んだ赤ん坊、ジョーンの結婚、ドンの妻ベティの心情などがどうなっていくかが気にかかる。答えが出たら新たな問いが生まれるようになっている(法則19「続きが見たくなる『クリフハンガー』を考える」参照)。

セントラル・クエスチョンとはストーリーがこの先どうなるかについての問いを指す。それに加え、過去にまつわる「セントラル・ミステリー」を設定している作品も多い。「次はどうなるか」ではなく**「過去に何が起きたのか？　その理由は？」**という疑問を提示する。

ドンの妻ベティは夫の秘密を知って離婚するが、ドンは自分の過去と決別できない。新しい伴侶を得ても、嘘にまみれた暮らしは水面下で腐っていく一方だ。この作品には様々な秘密や嘘やスキャンダルが出てくるが、ドンの過去に匹敵する謎はシーズン6まで出てこない。ようやく謎の男ボブ・ベンソンが登場して大きな話題となった。

高い視聴率で長寿を誇る『デスパレートな妻たち』もミステリーを仕掛けている。このドラマは全てを見渡すメアリー・アリス・ヤングの視点が中心。冒頭、拳銃で頭を撃ち抜いて死亡した彼女の心の声が毎回テーマを語り、近所に住む四人の女友達の暮らしが風刺的な笑いと共に描かれていく。ショーランナーのマーク・チェリーはコメディーを多く手がけた実績がある。ＡＢＣが昼メロのベテラン、チャールズ・プラット（『メルローズ・プレイス』『ジェネラル・ホスピタル』）と彼を組ませた結果、シーズン1のミステリー要素が生まれたそうだ。

そのミステリーとは遺品の箱から出てきた手紙である。「何をしたか知っている。最低の行為。暴露する」とあり、自殺当日の消印が押してある。彼女の夫が夜中に大きな木箱を掘り出すのも謎である。四人の主婦たちのドラマに加え、メアリー・アリスの自殺の真相が興味をそそる設定だ。

『メンタリスト』では「主人公パトリックの妻と娘を殺した犯人は？」という謎を仕掛けている。連続殺人犯レッド・ジョンの恨みによる犯行のようだが、いまだ逮捕に至っていない。パトリックは鋭い観察力で警察の捜査を手伝うかたわら、シーズン全体をかけてレッド・ジョンを探し続ける。

『ベイツ・モーテル』は第一話と二話で実に多くの謎が出てくる。【謎1】は「ノーマン・ベイツの父を殺した犯人は？」。母ノーマと異母兄ディランも疑わしいが、死体を見つけたノーマンは最も怪しい。僕らは元ネタである映画『サイコ』（一九六〇）の記憶と共に『ベイツ・モーテル』を見始める。

TVドラマのノーマンはずっと若いが不気味さは映画と変わらず、マザコンの雰囲気も強い。母ノーマもヒッチコック映画を彷彿とさせる金髪美女だ。未亡人となった彼女はモーテルのオーナーになり、息子と共に「ベイツ・モーテル」の看板を上げるが前オーナーのサマーズに嫌がらせをされる。襲われて強姦されそうになったノーマは彼を刺し殺す。【謎2】は「サマーズ殺しは保安官にばれるか？」。保安官はノーマの態度を不審に感じている。

【謎3】は「小さなスケッチブック」。ノーマンが絨毯の下から見つけたもので、裸の女性が緊縛され、注射をされる絵などが描かれている。森の小屋に監禁され、薬漬けにされているようだ。ノーマンは女友達エマと小屋を探しに行く。

【謎4】は「モーテル前の自動車事故」。全身焼けただれた運転手はノーマンの女友達の父親であり、病院に運ばれるが昏睡状態である。

【謎5】は「ノーマとシェルビー副保安官の仲はどうなるか?」。シェルビーは彼女に町の秘密の産業の存在をにおわせる。ノーマンたちは山奥でスケッチブックと同じ風景を見つけるが、その向こうに広がるのはマリファナ畑。見張り番の男たちに追われる。

そしてノーマは猟奇的な死体遺棄現場の前を通りかかる。逆さ吊りになって燃やされている死体はブラッドリーの父なのか、全く別の被害者か? 他の謎との関連性も気にかかる。ベイツ・モーテルの電光看板が不吉に光り、さらなる怪事件を予感させるのだ。

シーズンごとに新たな謎を出すドラマは多い

『スキャンダル』シーズン1で大統領の不倫騒動が策略とわかった直後に相手の女性は殺害されるが、同時に翌シーズンの大きな謎が提示される。事務所の新人クインの正体は連続殺人事件の容疑者リンジー・ドワイヤー。なぜオリヴィアは彼女を助け、引き抜いたのか? また、大統領選の不正の謎も興味をそそる。オリヴィアも当事者なのが面白い。

『LOST』は謎そのものが設定になっている(法則18「神話的な設定『ミソロジー』を作る」)。シロクマや怪物、「他のものたち」、フランス人女性ダニエル、他の生存者たち、「ハッチ」を作ったダーマ・イニシアティブまで実に多くの謎がある。セントラル・クエスチョンは終始「彼らは島から脱出できるか」だがセントラル・ミステリーはシーズンごとに提示される。謎が謎を呼ぶ展開は最終回まで続き、最後に島の意味が明かされる。【ネタバレ】：フラッシュ・サイドウェイズのバージョンでは人物たちは死んだものとされており、島はあの世に行く前にとどまる場所である。

パイロット版に小さなミステリーを仕込めば関心が高まる。視聴者は知らされていることよりも、まだ知らされていないことに引き付けられる。

インタビュー

『LOST』

デイモン・リンデロフ

主な経歴 『スター・トレック　イントゥ・ダークネス』(映画)(プロデューサー／脚本) 2013
『プロメテウス』(映画)(製作総指揮／脚本) 2012
『カウボーイ＆エイリアン』(映画)(脚本)2011
『LOST』(製作総指揮／脚本／共同クリエイター) 2004-2010
エミー賞 受賞 (ドラマ部門作品賞) 2005
エミー賞ノミネート (ドラマ部門作品賞) 2008-2010
エミー賞ノミネート (ドラマ部門脚本賞) 2005-2007, 2009-2010
全米脚本家組合賞受賞 (ドラマシリーズ賞) 2006
全米脚本家組合賞ノミネート (ドラマシリーズ賞) 2007, 2009-2010
全米脚本家組合賞ノミネート (ドラマエピソード賞) 2008, 2011
『スター・トレック』(プロデューサー) 2009
『女検死医ジョーダン』(共同プロデューサー／スーパーバイジング・プロデューサー／脚本) 2002-2004
『刑事ナッシュ・ブリッジス』(脚本) 2000-2001

NL：J・J・エイブラムス（『LOST』クリエイター／製作総指揮）は「謎の箱」と題したTEDのスピーチで「見えそうになったら消える」と言っていて、『LOST』の方針とも重なるような気がします。タイトル映像にも表れていますよね。「LOST」の文字が浮かんで、ピントが合いそうになったらふっと消えてしまう。

DL：ロイド・ブラウンからJJを通して企画の話が来た時、彼らも僕も「これをどうドラマ化するの？」って思いました。パイロット版で何を描けばいいのか。「予測がつかないドラマ」と言えば魅力的なんだけど、逆に言えば選択肢が多すぎて困ります。

最初にJJと話した時、「謎」という言葉は何度も出ました。僕は押しも押されぬ『エイリアス』のファンですからね。『フェリシティの青春』も大好きでしたが入れ込んでいたのは『エイリアス』の方で、当時シーズン3が放映中でした。設定のことなど、突っ込んで聞きたかった質問がたくさんありましたよ。

「謎の箱」の話はあまりしなかったけど、彼も僕も『LOST』の舞台は謎だらけの島であること、謎を簡単に明かさないこと、また、登場人物全員が謎に包まれていることでは意見が一致していました。

彼らは自分について語らない。心の奥に葛藤や悩みを抱える人物です。彼らの素性がシーズン1の大きな謎で、みんなどこか怪しい。ロックは車椅子だったけど、他の人物は誰もそれを知らない。ロック本人と視聴者だけが知っているんです。ミステリー物に使う手ですね。初期の企画段階では『ツイン・ピークス』もよく話題に出ました。僕もJJも熱中したドラマで、ポップカルチャー好きが食いついた作品ですよね。インターネットがなかった時代、番組を見た人を探し出して解釈を論じ合うのは「ローラ・パーマーを殺したのは誰か」という謎を超越した面白さだった。ローラ・パーマーもいいけど「このツイン・ピークスとはどういう場所で、なぜ人々はこんなに変なのか？」の方が謎としては面白い。

NL：『ブルーベルベット』もそうでしたね。

DL：ええ。僕らの企画もそんな感じにしたらどうかと思いました。デイヴィッド・リンチの作品には何とも言えない不思議な感覚があって、天才的であるがゆえに主流から少し外れた。だからＡＢＣに億単位の予算を出してもらうには少々まずい。でもツイン・ピークス風はいいなと思いました。企画書を出したらロイドも気に入ってくれたけど、ジャングルにシロクマやモンスターがいるのはいかがなものかと。僕らはそれで方向性を示したつもりですが、確かにそこだけ変な感じで浮いていた。うちはツイン・ピークス風をやるつもりはないと言われて、Ｊは「あの番組が打ち切りになったって言うけど、それは一五年も前の話だよ。あんなふうに面白いドラマにしたいんじゃないの？」。『ツイン・ピークス』は三十話までしか続かなかったけれど、二年の間にすごい頂点に達してどかんと落ちた。失墜したかに見えるけど、何かを達成したことは確かです。僕らはそれと同じことを、燃え尽きることなくやりたかった。セントラル・ミステリーを一つ置くのではなく、たくさんの謎を仕掛けて登場人物への興味を持ってもらおうとしました。実際、それは皆さんもご存知の通りです。毎回のエンディングで『LOST』の文字が出る前に謎をたくさん出しておく。それは面白く見てもらうための餌のようなもので、僕らが本当に伝えたかったのは人間ドラマの部分です。

NL：ミソロジーは最初にどれぐらい作りましたか？　チャールズを悪者にする設定や「他のものたち」、タイムトラベル、ハッチなどは最初から全部決まっていたのか、途中から発展していったのか。

DL：最初からというのはパイロット版の企画段階と捉えてお話ししますね。僕がJJと会ったのは二〇〇四年の一月最後の週。パイロット版に続く「眠れぬ夜」のエピソードを書いたのが六月中旬です。この二月から六月中旬の間にパイロット版を制作、放映したら好評だったのでシリーズ化が決まりました。その期間、JJと僕もたくさん話し合ったし、多くの脚本スタッフを迎えて島のミソロジーやストーリーもピッチしてもらいましたが、どれも暫定的でした。ハッチの案なんかはJJと僕が最初に会議した時、すでにありました。彼の発案です。島には他の人々もいるけれど、ハッチを作ったのは彼らじゃなくてもいい、ということもJJと最初に話をした。ネットワークとスタジオはモンスターの正体や外見をすごく知りたがったので、最初の二、三週間で決めました。それと、ジャングルで聞こえる音は何で、正体をいつ目撃するのかも、ほとんどこの時の案が番組に生かされています。黒服の男とジェイコブは後で付け足しましたけれども。

　だいたいの方向性は決まっていても、うまくいかない部分が多少見えてきて、よりよいアイデアが出て変更する時もあります。僕らはいつも結末を意識していて、よく話し合っていました。ミソロジーの大部分を設定したのはシーズン1と2の間です。その前は時間がなかったですから。すでに制作が始まっていて、十ヶ月の間に二五時間分のエピソードをどんどん作らないといけない。シーズン2ではハッチに入っていきますから、第一話を書く前の一ヶ月間でダーマ・イニシアティブや「他のものたち」の設定など、決めるべきことがすごくいっぱいありました。ハッチはダーマの存在を示すものだし、シーズン1の最終回でウォルトを拉致するトム・フレンドリーが「他のものたち」の存在を示します。だいたいの人物像は思いついていたけれど、彼らがどういう集団で、どうやって島に来たのかを相談し始めたのはそんな時期でした。

それから再度、シーズン2と3の間の時期にも設定を考える時間がありました。特にカールトンと僕は番組継続の根回しがうまくいかなくて、遅くともシーズン3を最後に番組を去ることがほぼ確実でしたから。それまで二年間ずっと『LOST』にかかりっきりだったし、もう契約終了でいいじゃないかと思っていたけれど、僕らが番組を降りたらリーダーシップをとる人間がいなくなる。だからシーズン3で引き継ぎの計画を作らなきゃ、と。僕らが抜けた後は『エイリアス』を終えたジェフ・ピンクナーを製作総指揮に迎える予定になっていました。シーズン2と3の合間、僕らはかなりしょんぼりしていましたよ。したいこともまだあったしね。数人が島を脱出するアイデアもあった。それが「オーシャニック6」の六人です。でも、それをやっちゃうと結末に向けて駒を一歩進めることになる。大詰めまでの流れは三段階で考えていたんです。生存者が互いに知り合い、島の謎に気づき始めるのが第一段階。何人かが島を脱出している間、島に残った人々が危機に襲われるのが第二段階。第一班が島を出たために時間移動が起きたからですね。彼らが島に戻ると第三段階に入って最終決戦。ずっと、そういう形でいこうと思っていました。

延々と第一段階のままで続けていたのは、いつ放映終了になるのか教えてもらえなかったからです。待っていたら、シーズン3の中盤で

ＡＢＣの意向が変わりました。「前に進めない。後戻りするしかない。番組はつまらなくなってきた。謎の答えを明かさずに次々新しい謎を出すしかない」と僕らは叫んでいたけど、はったりではないとわかってくれたのかもしれません。視聴者も同じことを感じ始めていたし。シーズン3の最終回で未来の時間へ移動した時点で「島を出る人々の中にジャックとケイトもいる。今後はこの筋で行く」と宣言して結末へ一歩進み出た。フラッシュフォワードを導入するならミソロジーも作り込んでおくべきだけど、どのシーンも未来のことだからうまくいきました。

NL：ＡＢＣは『ギリガン君ＳＯＳ』みたいに島から出ない方が安心だったのかな。島を出たらストーリーの収集がつかなくなると思ったのでしょうか？

DL：ＴＶは同じことを繰り返すべきだという考えが根強いんでしょう。大手の人気番組トップ10を見れば、その気持ちもわかりますけどね。リアリティー番組の『アメリカン・アイドル』から『ＣＳＩ』、『NCIS』といったドラマを含め、新しいものは何もない。成功している番組ってすごく定番化したものなんですよ。ネットワークが『LOST』の形式を認めたのは視聴率がよかったからだと思います。毎週、島で物語が展開して、一人の人物が回想する。雑誌「ニューヨーカー」の短編小説みたいにね。それでうまくいっているんだからいいじゃないか、お前たちはなぜ先に進めたいんだ、という感覚でしょう。あの当時「連続シリーズ」って嫌われていたんですよ。同じ年に始まった『デスパレートな妻たち』も『グレイズ・アナトミー』も連続物ですが、向こうはトムとジェリーっぽいリセット機能みたいなのがあるじゃないですか。人間ドラマは連続して進展していくんだけど『グレイズ』では新しい患者が毎回出てくる。

NL：そうでしたね。

DL：『デスパレートな妻たち』はシーズン1の終わりでメアリー・アリスの死の真相がわかる。次の謎が出るかと思ったら、結局、茶目っけのある「夜の昼メロ」路線で成功した。でも『LOST』は謎がベースだから、とにかくじらして見続けてもらうしかない。でも、ずっとそれをやり続けると見る側もイライラしてきます。人物の謎は明かしても問題ないけれど、「そもそも、どうしてこういう状況になっているのか」という謎の方がどんどん重みを増してくる。島に来たのは必然だとロックは何度も言うけれど、じゃあ、その必然とは何なのか。なぜ島にいるのか。この島は何なのか。死んだ父親の姿や自分の過去の映像が見えたり、不思議な癒しの効果があるのはなぜなのか——そうした謎の種明かしをするとドラマ自体が終わってしまうので、答えを提示するわけにいかない。皆さんが怒り出したのも無理はありません。脚本家も僕らも同じようにいらいらして怒ってた。

NL：面白いですね。そういう視点の話は初めて聞きました。「オーシャニック6」で第二の墜落事故を起こして物事をリセットするタイミングは決まっていましたか？　タイムトラベルで島が消えますよね。僕は「なるほど、じゃあ何が起きてもおかしくないな」と思ってわくわくしました。いつも予想外の展開でびっくりします。予測通りの展開をすることはストーリーテラーとして最悪なのでしょうか？

DL：完璧なひねりとは、視聴者が半分予測していたことだって僕はよく言います。視聴者の半数が予想して半数が予想できなかったという意味ではありません。しっかり伏線を張らないと唐突過ぎてフェアじゃない。映画『シックス・センス』（一九九九）でブルース・ウィリスがドアノブに手をかける瞬間、僕らが全てを振り返って納得するようにですね。タイムトラベルはわりと早くから考えていましたが、見せるタイミングが早過ぎると番組がSFっぽく見えてしまう。その前に人物像をじっくり見てもらいたかったんです。シーズン1の終盤やシーズン2でもサイードがラジオでグレン・ミラーの音楽のようなものを聴いたり、電磁波の話がしょっちゅう出てきたりして少しそれらしいことを見せていますけどね。キャンドル博士の映像でダーマ・イニシアティブの時空の実験の話が出て、シーズン3の初めにほとんど裸のような格好で走り回るデズモンドを見るとはっきりわかる。彼はチャーリーが死ぬことを知っています。初めて時空移動が出るのはシーズン3の初めのデズモンドの回想で、シーズン4でさらに深く描いています。時空移動は過去や現在、未来が変えられない種類。島が消えるのは予想外だったかもしれませんが、それまでの流れで意外性をふんだんに盛り込み、「どんなことが起きてもおかしくないな」と感じてもらえるようにしたつもりです。

NL：そうですね、そう感じました。

DL：よかった。そう受け取らなかった人もいますから。

NL：ずっと見ていたいなと思えるドラマでしたよ。ストーリーの運びがしっかりしていたし、人物にも深く感情移入できました。ドラマの最初と最後は人物の瞳の超クロースアップが出ますよね。宇宙的な感じというか、心理学的、形而上学的なつながりを感じました。フラッシュ・サイドウェイはデイモンさんの発明ですか？

DL：発明とまではいかないです。どんな手法も過去に誰かがやっているはずですからね。視聴者の間で「このドラマはまるで煉獄みたいだ」という声が高まっていると聞いていました。実際、パイロット版でも、その後の二、三話でもそういう会話が出てきます。ジャックがケイトに「僕らはあの墜落で死んだんだ。過去を葬り、新たな人生を生きよう」と、はっきり言葉でそう言ったわけじゃないし、本人は死んだとも思っていないんだけど、視聴者はそれを感じ取ってくれた。この島は実体があるようでない、ある意味で精神的な世界だから、結末ではあの世での瞑想のような場面を描きたいと思っていました。それに「変になり過ぎないようにしよう」とか「人を惑わせよう」といったリンチ的なコンセプトで茫洋としたドラマになっていたから、トロイの木馬みたいに真実を隠しておく仕掛けが必要でした。ファイナルシーズンで毎週一五分ぐらい「これはもしかして死後の世界?」と思える場面があれば、最終回まで何か別のものに見せかけておかなくてはならない。

ですからシーズン5はそのトロイの木馬作戦の準備期間になりました。この状況が回避できたらどうなっていたか。ハッチができた経緯とか、全てが回避できていたら、飛行機は島に墜落しなかったはず。その場合、彼らがどうなっていたかを見てみよう、という流れです。そういうお膳立てをしておいて、ファイナルシーズンの最初に「もし飛行機が島に墜落しなかったら?」という問いを出しました。すると人物のディテールが変わってきますよね。ジャックには息子がいることになっていて、ロックはヘレンと結婚していて、ベン・ライナスは学校の先生になるはずだった。すると視聴者は『もし墜落したのでなかったら』以上の何かがあるみたいだ」と感じ始めた。あちこちのディテールが違う理由は形而上学的でスピリチュアルなものだったので、ご存知の通り大きな議論を巻き起こしました。でも、このアイデアに僕らはずっと真摯に取り組んできましたから。いつ頃からかははっきり言えないけれど、ファイナルシーズンでリアルに煉獄のような世界を描こうと決めていた。ジャックが死に至るまでの間に見る光景にしよう、ということも決まっていた。回想や未来のストーリーを描き尽くし、最後に面白いものを出すことができました。

NL：全体の整合性をどう保ちましたか。タイムラインや人物の背景が多くてすごく複雑でしょう？　ホワイトボードや色分けしたカードを使ったりされたと思いますが、ご自身のメモやチームの記録はどのようにされましたか？

DL：実は僕もカールトンも何もしていないんです。脚本家たちも執筆で手一杯だし。情報をまとめる仕事を一手に引き受けてくれたのがグレッグ・ネイションズという人。レインマンみたいにすごい記憶力なんですよ。彼に聞けば何でも答えてくれる。「シーズン3でこう言ったからそれはおかしい」とか。タイムラインから人物の出来事まで全て管理してくれました。

NL：六シーズンも謎を謎のまま保ち続けて気づいたことはありますか？　次に生かしたいことか、もっとこうすればよかったと思うことは？

DL：それはもう本当に色々あるけれど、僕が学んだ教訓を挙げても具体的過ぎて役に立たないと思うので、「次回、『LOST』の教訓を生かして僕がやってみたいことは？」ということでお答えしますね。「常に行き先を正確に把握しておくこと。緻密なプランが立てられるように結末をはっきり決めて、そこに行き着くまでにいくつエピソードが必要かを知っておくこと」かな。でも、そう言ってしまうと自由じゃなくなる。人生だって計画通りにいかない。他の人の都合だってあるし、車の故障とか渋滞とか病気とか、予想外のことっていっぱい起きますからね。バランス感覚を大事にして「僕はこうしたい、直感でそう感じる。その通りにできないかもしれないが、できる限り頑張ろう」と自信を持って言うしかない。番組を終えてみて、教訓というより貴重な経験を得たと思います。失敗もしたけれど、それはみな考えに考えた上でやったこと。「これでいいかわからない。やるべきか？　そうだな、わからないけどやってみよう」って。これからは、そういう勘をもっと頼りにしていけそうな気がします。

法則13

構成の青写真を作る

海外ドラマの脚本は番組の種類によって幕の数が異なる。シットコム、一時間物、シングルカメラ撮影のコメディードラマ、TV映画（二時間物の長編）などにより、CMが入る回数がさまざまだということだ。ABCやCBS、NBC、フォックスといったネットワークやケーブル（AMC、A&E、FX、TNT、USAなど）はスポンサーに支えられているため番組の途中でCMが入る。有料ケーブルネットワーク（HBO、ショウタイム、Starz）は視聴者が月額料金を払うためCMがない。

十年ほど前までシットコムは二幕構成、一時間物の連続ドラマは四幕構成が主流であった。その後、ネットワークの番組編成やスポンサーの需要、視聴者の集中力持続時間の短さなどの事情があり、二〇一三年の時点で基本的なテンプレートは変化している。

見たい番組をパソコンやiPad、スマートフォンで見る人が増えたから、CMをスキップすることもできる。エピソードをまとめて「イッキ見」する人も多い。それを見越して『ハウス・

オブ・カード』はシーズン1が一挙に公開された。この先、CMの代わりにロゴや商品を番組に登場させるプロダクトプレイスメントが主流になるだろう。ドラマに出てくる衣裳やアクセサリーに「いいね」ボタンを押せば購入サイトにジャンプ、会員登録で入力したクレジットカード情報を使えばワンクリックで決済できるようになるだろう。ビデオデッキが廃れたようにテレビも無くなり、コンピューター上での視聴が中心になるに違いない。

構成のフォーマット

TVドラマは一話完結物と連続物に大別できる。『ロー&オーダー』や『CSI』『メンタリスト』『ドクター・ハウス』は毎週新しい事件を描く。その週のエピソードの終わりまでに犯人逮捕、裁判の結審、患者の救命がなされて決着がつく。プロット重視だが人間ドラマを描く時もある。『ロー&オーダー』シーズン6の最終回「余波」では死刑執行に立ち会う刑事と弁護士の一日が描かれた。

それに比べ、連続物は複雑なストーリーラインを持つ。多くはDPU《ダイレクト・ピックアップ》と呼ばれる続け方で、前回のエンディングの直後が次回のオープニングになる(例:『Weeds』『ハウス・オブ・カード』『スキャンダル』シーズン2の後半)。

『ブレイキング・バッド』や『マッドメン』『ホームランド』は翌日、翌週、翌月などに時間が飛ぶこともある。『マッドメン』はシーズンが変わると一年先にジャンプする。『デスパレートな妻たち』のシーズン5は一気に五年先に飛び、回想シーンで振り返る。『ザ・ワイヤー』シーズン1で警察は麻薬組織のトップを捕まえようとするが、本人の容貌の手がかりがない。ようやく古い顔写真を見つけるのはシーズン3だ。これが一話完結物なら一話か二話で逮捕に至っていただろう。

『ビッグバン★セオリー』や『NYボンビー・ガール』『フレンズ』『ハーパー★ボーイズ』などのコメディーはスタジオに観客を入れて四台のカメラを同時に回し、ライブで撮影する。この方式のさきがけである『アイ・ラブ・ルーシー』は舞台劇のように観客を楽しませるため順撮りで撮影された。昔のシットコム（『Taxi』『チアーズ』『ハッピーデイズ』）は35ミリのフィルムカメラで撮影され、映画のように色合いが豊かだ。時間や経費がかさむため、現在フィルム撮影は稀である。

近年のシットコムはシングルカメラ撮影も多い。『ザ・オフィス』や『モダン・ファミリー』『サーティー・ロック』は様々なロケーションを一台のカメラで撮影している。

シットコムの撮影スタイルの違いについて、僕はよく次のように話す。マルチカメラ撮影では通常、屋内のセットを二、三ヶ所用意する。「いつもの店／職場」と「アパート／家」、もう一つ「スウィング・セット」と呼ばれる場所を追加することもある。公園で引ったくりに遭うストーリーだとしたら、人物が息を切らして部屋に駆け込み、顛末をしゃべる形になるだろう。

これがシングルカメラ撮影だと、実際に公園に行って引ったくりのシーンを撮影する可能性が高い。道路を走る演技やアパートに駆け戻る演技も撮影するかもしれない。被害の様子を映像で見せる分、顛末の語りはたぶん減るだろう。

また、マルチカメラ撮影のシットコムは同じセットで毎週、撮影をする。『チアーズ』のシーズン1と2では毎週、同じバーが舞台となり、番組を見る人にとっても行きつけの店のように感じさせる。裏部屋やサムのオフィス、トイレや脇のスペースも登場したが、基本的にずっとバーの中である。上の階に続く階段は映っているが、上の階のレストランが舞台として登場するのは何シーズンも後になってからだ。

シングルカメラ撮影のコメディー（『モダン・ファミリー』『Louie』『Parks & Recreation』『Weeds』『ガールズ』）はストーリーの要求に合わせてロケーションを変える。

アニメーションのコメディー番組（『ザ・シンプソンズ』『Archer』『ファミリー・ガイ』）の舞台は脚本家の思うがままで、絵で描ける場所ならどこでもOKだ。また、『ママと恋に落ちるまで』のようにシングルカメラとマルチカメラ撮影を併用したシットコムもある。

エピソードのABC構造

Aストーリー

番組のメインとなるプロットはAストーリーと呼ばれ、シーンの数もエピソード中で最も多い。「フランチャイズ」とも呼ばれ、作品のスイートスポットに照準を当てて作られる。

『メンタリスト』： パトリックが優れた洞察力で犯罪捜査に加わる。

『デクスター』：デクスターが極悪人を自らの手で殺す。

シットコム『ブルース一家は大暴走』：父が起こした詐欺事件で家計が困窮し、マイケルが立て直しに奮闘する。

Bストーリー

Bストーリーはキャラクターの内面を描く話が多い。主人公を身近に感じさせる役割もある。

『キャッスル』：Aストーリーは推理小説作家キャッスルが警察の捜査に協力する話。Bストーリーは彼の母親と娘と一緒の暮らしぶりを描く。

『サン・オブ・アナーキー』：Aストーリーは主人公ジャックスがバイク・クラブで行なうやくざな行為の描写。Bストーリーは恋人であり妻のタラと二人の息子の私生活を描く。

ランナー

さらに小さなCストーリー、Dストーリーは「ランナー」と呼ばれる。脇役たちのちょっとした場面やギャグが挿入される。

『マッドメン』：部屋に現れた巨大なネズミとペギーが格闘。同僚スタンに助けを求めるが拒否される。彼女は猫を飼って一件落着。短いカットでストーリーをうまく見せている。他にもドンの娘サリーの初恋や後妻メーガンの女優活動、ピートの母親の認知症問題や謎の男ボブ・ベンソンがピートに見せる思わせぶりな態度など。

登場人物が多い連続物では複数のランナーを入れることが多い。

『ザ・ソプラノズ』パイロット版：パニック発作で倒れたトニーが精神科医の治療を受け始める。妻と娘は反目し合う。トニーは頑固な母の世話に手を焼き、愛人との密会にも忙しい。マフィアの活動を描くAストーリーはトニーで始まりトニーで終わる。Bストーリーはソプラノ家の内情。ランナーとしてトニーの甥か姉、アンクル・ジュニアか他の親族の描写が入る時もある。

後のエピソードでは精神科医メルフィ自身もカウンセリングを受け始め、彼女の私生活の描写も増える。特に、彼女がトニーに悩みを打ち明けるかで葛藤する話はインパクトが強い。レイプ犯への復讐を依頼したいがプロとして一線を引く。人物間の数奇な縁を描く好例だ。次の「クロスオーバー」でさらに詳しく述べる。

クロスオーバー

A、B、Cのストーリーははっきり分かれているが、時に交差することもある。

『CSI』シーズン5最終回：二部に分かれており、共同脚本／監督はクウェンティン・タランティーノ。「今週の事件」のストーリーで捜査官ニックが誘拐されて生き埋めにされる時、彼の個人的なストーリーと交差する。

『X－ファイル』：「今週の事件」がモルダーの妹探しと直結する時がある。彼は妹がエイリアンに誘拐されたと信じている。

『メンタリスト』：いくつかの事件はレッド・ジョン探しのプロットと交差し、進展させる。

Bストーリーやランナーが大きく発展する時もある

『バーン・ノーティス』：CIA諜報員マイケルは不当な嫌疑をかけられ失職。Aストーリーでは彼と仲間（元海軍特殊部隊とIRAのメンバー）が能力を駆使して人々を救う。Bストーリーではマイケルが自分を陥れた人物を探す。その人物の謎をめぐって数話が継続する部分もある。

『Terriers』：探偵ハンクと相棒ブリットの「探し物が見つからなくていやになる」という会話から、夜中に何者かが家に侵入していることがわかる。その正体は屋根裏に忍び込んで生活していた妹。頭脳明晰な彼女はハンクの推理を手伝うようになる。

『ブレイキング・バッド』：麻薬捜査官ハンクは覚せい剤精製の黒幕ハイゼンベルグが義兄ウォルターと知らず、執念深く捜査を続ける。**【ネタバレ】：**紆余曲折の末……シーズン5の半ばで真実に気づく。

ストーリーがテーマと関連して交差していれば理想的だ。

『バーン・ノーティス』：元スパイのマイケルは解雇の不当性を訴えながら、自分と同じような立場の弱者を助ける。

家族は常に強いテーマをもたらす。

『ザ・ソプラノズ』：トニーにとって、マフィアの一家と自分の家族は両方とも大事である。

『サン・オブ・アナーキー』：ジャックスも同様。バイク集団と自分の家族との間でバランスをとらねばならない。

『モダン・ファミリー』：同じ問題に取り組む核家族たちを異なる角度で描いている。

構成の中身

TVドラマ脚本の構成はティーザーと呼ばれる冒頭部分と幕、タグ（エピソード最後の非常に短いシーン）からなる。ドラマは四幕、五幕、六幕かそれ以上になることもある（パイロット版は時間を延長して世界観を紹介することもある）。コメディーは二幕か三幕、四幕が一般的だ。ティーザーとタグは番組によって有無が分かれる。

ティーザーでフック（つかみ）を見せて関心を引き付ける。第一幕で主人公が遭遇する問題を設定する。中盤の幕では問題が複雑化して危機感が高まり、解決が困難に見えてくる。最後の幕でクライマックスを経て問題は解決する。タグはその回を締めくくるエピローグだ。ランナーで伏線を回収するか、AストーリーやBストーリーの危機感が高まったところでクリフハンガー的に終わることもある。
それぞれの幕で四つか五つのビートを描き、最後はＡストーリーでの主人公のジレンマで終えるのが理想的だ。Ａストーリーを中心に描き続け、時折Ｂストーリーやランナーを挟む形でもよい。Ｂストーリーで幕を終えてもよいだろうが、Ｃストーリーで終えるのは稀だ。幕の終わりにふさわしいのはたいていＡかＢストーリーのはずである。

『ブレイキング・バッド』パイロット版：【ティーザー】ＲＶ車を疾走させるウォルター。【フック（つかみ）】サイレンの音が近づき観念する。【第一幕】三週間前、ウォルターの日常。【問題】身重の妻と脳性麻痺の長男を抱え、生活費に困窮する。高校で教鞭をとった後は洗車場でアルバイト。だが【さらに問題が悪化】彼は末期がんと診断される。家族に貯金を遺したいウォルターはＴＶでドラッグと現金押収のニュースを見かけ、関心を抱く。麻薬取締官の義弟と一緒に向かった摘発現場でかつての教え子ジェシーと出くわす。二人で覚せい剤を作り、売人に売りさばいてもらおうとするが【試みの失敗】逆に殺されかける。ウォルターはとっさに車内に有毒ガスを充満させて売人を殺す。【クライマックス】売人が捨てた煙草の吸殻が原因で山火事に。ウォルターとジェシーはＲＶ車で逃走（オープニングの映像とつながる）。サイレンを鳴らして消防車が登場、ＲＶ車を無視して走り去る。【解決】ウォルターたちは安堵する。【エピローグ】帰宅したウォルターは妻に対して平静を装い、徐々に亀裂を生じさせていく。

『ブレイキング・バッド』のAストーリーはウォルターの覚せい剤稼業、Bストーリーは彼の秘密と家庭とのせめぎあい、ランナーはウォルターの病気やハンクとのやりとり、ジェシーとの共同作業などを見せている。

有料のケーブル放送ではCMが入らないが、それでもショーランナーは幕の構成を適用している。番組の時間枠に合わせてストーリーを構成する際、非常に役に立つからだ。HBOの『デッドウッド』は四つの幕に分かれている。一方、ショウタイムの『ホームランド』は脚本上では幕の区切りがない。

では、様々な構成の例を見てみよう。

一時間物のドラマ

『ブレイキング・バッド』：ティーザー＋四幕。
『CSI：科学捜査班』：ティーザー＋四幕。
『グッド・ワイフ　彼女の評決』：長いティーザー＋四幕
『グレイズ・アナトミー　恋の解剖学』：ティーザー無し。六幕。
『JUSTIFIED　俺の正義』：ティーザー＋五幕＋タグ。
『THE MENTALIST／メンタリスト』：ティーザー＋四幕。
『ワンス・アポン・ア・タイム』：ティーザー無し。六幕。

『Parenthood』：ティーザー＋五幕。

『ロイヤル・ペインズ　救命医ハンク』：七幕。

『スキャンダル　託された秘密』：六幕。短い第一幕がティーザーとして機能した後、タイトル挿入。

シットコム

『ビッグバン★セオリー』：コールド・オープニング＋二幕＋タグ。

『モダン・ファミリー』：四幕（短い第一幕がティーザーとして機能する）。

『チャーリー・シーンのハーパー★ボーイズ』：コールド・オープニング＋二幕＋タグ。

TVドラマの脚本書式：基本のガイドライン

一時間物のマルチカメラのシットコムの書式は英文ダブルスペースで、一話あたり五十ページ程度だ。

三十分物のシングルカメラのコメディーの書式はシングルスペースで三十ページ程度になる。一時間物では四五～六三ページが目安だがパイロット版は大抵それより多く、映像の編集段階で短くカットして規定の尺に収める。『こちらブルームーン探偵社』『ザ・ホワイトハウス』『ER緊急救命室』はセリフのテンポが速いため、脚本は八五ページを越える。これも最終的には一時間物の時間枠に収められる。

何分ぐらいの尺になるかは撮影してみないとわからない。俳優のセリフや動き、編集スタイル、また『グリー』のように音楽の挿入などの影響を受けて変化する。感触をつかむためにスタッフが脚本を読み上げてタイムを計ることもある。

オリジナルのパイロット版を売り込む場合、基本のガイドラインに沿ったページ数で書くのが一番だ。アーロン・ソーキンはそうしたルールを無視して自分が書きたいものを書くが、エミー賞やアカデミー賞の実績もある天才ならではの特権だ。

書こうとする脚本と系列が似ている番組の構成も見てみよう。ティーザーの有無や幕の数、幕の中のシーン数やエピローグにあたる「タグ」の有無をチェックする。

TVドラマの脚本を英文で作成するなら、多くのサンプルを見て行間のアキやインデントなどの書式を調べ、倣うとよいだろう。『Write to TV』(Martie Cook著、Focal Press、未邦訳)には具体的な例がたくさん載っている。

TVドラマの長い旅路にはアウトラインが必要だ。時間に追われるTV業界では効率を重視する。アウトラインは書き手にとっての工程図というだけでなく、企画承認や契約の際に企業が求める書類でもある。アウトラインなくして海外ドラマの書き手は稼げない。

インタビュー

『ウォーキング・デッド』
グレン・マザラ

主な経歴 『ウォーキング・デッド』(製作総指揮／脚本) 2010-2012
全米脚本家組合賞ノミネート(新シリーズ賞) 2011
『しあわせの処方箋』(製作総指揮／脚本) 2009-2011
『クリミナル・マインド　FBI特命捜査班レッドセル』(コンサルティング・プロデューサー/脚本) 2011
『クラッシュ』(製作総指揮／コンサルティング・プロデューサー／脚本) 2008-2009
『Life　真実へのパズル』(共同エグゼクティヴ・プロデューサー／脚本) 2007
『ザ・シールド～ルール無用の警察バッジ』(製作総指揮／スーパーバイジング・プロデューサー／共同エグゼクティヴ・プロデューサー／脚本) 2002-2007
『刑事ナッシュ・ブリッジス』(脚本)1998-2000

NL：『ウォーキング・デッド』はコミックが原作です。TVドラマ向けに創作した部分は多いのですか？

GM：ストーリーの大部分は創作で、主要人物とプロット、状況設定はコミックに基づいています。リックたちが刑務所の建物で生活する流れやアフリカ系アメリカ人女性のミショーンはコミックにも登場します。刀を持つ女兵士のミショーンは人気があるので出番も多くしています。悪者のガバナーもコミックから。二人のキャラクター性はかなり変え、登場の仕方やセリフも独自に作っています。コミックでは人気のキャラたちですが、ドラマはドラマとして作りたかったので。

NL：シーズン1の最初の六話はテンポが速くて、まるで映画を見ているようでした。でも、このペースを維持するのは大変じゃないかな、と。ペースをどのように決めましたか？

GM：シーズン1では私はフリーの脚本家という立場でした。たぶん、最初に発注された六話分で、とにかくストーリーを濃くして視聴者の心をつかもうとしたんじゃないかな。翌年は一三話分の制作が決まったので、人間ドラマ寄りに作りました。でも、この番組を見る人たちはホラー映画や原作コミックのファンが多い。かなり若い人たちですね。一般のケーブルのドラマの視聴者層とは大きく異なる。だから、シーズン2の途中からショーランナーとして入らせてもらった時、自然に「ストーリーの起伏を増やしたい」と思いました。前にいた『ザ・シールド』の現場や、自分にとって初めてのTVドラマ『刑事ナッシュ・ブリッジス』での体験も影響しています。『ナッシュ』ではショーン・ライアンと組んで脚本を書いていたんですよ。ショーンもデイモン・リンデロフもあの番組で力をつけて、今はショーランナーとして大活躍していますよね。

私が脚本全体を見るようになった時にはシーズン2の前半が放映中で、後半の撮影もスタートしていました。視聴者からは「イライラするほど進展が遅い」という感想が多かったけど、それは実際のテンポに対する反応ではなかった。結局、人間ドラマの部分を多くし過ぎたのがスローに感じる原因だったんでしょうね。世紀末的な世界でいかに生き残るかという話だから、TVドラマにしては危機感が高い。それを踏まえて続きを作り、シーズン終盤はかなり理想的な形になりました。でも、ストーリーの展開を詰め過ぎると嘘っぽく見えたり、過剰に見えたりするんですよね。そこを感覚に従って加減するのがショーランナーである私の仕事です。エピソードによっては「嵐の日のプール」みたいに、じゃんじゃん雨を降らせて、あふれる一歩手前まで一杯にした回もあります。このドラマのホラー色が生かせるよう、エキサイティングで驚きのある内容にしたい。ホラー系を手がけるのは初めてだけど、リアリティーも追求したい。キャストや監督、プロデューサー、AMCとも毎日そう話しています。

NL：バランス感覚が大事なんですね。

GM：そう。シーズン全体の流れも作りつつ、個々のエピソードで何を描くかも考えます。毎回全てを詰め込むのは無理だから、一六話の中で人間ドラマ寄り、ホラー寄り、アクション重視というふうに分けています。笑いの要素も時折入れて、シーズン全体でバランスがとれれば。

NL：セントラル・ミステリーは重要ですか？シーズン2では「ソフィアに何が起きたのか？」「研究所のジェンナーがリックに囁いたことは？」といった謎があります。

GM：ジャンルとしてはホラーやSF系ですから、ファンは謎の部分にすごく惹かれる。ゲームのルールが知りたいし、内容に納得できなきゃ最後まで見ない。コアなファン層は過去、期待はずれの番組に出会って懲りています。それはわかるけど、私自身はそういうタイプの脚本家ではありません。TVドラマは「イケてる人々がイケてることを毎週やらかしてくれる」からみんな見る、と思っています。「毎週イケてることを教えてくれる」からではない。ドラマの人物って行動的で、崖っぷちにいるじゃないですか。デイヴィッド・マメットという劇作家は「ドラマとは究極の選択」と言っていますが『ウォーキング・デッド』もまさにそういう感じ。過去に他の番組で、脚本家たちが集まって一生懸命に伏線を張るのも私は多々見てきました。それはいつもうまくいくとは限らない。謎の部分ばかりに目を向けると視聴者のことを忘れがちになる。私はそういう仕掛けを『ザ・シールド』でもしなかったし『ウォーキング・

デッド』でもしたくない。「ゾンビが発生した原因は？」とよく尋ねられますが、本当に知りたい人なんているのかな。原作のコミックでは触れられていないから、わかっている範疇で物語を作るしかない。シーズン2の後半ではそれを大事にしているし、個人的にもそういう作り方でいいと思っています。

例えば行方不明のソフィアが小屋から出てきますよね。謎解きが大事だったらそこで終わりです。私たちはさらに「こんな姿で僕らの近くにいたのか」とリックたちが息を呑む場面を作りました。ソフィアを生かすか殺すかは究極の選択です。誰もが立ちすくむ中、リックはリーダーとしてすべきことをする。ミステリーの種明かしではなく人物のアクションを大切に描くというのは、そういうことです。

NL：テーマは考えますか？　第六話まではサバイバルがテーマのようでしたね。

GM：そうです。

NL：シーズン2は希望と信念かな。教会に行くエピソードもあるし。A、B、Cのストーリーを共通のテーマで統一しますか？

GM：創作ってエネルギーの流れに従って素直にすべきで、作り手のエゴが入った瞬間おかしなことになる。『ザ・シールド』なんかはテーマがかなり後で見えてくる感じでした。でも『ウォーキング・デッド』シーズン3のプロット会議の時、いろんなアイデアを包括する大きなテーマを考えてみたくなりました。脚本系じゃないプロデューサーやAMCにピッチした時は自分でもイマイチだなあと思いましたけどね。箱の外側だけを偉い人に説明している感じで。でも結局、そのテーマは内容にぴったりで、シーズン3でたびたび触れることになりました。でも私は基本的にはストーリー重視です。一歩引いて見た時にテーマがあればいい。今はストーリー作りに自信が持てていますので、テーマに合わせて考えようとはしていません。

今シーズンは八話分をまとめて構成し、脚本執筆に入りました。その後、残りのエピソードを考え始めた時も同じテーマで続けていけた。毎日番組を作っていると頭がごちゃごちゃになってくるので、二つあったテーマが命綱的な役割をしてくれて本当に助かりました。

NL：常にリックの話がAストーリーですか？

GM：こういう群像劇だと一般的にはそうですよね。リックをAストーリー、他の誰かをBやCストーリーにして紡ぎ合わせていく。テーマに関係なく、三つの球をちょっとずつ転がして前進させるような描き方もあります。『ゲーム・オブ・スローンズ』がそんな感じ。それぞれ進展しているのはわかるけど、エピソード全体でまとまったストーリーになっているのか。『ウォーキング・デッド』もA、B、Cが存在してるけど、それは意識して作ったものじゃない。全体を序盤、中盤、終盤に分けて、その回に合う内容を描いています。例えば、さっきのソフィアが小屋から出てくる回も、俯瞰で各キャラクターの立ち位置を捉えて全体のストーリーを考える。A、B、Cで考えずに「この回で何を描くのか」をベースにしたのは私にとって初めてなんですけどね。全体の流れを重視すると、一部のキャラクターを取りこぼす可能性もあるけれど、ストーリーがパワフルに動いていれば視聴者の皆さんにも満足してもらえると思います。

NL：シーズン2では回想シーンも入り始めましたね。

GM：「回想シーンをどんどん入れよう」という声はシーズン1の頃からありました。私はそれに反対だったので、ショーランナーになった回では却下しています。回想自体は悪くないけど、ホラーは合わない。回想って時空を操作するものだから、どちらかというとＳＦ的ですよね。生々しさが売りのホラーとは相容れない。回想は怖くない。情報提示やルール解説には役立つけれど。

NL：Ａ、Ｂ、Ｃストーリーで考えないなら、アウトラインやビートシートは？

GM：アウトラインは作りません。脚本で概要を把握します。脚本を見ないとどう撮っていいかわからないし、アウトラインを書く時間ももったいない。スタジオの役員には二、三ページの概要書を送るけど、それは彼らが便宜上必要なだけ。私は自分用にビートシートを書きますが「リック、シェーンを殺す」程度のメモです。『ウォーキング・デッド』の脚本は構成が全てなんですよ。構成に問題がなく、出来事が時系列で把握できていれば、うちの脚本家たちは書けるはず。前にワンシーンだけ気に入らないところがあって、流れを作り直してみたら、構成が原因だとわかった。流れを作り直すと言っても、メモ用紙に十個ほど単語を並べただけですけどね。

NL：パイロット版の脚本は幕が分かれておらず、映画の脚本と同じ書式でした。でも現在は四幕構成なのですね？

GM：ティーザーを入れて五つだから、四幕か。そうですね。ＡＭＣからＣＭを一回追加してほしいと言われたから。でも私は子どもの頃からＴＶが大好き。ＴＶから多くを学んできたし、私は映画屋というよりＴＶ屋ですね。どこで幕を終えるかで見え方も変わるから、大切だなと思います。

> 『刑事ナッシュ・ブリッジス』と『ザ・シールド』はＣＭ前の終わり方がすごくうまくて勉強になりました。ＴＶドラマですから四二

分の間にすごい分量のストーリーを詰め込まないといけない。見る側もそれを楽しみにしているけれど、詰め過ぎると疲れちゃう。息抜きも必要です。

シーズン2最終回の前半でゾンビの大襲来があります。後半でも少数のゾンビが襲ってきますが、まったく別の時間と場所で起きるので、別の幕に分けました。

TVドラマらしいドラマは幕を強く意識しています。「まるで映画みたいなクオリティー」なんて言う制作者がいるけど、TVを甘く見ているんじゃないかな。最近の『マッドメン』や『ブレイキング・バッド』『ゲーム・オブ・スローンズ』『ホームランド』なんてすごいし『ウォーキング・デッド』もいい線までいきたい。これらのTVドラマの尺を合計したら七十か八十時間になります。時間数で言ったら映画は勝てるのか。今年公開された映画を五十タイトル言える人はそういないでしょう。今、動いているのはTVなんですよ。全部TV。でも、TVの人たちも調子に乗って自分たちを否定するんですよね。「これはTVじゃない、HBOだ」って。いやいや、TVですって。素晴らしいTVじゃないですか。『ウォーキング・デッド』は本当に、本当に大事にしてもらってる。人物が死ぬと泣いてくれる人たちがいる。ホラー映画で人が死んだって泣く人はいない。

NL：番組制作で一番難しい点は何ですか？

GM：時間の管理だってみんな言うけど、私はそうとも言えないかな。一つは意思決定ですね。プロデューサーは私も入れて一五人もいます。みんな才能があるし頭が切れる。脚本を書く人もいれば、そうでない人もいます。みんな主張がはっきりしている。一五人全員にイエスと言わせるのは難しいし、全員の意見を聞き入れるのも難しい。オープンな態度でいようと努力していますけれどね。キャストや監督にも意見を求めるし、多くの声の中から一番いいアイデアを選んで脚本に生かしたい。(1)批評や意見を自分への非難と受け取らず、(2)みんなが「意見を聞いてもらえた」と感じられる配慮をしながら、ショーランナーとして自分のヴィジョンを保つのは難しいです。番組をまとめるのは私だという意識が常に必要。それが私の責務だし、番組の成功もそこにかかっていますから、私が心からいいと思えるものだけを追求することにしています。だからこそ自信が持てる。前の現場では他の人に合わせて意見を曲げることも多かったけど、独裁者にならずにオープンでいたいですね。

　もう一つの課題はドラマのリアリティーを保ちながらホラー要素も入れること。ホラーやSFはアドベンチャー感があるので、アクションを見せたいけれど滑稽にしたくない。指針が明確なら全て自然に収まって、ゆっくり休みが取れるんでしょうけど。ショーランナーは眠らない。

NL：脚本は一本ずつ手直しをされますか？

GM：ええ、必要に応じて。実はかなりの部分を私が書く時も多いですよ。ただ名前がクレジットされていないだけ。今年は一言一句、私が書いた脚本もいくつかありました。これもクレジットは製作総指揮だけですけど、それもショーランナーの仕事ですね。『クラッシュ』で初めてショーランナーになった時、いいなと思った脚本家のスクリプトをそのまま使ったことが何度かありました。でも、私の声をきちんと反映させるべきなんだと気づいたんです。そうしないと、なんだかそこだけズレた感じになるかもしれない。うちの脚本チームは非常に優秀ですが、私には具体的なヴィジョンがあるし、題材を存分に生かしたい。私の脚本スタイルはすごく簡素なので「こんなにスカスカで大丈夫なのか？」と心配される時もあるけれど、カメラにどう映るかをストレートに考え、どう編集されるかがわかって書いていています。だから読んで頂くと「わあ、映像が見えた」と言ってもらえると思いますよ。全部、目に見えるものを書いていますから。沈黙も、俳優のまなざしも。最近さらにセリフが減って、映像で表現する分量が増えてきた。ストーリーに任せて書けるようになってきたのかもしれません。

納屋でリックがカールに銃を渡すシーンはお気に入りの一つです。「もっとためになることを言ってやりたいが……親父がそうだった」というセリフで無口なリックが亡き父親を思う心情を描いています。この銃で後にシェーンが撃ち殺されるんですけどね。現場では、ただカメラを回しただけ。父がフレームインして息子の隣に座る。カメラはちょっと寄って表情を写して終わる。シンプルだけど、撮るともうそれ以上は要らないとわかる。脚本で説明し過ぎないように気をつけているんです。この番組は特に、つい書き過ぎてしまうから。

NL：ショーランナーになって一番いいことは何ですか？

GM：描きたいストーリーを素晴らしい脚本家や監督たちと一緒に、大きな予算を頂いて制作できること。そんなことができる立場は本当に限られていますから、私は恵まれています。現場で毎日、夢がどんどん形になっていくのを見るのは最高ですよ。ショーランナーとして全体を見渡せるのも嬉しい。先週アトランタでキャストとクルー向けのシーズンプレミア上映会をしたのですが、どの部署の人たちも番組のことが大好き。脚本家やキャスティング担当者、監督やカメラマンがそれぞれ仕事に打ち込んで、達成感を感じてくれている。作曲のベア・マックリアリーを筆頭に、特殊効果や音楽を手がけてくれるスタッフも素晴らしいですよ。彼らはワーナー・ブラザーズの小さなミキシンググルームで「これまでで最高に楽しい現場だ」と言いながら作業を進めてくれています。色々な部署がありますが、着想から仕上げまでを一貫して見ていくのは私一人。ショーランナーとは本当に特別な位置づけです。

	構成	パイロット版	ショーランナー
	コールド・オープン＋2幕＋タグ	プレミス	マイケル・パトリック・キング、ウィットニー・カミングス
	5幕	プレミス	ジョエル・サーノウ、ロバート・コクラン
	ティーザー＋4幕	プレミス	ライアン・マーフィー、ブラッド・ファルチャック
	コールド・オープン＋2幕＋タグ	プレミス	ビル・プラディ
	幕なし	プレミス	テレンス・ウィンター
	ティーザー＋4幕	プレミス	ハート・ハンソン、スティーヴン・ネイサン
	ティーザー＋4幕	プレミス	ヴィンス・ギリガン
	ティーザー＋4幕	非プレミス	アンソニー・ズイカー、キャロル・メンデルソーン、アン・ドナヒュー
	ティーザー＋4幕＋タグ	プレミス	シンシア・シドル
	ティーザー＋4幕	混合	トッド・A・ケスラー、グレン・ケスラー、ダニエル・ゼルマン
	幕なし	プレミス	デイヴィッド・ミルチ
	幕なし	非プレミス	スコット・バック、チップ・ヨハネセン
	幕なし	非プレミス	ジュリアン・フェロウズ
	幕なし	非プレミス	ダグ・エリン
	ティーザー＋4幕	非プレミス	ジョン・ウェルズ
	ティーザー＋5幕	プレミス	ジェイソン・ケイティムズ
	幕なし	非プレミス	デイヴィッド・ベニオフ、D・B・ワイス
	幕なし	プレミス	レナ・ダナム
	長いティーザー＋4幕	混合	ロバート・キング、ミシェル・キング
	ティーザー＋5幕	プレミス	ジョシュ・シュワルツ、ステファニー・サヴェージ
	6幕	プレミス	ションダ・ライムズ
	幕なし	プレミス	ハワード・ゴードン、アレックス・ガンサ

シリーズ名	年	フォーマット	ネットワーク	
NYボンビー・ガール	2011	マルチカメラ	CBS	
24 -TWENTY FOUR-	2001	連続	FOX	
アメリカン・ホラー・ストーリー	2011	連続／アンソロジー	FX	
ビッグバン★セオリー	2007	マルチカメラ	CBS	
ボードウォーク・エンパイア 欲望の街	2010	連続	HBO	
BONES（ボーンズ） ―骨は語る―	2005	一話完結／連続	FOX	
ブレイキング・バッド	2008	連続	AMC	
CSI：科学捜査班	2002	一話完結	CBS	
ダラス	2012	連続	TNT	
ダメージ	2007	連続	FX	
デッドウッド ～銃とSEXとワイルドタウン	2004	連続	HBO	
デクスター～警察官は殺人鬼	2006	一話完結／連続	Showtime	
ダウントン・アビー ～貴族とメイドと相続人～	2011	連続	PBS	
アントラージュ★オレたちのハリウッド	2004	シングルカメラ（連続）	HBO	
ER　緊急救命室	1994	一話完結／連続	NBC	
Friday Night Lights	2006	連続	NBC／The 101	
ゲーム・オブ・スローンズ	2011	連続	HBO	
GIRLS／ガールズ	2012	シングルカメラ（連続）	HBO	
グッド・ワイフ　彼女の評決	2009	一話完結／連続	CBS	
ゴシップガール	2007	連続	The CW	
グレイズ・アナトミー　恋の解剖学	2005	一話完結／連続	ABC	
ホームランド	2011	連続	Showtime	

	構成	パイロット版	ショーランナー
	幕なし	プレミス	ボー・ウィリモン
	ティーザー＋4幕	非プレミス	デイヴィッド・ショア
	ティーザー＋5幕＋タグ	プレミス	グレアム・ヨスト
	ティーザー＋5幕	プレミス	ヴィーナ・サッド、ドーン・プレストウィッチ、ニコール・ヨーキン
	ティーザー＋4幕	非プレミス	ディック・ウルフ、ルネ・バルサー、ピーター・ジャンコウスキー
	ティーザー＋5幕	プレミス	デイモン・リンデロフ、カールトン・キューズ
	幕なし	非プレミス	マシュー・ワイナー
	ティーザー＋4幕	非プレミス	ブルーノ・ヘラー
	4幕（短い第1幕）	非プレミス	スティーブン・レヴィタン、クリストファー・ロイド
	ティーザー＋4幕	非プレミス	シェーン・ブレナン
	幕なし	非プレミス	リズ・ブリクシウス、リンダ・ウォルレム
	コールド・オープン＋2幕	非プレミス	グレッグ・ダニエルズ
	6幕	プレミス	エドワード・キッツィス、アダム・ホロウィッツ
	ティーザー＋5幕	非プレミス	ジェイソン・ケイティムズ
	6幕	プレミス	マイク・ケリー
	6幕	非プレミス	ジャネット・タマロ
	7幕	プレミス	ポール・フランク、リッチ・フランク、マイケル・ローチ
	6幕（短い第1幕）	非プレミス	ションダ・ライムズ
	幕なし	プレミス	デイヴィッド・チェイス
	ティーザー＋5幕	プレミス	ティム・クリング
	コールド・オープン＋2幕＋タグ	プレミス	チャック・ロリー、リー・アロンソーン
	ティーザー＋4幕	混合	フランク・ダラボン、グレン・マザラ
	幕なし	非プレミス	ジェンジ・コーハン
	ティーザー＋4幕	非プレミス	アーロン・ソーキン、ジョン・ウェルズ
	ティーザー＋4幕	プレミス	クリス・カーター

シリーズ名	年	フォーマット	ネットワーク	
ハウス・オブ・カード　野望の階段	2013	連続	Netflix	
Dr. HOUSE／ドクター・ハウス	2004	一話完結／連続	FOX	
JUSTIFIED　俺の正義	2010	連続	FX	
THE KILLING～闇に眠る美少女	2011	連続	AMC	
ロー＆オーダー	1990	一話完結	NBC	
LOST	2004	連続	ABC	
マッドメン	2007	連続	AMC	
THE MENTALIST／メンタリスト	2008	一話完結／連続	CBS	
モダン・ファミリー	2009	シングルカメラ	ABC	
NCIS～ネイビー犯罪捜査班	2003	一話完結	CBS	
ナース・ジャッキー	2009	シングルカメラ（連続）	Showtime	
ザ・オフィス	2005	シングルカメラ	NBC	
ワンス・アポン・ア・タイム	2011	連続	ABC	
Parenthood	2010	連続	NBC	
リベンジ	2011	連続	ABC	
リゾーリ＆アイルズ ヒロインたちの捜査線	2010	一話完結／連続	TNT	
ロイヤル・ペインズ　救命医ハンク	2009	一話完結／連続	USA	
スキャンダル　託された秘密	2012	一話完結／連続	ABC	
ザ・ソプラノズ　哀愁のマフィア	1999	連続	HBO	
TOUCH／タッチ	2012	一話完結／連続	FOX	
チャーリー・シーンの ハーパー★ボーイズ	2003	マルチカメラ	CBS	
ウォーキング・デッド	2010	連続	AMC	
Weeds～ママの秘密	2005	シングルカメラ（連続）	Showtime	
ザ・ホワイトハウス	1999	一話完結／連続	NBC	
X-ファイル	1993	一話完結	FOX	

法則14

複数のプロットをテーマでまとめる

Unify Storylines (via Theme)

テーマとは人物の行動に表れるメッセージのようなもので、作品に厚みや深みを与えてくれる。TVドラマではストーリーラインをまとめる働きもする。テーマがなければストーリーはばらばらだ。普遍の真理が根底にあってこそ全体にまとまりが生まれる。

テーマは力とも関係する。その力とは人間の精神力でもあるだろう。善は悪に勝つか、一人の力で周囲を変えることはできるのか。愛や共存することの意味、犯罪の不毛さなど、テーマになる話題は非常に多い。

TVドラマのテーマはセリフやナレーションでも表現できる（例：『セックス・アンド・ザ・シティ』のキャリーのコラム）。だが僕は言葉でなく潜在意識に訴える描き方が最もパワフルだと思う。

僕は幼い頃からTVっ子だったが、番組について深く考えはしなかった。ただ退屈しのぎに眺めていただけだ。好きな番組はたくさんあったが、なぜそれが好きかと聞かれると困ってしまう。

俳優にはいつも注目していた。多くの人がそうであるように、脚本があるとは露知らず、俳優が自由にしゃべっているのだと思っていた。

そんな僕は一九九八年、『ER』を見てはたと気づいた。「共にいつまでも」というエピソードで、一見ばらばらな四つのストーリーの関連性が見えたのだ。**統一感をもたらすテーマ**とは何かがはっきりわかったのは、この時だ。

グリーン医師は救急隊員と走行中、偶然怪我人を救助する。それは一六歳の少年で、男性客相手の売春をしながらストリートで生きている。グリーン医師は手当ての後、少年を警察の手から逃がしてやる。一方、ルーシーはカーター医師に冷たくあしらわれるが恋心は冷めない。やがて、二人の兄弟が病院に搬送されてくる。作業中の二人は接着剤をかぶって離れられなくなってしまい、処置に当たった医療スタッフもくっついてしまう。別の場面では老人の患者が登場する。孤独な彼はハサウェイ看護婦に文句を言いつつ離れようとしない。

これらのストーリーが共にいつまでもというタイトルで編まれている。少年はＨＩＶ検査で陰性と出たものの更正の勧めを受け入れず、昔の自分からいつまでも離れようとはしない。ルーシーは片思い相手のカーターと、ハサウェイ看護婦は口うるさい患者と、また、接着剤でくっついた兄弟はそれこそ「共にいつまでも」だ。みんな誰かと離れられずに生きている。だから互いを大事にすべきなのだ。

『マッドメン』シーズン5「愛人」の回では会社の経営危機が懸念される中、ジョーンはピートに「一度だけ顧客の夜の相手をしてくれ」と頼まれる。他のストーリーラインでは、ドン・ドレイパーが妻メーガンの女優活動に不満を感じる。ペギーはライバル会社から引き抜きの打診をされる。

この回のテーマはドンがジャガー社に向けて行なうプレゼンの中で語られる。「そう、この車。美しいもののためにどんな対価を払うか？　どこまで許せるのか？」。何かを得るには代償が必要だ。ジョーンは自らの身体を差し出し、ペギーは居心地のよい古巣を出なくてはならない。ドンはベティを失なった。自分の夢を追うメーガンはベティの代わりにはならない。

また、女性が仕事で犠牲にするものがサブテーマにもなっている。女優志望のメーガンは結婚生活を犠牲にするかどうかの選択に迫られる。ドンはプレゼンを「あなたは美しいものをついに手に入れる」という言葉で締めくくる。男性上位の時代背景で、女性たちは成功するために「どこまでやるか」を問われるのである。

『ホームランド』のシーズン1第八話「弱点」で、キャリーと週末を過ごしたブロディは妻の元に帰る。ソールは離婚寸前だ。キャリーはテロリスト容疑者トム・ウォーカーを捕らえるために彼の弱点を利用する。

このエピソードもタイトルにテーマが表れている。人は誰でも隠れた弱点を持っている、ということだ。ソールの仕事優先の生き方は彼の弱点になる。キャリーは孤独な人生に不安を感じ、仕事に打ち込むことで消耗しきってしまいそうだ。トム・ウォーカーは家族への愛が我が身の危険を招く。また、結婚も小さなテーマになっている。いかに夫婦が絆を保つか、コミュニケーション不足や不満の鬱積、過度の期待や甘えのせいでいかに崩壊するかが見てとれる。

『The Americans』シーズン1「The Oath（宣誓）」の回ではロシア大使館職員のニーナが祖国への裏切り行為を自白する。彼女はＦＢＩ捜査官スタンとの関係も認めて厳罰を受ける覚悟だが、ボスに取引を提案する。死刑を免除してくれればスタンとの不倫を続けて情報を入手すると持ちかけるのだ。

一方、ＦＢＩのテロ対策本部ではアシスタントのマーサが恋人「クラーク」（スパイであるフィリップの偽名）に盗聴器を仕込んでくれと頼まれる。不審に思うマーサだが、彼が結婚してくれるなら何でもしようと考える。

「クラーク」は「母」（ＫＧＢの女性）と「妹」（偽装結婚の相手エリザベス）を式に招き、マーサと結婚。エリザベスは自分の偽装結婚の相手が作戦のために、また別の結婚をする場面を見るのである。何も知らないマーサを眺める気分は複雑だ。マーサは「クラーク」が米国政府関連の仕事だと聞かされており、職務上二人の結婚は秘密にしてくれと言われ、同意する。偽装夫婦としてスパイ活動を続けるフィリップ（＝クラーク）とエリザベスは正式に結婚していないが、夫婦としてふるまわなければ職務を遂行できない。皮肉なものだ。

「結婚の誓いをしていれば私たちはもっと違っていたかも」とエリザベスは言うのだが、後の行動がついていかなければ「宣誓」は無意味だ。言葉よりも実際の行動が多くを語る。

同じエピソードの中でヴァイオラはＦＢＩに「盗聴器を仕掛けたのは私」と自白する。

この回は「宣誓」というタイトルが示す通りの内容で、最初と最後に人物が宣誓する場面が出てくる。国や宗教、結婚に矛盾が生じた時、どれに対する忠誠を優先すべきか考えさせられる。

シットコムも例外ではない。『モダン・ファミリー』の「キスは苦手!?」の回では三つのストーリーラインでキスと愛情表現を描いている。キャメロンは愛情表現が少ないミッチェルに不満だ。クレアは娘に好きな子ができたと知って興奮し、ヘイリーは「早くキスしろ」とけしかける。愛情表現が苦手なジェイはコロンビア移民の妻グロリアの話題から、息子ミッチェルにキスをするようになる。ドキュメンタリー式の語りでテーマを打ち出すところは『セックス・アンド・ザ・シティ』に似ており、『モダン・ファミリー』はグロリアのナレーションで締めくくる。

他方では『ブレイキング・バッド』のようにテーマを語らない番組もある。『Parenthood』や『Friday Night Lights』にはテーマとモチーフがあるが、ストーリーラインに沿う形では提示されない。

『リベンジ』はシーズンのテーマを第一話冒頭の字幕で示す。シーズン1は「復讐の旅に出るなら墓穴は二つ掘れ」。ヒロインのエミリーはヴィクトリアとコンラッド夫妻を筆頭とするグレイソン一族への復讐を企てる。テーマの通り、エミリーは捨て身で行動するのである。シーズン2は「運命は我々を打ち砕く。願いを果たせなくても果たせても」。この先、エミリーが突き進んで打撃を受けるかどうかを思わせる。

優れたパイロット版のテーマは力強い。それを言葉で表すか、意図的に考えて決めるかは様々だ。見方によって色々なテーマが読み取れるエピソードもあるだろう。その点『マッドメン』は面白く、何度か見直したくなる作品だ。初回で人物像やプロットを理解し、二回目で細かなニュアンスを感じ取る。そうして、深い心の動きについて考えてみたくなる。

作り手が全てを語ったら、後は見る人の解釈次第。テーマの捉え方は人生経験に影響を受ける。

インタビュー

『デクスター～警察官は殺人鬼』

チップ・ヨハンセン

主な経歴　『HOMELAND／ホームランド』（製作総指揮／共同エグゼクティヴ・プロデューサー／脚本）2011-2012

エミー賞受賞（ドラマ部門）2012

全米脚本家組合賞受賞（新シリーズ賞）2012

全米脚本家組合賞ノミネート（ドラマシリーズ賞）2012

ゴールデングローブ賞 受賞（ドラマ部門）2012

『デクスター～警察官は殺人鬼』（製作総指揮／脚本）2010

エミー賞ノミネート（ドラマ部門）2011

全米脚本家組合賞ノミネート（ドラマシリーズ賞）2011

『24 - TWENTY FOUR -』（製作総指揮／共同エグゼクティヴ・プロデューサー／コンサルティング・プロデューサー／脚本）2009-2010

『ダーク・エンジェル』（コンサルティング・プロデューサー／脚本）2000-2002

『ミレニアム』（製作総指揮／コンサルティング・プロデューサー／脚本）1996-1999

『ビバリーヒルズ高校白書』『ビバリーヒルズ青春白書』（共同プロデューサー／脚本）1992-1995

NL：ストーリーの構築はどこから着手しますか？　プロット、人物、あるいはテーマ？

CJ：作品によります。僕は『X－ファイル』でクリス・カーターの下で脚本を書いていたから、その経験が下地。多くの番組がしていると言いながら実はしていないことをやりました。それは、毎週のエピソードを小さな映画のように作ること。本当にいいエピソードは四四分の放映時間を支えるだけでなく、長編映画に匹敵するほどアイデアが壮大なんです。SF的なものはどうしても「書きました」感が出やすいですけどね。アイデアが強く出る。

テーマ的な面では結構、自由です。例えば『ミレニアム』で何かを与えることについてのストーリーを書いた時は、因果応報的な巡り合せの中にテーマがありました。社会学者マルセル・モースは『贈与論』（吉田禎吾、江川純一訳、筑摩書房）で贈り物が社会でどうやりとりされているかを述べているんですけど、その中で見られるテーマがストーリーのあちこちに出てきました。全部、一話完結でしたけどね。

連続物の『ホームランド』や『デクスター』は全く違う作り方をしています。『ホームランド』は連続したストーリーの中に毎回独立した部分を少し入れています。そうすると毎回ちょっと新鮮だし、『24－TWENTY FOUR－』の見え方と少し差別化をするための方策でもあります。どちらの作品もシーズン全体で人物の動きが追えるようにすることと、あと『ホームランド』では迫真のリアリティーも追求していますす。それもあって『24－TWENTY FOUR－』時代から、脚本家的な手法に頼るのをやめています。物事にテーマを持たせようとしない、とか。リアルなものを書くために脚本家的なデバイスを捨てちゃう。

NL：それでも『ホームランド』の「弱点」の

回はテーマが全体に響いていますよね。あれは自然に出来たのか、それとも例外なのか。

CJ：実は、あの回の脚本はそれで苦労したんですよ。テーマを持たせないようにしているし、『24－TWENTY FOUR－』の合言葉も「テーマを考えるな」でしたから。アイデアを出すなと言っているわけじゃなく、書き手の意見を入れたくない。だから撮影も脚本もセリフもリアリティー重視。書き手が頭で考えたものは入れない。

NL：でも「弱点」ではみんな自分の弱さと戦っていて、非常にうまくまとまっていましたよ。

CJ：ありがとう、そうですよね。テーマはセリフにも出ていたしね。ソールは仕事が全てだと言っているのがまさに彼のアキレス腱だし。でも、僕自身はテーマを語るのはあまり好きじゃない。脚本家っぽくてあざとく感じてしまう。連続物はストーリーが全てだと思っています。

NL：ストーリーの流れと人間関係が最優先なんですね。

CJ：ええ。クリス・カーターの現場ではプロットをカードに書いて、それと首っ引きで考えてみんなと話し合い、流れやまとまりを確認するんです。一人で哲学的に考えるような芸術家っぽいアプローチとはかなり違う。僕は人間の行動に興味があります。

NL：なるほど。カードを並べて、というのは各エピソードの構築にいいでしょうね。シーズン全体のくくりはどうですか？　例えば『デクスター』だと「彼は人間か怪物か」というような大きなテーマがあります。

CJ：ええ。

NL：それからシーズンごとに彼は夫になれるか、父親になれるかといったテーマが出てくる。『ホームランド』だとブロディはテロ攻撃をするか、キャリーは正気か狂っているか、彼女は自説を信じてもらえるか……

CJ：……そしてシーズン1の終わりでズタズタになる。

NL：テーマじゃないのかもしれませんね。シーズンを貫いてるのはセントラル・クエスチョンですね。テーマよりも問いを考えてストーリーを作りますか？

CJ：ええ。テーマは全然必要ないと思いますよ。その代わりにパワフルな質問があるから。アメリカへのテロ攻撃は秒読み状態だけど、語り手は二人ともすごく頼りない。ブロディは謎めいているし、キャリーは精神が不安定。これだけで面白いから素直に並べるだけでいい。『24 –TWENTY-FOUR–』みたいにどんどん前に進めるのでなく、各エピソードに一話完結の要素を入れながらですけどね。でも、「この回は与えることをテーマにしよう」というようなアプローチはしない。

NL：テーマとは普遍的な真実だという見方と、ストーリーが伝えようとしている核心だという見方がありますよね。さっきおっしゃった一話完結の要素がテーマに当たるのかな。例えばシーズン1最終話（「決意の果てに」）で描かれているのは忠誠心だと思います。ブロディはアブ・ナジールと家族、どちらを選ぶのか。自爆テロを思いとどまらせようとして、娘のデイナが彼を必死に説得しますよね。これも、僕が見る側の人間としてテーマを感じ取ったということで、制作の過程では意図しなかったことなのでしょうか？

CJ：その回はかなりの部分を僕が書かせてもらいましたが、テーマ的なものは何もなかったです。ただ人物の感情の動きを意識しました。僕らの仕事はCIAの作戦実行じゃないから、出来事が人物にどんな影響を及ぼすか、人間関係の部分も描きたい。でも、無理にアイデアを出そうとはしません。
実は『デクスター』のシーズン5でショーランナーになった時、僕はスタッフに口酸っぱく言ったんですよ。「君たちが頭で考えたことは面白くない。そんなに面白くないんだってば」って。具体的なストーリーが出てこない。テーマ的な漠然とした話ばかりでイライラしてきたので「メタファー禁止令」を出しました。
僕はもともとリアリズムを追求するタイプだけど、『Surface』の現場でジョシュ・ペイトから受けた影響も大きいです。このドラマ、全体をリアリティー重視で作っておいて突然シーモンスターを出したりするのでテンションが上がるんですよ。「自然に見えるって何だろう」と勉強になりました。似たようなことを『ホームランド』でも目指しています。

NL：書き手として自由になれたんですね。書く時はテーマを考えろっていうけれど、たぶん、それは理想的ではない……

CJ：理想的ではないです。無理にテーマを考えるなんて最悪でしょ。

NL：（笑）この章にぴったりだな。一般的な方法論を打ち破って、ご自身が思う作品を次々と送り出して成功されているわけですから。

CJ：いかにも「書きました」という感じがするものはもう信じない。面白くて説得力がある人物が何をするかが見たいだけ。

NL：ではAストーリーの作り方を伺っていいでしょうか？　僕は、ストーリーが広がる可能性があるかどうかに注目します。『デクスター』シーズン5の第一話「失意と悔恨」でデクスターの妻が殺されますね。自分を責めるけれど感情表現ができないデクスターをめぐって、色々なストーリーが生まれそうです。みんなが悲しんでいる中で彼だけが物思いに沈んでいる。

CJ：ごめんなさい、今までの発言を全部撤回しなくては（笑）。『デクスター』シーズン5の企画会議が堂々巡りして、みんなすごくイライラしてた。でもショーランナーは僕だから何か考えないといけない。で、ふと真夜中に起きてメモしたのが「つぐない」という言葉。これがシーズン全体のアークなんだなって。デクスターは生まれて初めて誰かを助けようとする。妻を救えなかったつぐないです。意識的にではなく偶然ですけどね。徐々にそれがシーズンの中心だということが明らかになる。

NL：そしてルーメンの話につながるのですか？

CJ：そうです。すごく言いづらいけど、テーマらしきものを考えましたね。ルーメンは過去に性的虐待を受けていて、復讐したいと思っている。デクスターはそんな彼女と心を通わせて復讐を手伝うかもしれないけれど、結局は彼女を失なってしまう。

NL：そうか、復讐が終わったら過去と決別して前向きに生きていけるから……それでデクスターと彼女は別れちゃうんですか？

CJ：そうです。

NL：感情表現がこまやかですよね。「失意と悔恨」ではミッキーマウスの帽子が出てきます。デクスターが呆然と妻の遺体を眺めていると、子どもたちから電話がかかる。向こうはおばあちゃんたちとディズニーワールドにいて……デクスターは何も言えない。

CJ：ええ、「君たちのママは死んだ」なんて電話で言えないですよね。

NL：子どもたちはお土産を持って帰ってくる。それがミッキーマウスの帽子で、名前の刺繍入り。デクスターは自分のを受け取る。

CJ：僕の妻のアイデアです。色々思いついてくれるんですよ。

NL：ママにも買ってきたよって。皮肉ですよね。

CJ：そう。デクスターは帽子を頭に乗っけたままで「ママが死んだ」と言うんですよね……それがまた、なんとも間抜けで……娘は彼の帽子をはたき落として、外へ飛び出して行ってしまう。彼も後を追って行って、娘と話す。

NL：すると娘は「ママが死んだのはあなたのせいよ」。「デクスターは泣いていないから。娘は「あなたが殺されていたらよかったのに」とさえ言う。

CJ：それでも彼は無表情なんですね。

NL：今になって思うんですけど、そんな彼だからこそ視聴者はすごく共感するんじゃないかな。泣けないからこそ心の痛みが伝わる。

CJ：その悲しみが、通りすがりの衝動的殺人で表出する。

NL：ああ、マリーナの売店のトイレで。無礼な男を道具でめった打ちにするところですか？

CJ：ええ。そこでデクスターの怒りが爆発します。血まみれの男を置き去りにするのは今までの彼のやり方とは違う。一線を越えるのです。

NL：「失意と悔恨」はすごく記憶に残っています。苦しんだデクスターは家出してボートに乗る。売店のトイレで下品な輩を殴殺してから妻の葬儀に出るために戻ってくる。やっと普通に死が悲しめるようになったのかも。

CJ：そうです。はけ口ができたんですね。

NL：「はけ口」と聞くとアリストテレスのカタルシスを思い出します。高尚に聞こえちゃうけど……

CJ：はけ口を得て、みんなのところに戻りたくなった。デクスターの感情面はどうだかまだわからないけれど、妻への愛に自分で気づきます。愛することはできる。

NL：では、テーマの代わりに登場人物を極限まで追い込んでストーリーを作るということかな。毎回、人物をできる限り弱い状態にさせる。

CJ：毎回そうはできないかもしれませんが、人がそれまで越えたことのない一線を越えるところは興味深いです。なぜそうするのかも。そこに惹かれますね。

法則 15

オープニングで心をつかむ

Pique Our Interest with a Potent Teaser

エピソードの最初の部分をティーザーという。多くのTVドラマでは短いティーザーの後にタイトルが出る。通常五分程度だが『グッド・ワイフ』パイロット版のように長いものもある。よいティーザーは「ティーズ（からかってその気にさせる）」して、もっと見たい気持ちにさせる。パイロット版は番組を初めて見る視聴者の心をつかまねばならないから、ティーザーの使命は重大だ。

ティーザーの使命

関心をつかむ

よいティーザーは僕らの関心を即座につかむ。『X－ファイル』シーズン1「序章」では「この作品は事実をもとに製作されています」の字幕に続き、夜の林を逃げまどう白いネグリジェ姿の女性。突然、光と共に風が吹き、人影が現れると画面は真っ白に。次のシーンで女性は死んでいる。背中に二つ奇妙な跡があり、分析官の一人が「まただ」。不思議な現象だけでなく、事件の連続性を示唆して興味を高めている。

主人公の世界へいざなう

世界観や番組のトーンと共に、主人公の企みや意図を伝えるのもよい。『ハウス・オブ・カード』のフランクは車にはねられた犬の首を絞めて殺し、カメラ目線で「私は無益を憎む」とつぶやく。彼の謀略や政治の裏側の世界を予感させつつ、本音を視聴者に向けて語る演出スタイルも紹介している。

『LOST』は人物の瞳の超クロースアップで始まる。ジャングルで倒れているジャックの目であり、今後僕らは彼の視点で世界を見ていくこととなる。浜辺は飛行機墜落事故の地獄絵図。医師であるジャックは救護に走り、リーダーの素質を発揮する（最終回もジャックの瞳で終わる）。

核心となる戦いを紹介する

ドラマの核心をなす戦いを紹介することもある。『ザ・シールド』は主人公の刑事率いる掟破りのチームが麻薬犯罪の容疑者を追う場面で始まる。それと並行して新任署長が記者会見で「ロサンゼルスをクリーンな街にする」と話す映像がカットイン。融通がきかない署長と主人公チームの対立が全七シーズンにわたって続いていく。

『天才少年ドギー・ハウザー』では一六歳のドギーが運転免許の路上試験を受けている最中、事故現場を見かけて急行。怪我人の応急処置をしようとして警官たちを当惑させる。天才的な医学者だが若さゆえに認めてもらえない葛藤が紹介されている。

ブックエンド形式で最初と最後を揃える

エピソードの時系列を崩して見せるのも面白い。『ブレイキング・バッド』はまず人物の窮地を見せておいてから、どのように抜け出すかを描くことが多い。パイロット版の冒頭はRV車で砂漠を疾走するウォルターの映像だ。車内に積んだ死体が揺れる。ウォルターは下半身ブリーフ一丁の姿で車から降り、涙ながらに家族へのメッセージを録音。サイレンの音がどんどん大きく近づく中、拳銃を取り出す。このエピソードを最後まで見ると全貌がわかるが、ティーザーで予想したことが見事に裏切られてびっくりだ。ティーザーで伏線、エピローグで種明かしをする形式はブックエンドと呼ばれる。

一見なんの変哲もないティーザー

エピソードを最後まで見て真意がわかるティーザーもある。プロットの大転換や人物の運命が大きく狂うポイントだったたと後で気づくのだ。『ブレイキング・バッド』シーズン5「荒野の作戦」は砂漠で始まる。バイクを乗り回している少年がふと止まり、クモを捕まえて瓶に閉じ込める。何かの伏線のようだが、遠くから列車の音が聞こえてきてタイトルがカットイン。この不可解な場面は後に、この子がウォルターらの貨物列車強盗を目撃し、唐突に射殺される結末につながる。クモを入れた瓶は地面に落ち、ウォルターたちの苦境を暗に象徴するかのようだ。彼らは無垢な少年を殺した罪を背負い、一層危険な道へとひた走る。ティーザーでちらりと見せたクモを使い、加速的に上がっていくテンションを表現している。

事件発生

『ロー&オーダー』や『CSI』などの犯罪ドラマは犯罪の現場で始まり、主役級の人物のひとことでティーザーが終わる。『ドクター・ハウス』のような医療ドラマも似たような作りになっている。

ティーザーなし

『ゲーム・オブ・スローンズ』や『ザ・ソプラノズ』『ホームランド』『マッドメン』といったケーブルの番組は最初にクレジットが流れて第一幕が始まる。これらのドラマは連続物の要素が強く、毎週ちょっとした映画のように見えるほどだ。大手ネットワークでは少ないが、ABCはティーザーなしの六幕構成がたまにある。同社放映の『キャッスル』もティーザーがなく、第一幕の後にタイトルが流れる。

コールド・オープン

コメディーのティーザーは「コールド・オープニング」と呼ばれ、最後をギャグやオチでしめくくる。その回のテーマや騒動が紹介されることもある。『モダン・ファミリー』シーズン4の「あの日あの時あの場所で」ではジェイの義母が孫に奇妙な名前を付けたがる。不満なジェイだが、義母を自分の身に置き換えて考える。エンディングではわだかまりを解消し、義母の案を受け入れる。

前回の続きから始める

前回終わりの直後から次回を始めることをDPU（＝Direct Pick Up）と呼んでいる。『トゥルーブラッド』シーズン1第一話はウェイトレスのスーキーが夜の駐車場で襲われる場面で終わり、第二話の冒頭でバンパイヤに救われる。こうした連続のさせ方はクリフハンガーのテンションや時間が凝縮された感じを作り出す。『Weeds～ママの秘密』も同様だ（ところで、昼メロではDPUが定番だ。物語の進展がきわめて遅く、ストーリーラインが「冷凍保存」されながら続くことも多々ある。別の人物の場面に切り替わったら、プロットはそこで止まって戻りを待つ。プライムタイムのドラマではこうしたことはしない。別の場面から戻ってきた時は少し進展したところから始める）。

時折、変則的な始め方をする

時折、番組のパターンを逸脱した始め方があってもいい。『アメリカン・ホラー・ストーリー』シーズン1は毎回不気味な屋敷で人が襲われる場面で始まるが、たまに主要人物のバックストーリーで始まる時がある。

ホラー系サバイバル劇の『ウォーキング・デッド』もたまに人物描写の場面で始まる。シーズン1「弱肉強食」ではアンドレアとエイミー姉妹が湖で魚釣りをしながら思い出話をする脇で、なぜだかジムが地面に穴を掘っている。両者のギャップがサスペンスを感じさせる。

ティーザーは前菜のようなもの。もっと食べたい、もっと見たいと思わせる。「タグ(エピローグ)」は食後のデザートだ。

ドーン・プレストウィッチとニコール・ヨーキンのインタビューはウェブサイトhttp://www.focalpress.com/cw/landau（英語）に掲載。

法則16

「スイートスポット」を狙う

Hit the Sweet Spot

パイロット版は表現を試す場だ。たとえそれが名作でも、毎週同じクオリティーの脚本が仕上がるとは限らない。アメリカでは「パイロット・シーズン」の時期に大量のパイロット版を放映してふるいにかける。成功確実な番組が初めからわかっていれば、莫大なコストをかけて試作品を作る必要もないのだが——かくして、多くのショーランナーが涙をのんで中止の知らせを受け取るわけだ。企画のどこが悪かったのだろうか？

1．放映の時間帯が悪かった？
2．つかみが弱かった？
3．他局との競争に負けた？
4．内容が危険、斬新、挑発的すぎる？

5. ギミックが過剰？
6. 内容が古くさいか、新しさに欠ける？
7. キャスティングに難あり、主役の組み合わせがよくない？
8. 宣伝キャンペーンがぱっとしなかった？
9. 右記の全て？

ここから先は「スイートスポット」というコンセプトで話していこう。スイートスポットとはテニスのラケットの真ん中で、球を芯でとらえて最大のパワーが出せる部分を指す。TVドラマにもそのようなスポットがあるのだ。

ジャンルごとのスイートスポット

フォレスト・ガンプは「チョコレートの箱は開けてみるまでわからない」と言うが、シットコムを見る人は中身が何か知っている。それがスイートスポットだ。

シットコムのスイートスポットとは、毎回似たような状況の中で人物が試練に遭遇することだ。『ビッグバン★セオリー』のレナードとシェルドンは頭でっかちで世間の常識と衝突する。『ラリーのミッドライフ★クライシス』のラリーは歪んだ理想と現実とのギャップに戸惑う。『モダン・ファミリー』のフィルとクレアは理想的な育児をめぐって騒動を引き起こす。『Married......with

Children』は結婚と子育ては究極の罰だと嘆いて笑わせる。『ハーパー★ボーイズ』の男二人は対照的で、ニール・サイモンの『おかしな二人』の現代版だ。

一時間物の連続ドラマもスイートスポットが明確だと面白い。毎週自然な流れで意外な展開をさせ、なおかつ番組のスイートスポットは外さない——同じことの繰り返しでありつつ、新しい——それがショーランナーの目指すところだ。

医療や法律、犯罪ドラマでは目新しい事件が意外な方向で解決するのが理想。パズルのピースをどう埋めるかが決め手だが、ワンパターンになるのを避けるのが難しい。

番組ごとのスイートスポット

『ウォーキング・デッド』が人間対ゾンビの戦いだけなら一瞬で飽きるだろう。スイートスポットは「世紀末的な世界でのサバイバル」。ゾンビはいわば背景だ。『ウォーキング・デッド』の魅力は荒れ果てた世界でリックたちが家族のように助け合い、新たな社会を作ろうと奮闘する姿にある。ジャンルで言えばホラーとファミリードラマのミックスだ。家族の姿に心を打たれ、ゾンビで怖さが楽しめるようになっている(また、ゾンビ側も生きるのに必死だ)。この作品からスプラッターの要素を消せばあれほどの勢いは出ないだろう。だが、スプラッター一辺倒でも勢いは出ない。ホラーと家族の両面を毎週、絶妙なバランスで描いたことが記録的なヒットにつながった。

セントラル・クエスチョンは「誰が、どう生き残る?」。セントラル・ミステリーは「なぜゾンビがいるのか？」だが、その理由は今後も明かされることはないだろう。

『ブレイキング・バッド』は地味なウォルターが麻薬王に成り上がるところがスイートスポットだ。凶悪なまでのユーモアや歪んだ人間関係、欲や権力、隠蔽工作。犯罪の素人だったウォルターたちが巨大組織に勝負を挑む。これは負け犬だったおやじが大化けする物語であり、セントラル・クエスチョンは「ウォルターは捕まるか？ 捕まったらどうなるか？」だ。

『マッドメン』のスイートスポットは虚飾である。華やかな広告業界に象徴されることが家庭や職場の人間関係でも表現されている。嘘つきで見栄っ張りな人物を糾弾するのではなく、人物たちがなぜ、どう生きるかに焦点を当てている。全体的に洒脱でユーモアもあるがダークな雰囲気だ。よく見ると人物たちは結構自滅的で、やればやるほど自分を傷つける。広告が理想の現実を描くのならば、それがいかに得がたいものかが見えてくる。

『ホームランド』のスイートスポットは二重性だ。ブロディは英雄でテロリスト。キャリーは正義感あふれるＣＩＡ作戦員で造反者。善悪の区別がつけがたい世界において、彼らは自分の理念に忠実でいられるか？ 二人の視点や信念は揺れ動き、僕らの脳裏にも疑問が浮かぶ。だが、答えは簡単には見つからない。

『The Americans』のスイートスポットは壊れた家族と冷戦時代のスパイスリラーの混合だ。セリフはなかなか意味深で、ちょっとした言葉が二重の意味を持つのが面白い。郊外の主婦を装うＫＧＢの諜報員エリザベスを見かけたご近所さんが「ねえ、別にスパイしてるわけじゃないんだけど……」と言ったりするとドキッとする。

エリザベスの夫として行動する諜報員フィリップは「クラーク」という偽名でＦＢＩ高官秘書マーサと結婚し、機密情報を盗もうとする。クラークとマーサの結婚式に「親族」として参列するエリザベスはふと悲しみに襲われる。職務のための偽装結婚とはいえ、式を挙げておけばよかった――任務第一のエリザベスだが、彼のことを愛しているのかもしれない。このドラマのキャッチコピーは「恋愛と冷戦では何をやっても許される」。スイートスポットが端的に表れる場面だ。

スイートスポットは毎週のドラマが生きる場所。ジャンルやトーン、テーマ、メインの葛藤と、提起するクエスチョン／ミステリーが交差するスポットだ。

インタビュー

『BONES－骨は語る－』
ハート・ハンソン

主な経歴　『BONES－骨は語る－』（製作総指揮／脚本）2005-2013
『The Finder～千里眼を持つ男』（製作総指揮／脚本）2012
『Joan of Arcadia』（コンサルティング・プロデューサー／脚本）2003-2004
『Judging Amy』（製作総指揮／共同エグゼクティヴ・プロデューサー／コンサルティング・プロデューサー／脚本）1999-2003
『Snoops』（共同エグゼクティヴ・プロデューサー／脚本）1999-2000
『Cupid』（スーパーバイジング・プロデューサー／コンサルティング・プロデューサー／脚本）1998-1999
『スターゲイト SG-1』（脚本）1997-1999
『Traders』（クリエイター／スーパーバイジング・プロデューサー）1996-2000
『アボンリーへの道』（脚本）1992-1996

NL：『BONES』のスイートスポットについて伺いたいと思います。ここまでの長寿番組になったのも、ハートさんがクリエイター、ショーランナーとしてファンの期待を超えるものを作り続けていらっしゃるからでしょう。毎週の事件に当たるAストーリーは何に注目して設定されますか？

HH：題材は色々なところから得ています。たまにニュースを参考にしていましたが、ここ二年間と比べてもわりと少ないです。大抵はブースとブレナンがどういう場に入るかを考えますね。あまり知られていない世界か、知られているけれど少々特殊な状況。夫婦間の殺人事件でも設定次第で面白い六幕構成ができます。実はね、シーズン3からフォックスの依頼で六幕になったんですよ。初めはティーザー＋五幕構成。ティーザーは、それこそ一分か二分程度。でも第六幕を付け足すことになったので、プロットのひねりが一回増えました。『BONES』は事件物に人間ドラマと笑いをミックスした複合型で、時折ブースとブレナンの恋愛模様を入れて私生活の部分も濃く描いています。それを今度は六幕構成にするとなると、アリーナの面白さが必要。そうするとプロットのひねりが一つか二つ、自然に生まれます。UFOを出して『Xーファイル』へのオマージュにしたりね。二二話分どんどん作らないと間に合わないから、楽にプロットが出来ると助かります。

あと、主役が出ずっぱりで負担が大きいとシーズン1の初期にわかりました。だから主役クラスの次のキャストで見せるシーンを入れたり、最初のシーンを通行人が死体発見する場面にしたり。五分以内に死体を発見して「なんだこりゃ？　なぜこんなことに？」と思わせてアリーナに入る。

NL：偽のヒントや容疑者も出しますか？　浮気を暴露するリアリティー番組の男が殺される回［シーズン4第三話］みたいな。TV局が舞台だとプロデューサーなど色々な人物がいるし、少なくとも一つか二つのひねりは作れますよね。

HH：全く別の場所にいた人物を真犯人として唐突に出さない。これは無言の約束ですね。どこかで必ず登場させておく。でもネット掲示板を見ると「いつも三番目に出てくるのが犯人だ」とか仮説を立てている人たちもいるので難しいですよ。それを気にするわけじゃないけど、うっかりワンパターンに陥ってしまわないよう注意しなきゃ。それに遅くとも四幕の終わりまでに犯人を登場人物の中に混ぜて出したいから、多くの容疑者が出しやすいアリーナでないといけません。視聴者の後手に回ってもいけない。

NL：シーズン初期は第四幕の終わりがクライマックスでしたっけ。そこで犯人がわかって、第五幕はエピローグみたいに短い。この構成は変わりましたか？　実はUCLAの授業でよく質問が出るんですよ。昔は一時間物といえばティーザーと四幕だったけど、今はほとんどの番組が五幕か六幕でしょう。TiVoの影響もあると思いますが。そこで「クライマックスはどこなのか」が疑問になってくる。僕は番組次第だと答えていますが、その辺りはいかがですか？

HH：六幕構成だと第五幕の終わりに犯人がわかって第六幕で捕まえることになりますね。犯人がわかったら、あとは終わるだけ。だいたい、私自身が飽きちゃうからなんだけど。シーズンの四話か五話分で連続殺人犯を追う形だと第一幕の終わりかティーザーで犯人の目星をつけて、あとは猫とネズミの追いかけ合い。犯人からのアプローチはなく、捜査官が追う形にしています。フーダニット［犯人探し］ですね。ブレナンが遺体からヒントに気づくタイミングがポイントです。右利きだと思っていたら実は左利きだった、とか。そして彼女がブースに「あいつが犯人よ」と言うところが事件のクライマックスですね。

NL：Bストーリーで追跡から解決、あるいは先への展開を見せていくわけですね？

HH：はい。Bストーリーの方が視聴者にとって気になる場合も多いでしょう。感情的な描写と殺人事件の描写をそれぞれ続けて第六幕の中盤で真相解明、クライマックスで一つの軸に合わさるように努力しています。

NL：AストーリーとBストーリーのテーマが互いに影響を与え合っていますね。ブレナンとブースは同棲しようとするけど、Aストーリーの出来事で彼女は自分のおいたちを思い出して不安になる。A、B、Cストーリーの間でテーマを統一しますか？

HH：事件が私生活と響き合えば理想的です。私生活から事件のヒントを得てもいいけれど、ちょっと雑でご都合主義な感じがしますね。個人的には宇宙からのメッセージはあると思いますけれど。それを教えてくれる謎めいた存在がいるとは思いませんが、何かを考えていれば、常に宇宙が何かヒントをくれる。事件と私生活が全然つながらないエピソードはだめですね。それぞれの内容がよくても、両者がかみ合わないと真価は出せません。

NL：そうですね。ストーリーのあちこちにテーマのDNAが見られるような作品はいいなと思います。

HH：今、CBSのパイロット版の企画に夢中なんですよ。混沌とした宇宙に秩序を与えて、納得できる形に落とし込む。それがストーリーテリングの楽しさなんでしょうね。

NL：どんな資料を作りますか？　スタッフがビートシートやアウトラインを作るのですか？

HH：ええ、全て全速力で進めます。脚本スタッフは上の階にいて、私と助手のスティーヴン・ネイサンからのコメントを受け取ってセリフを何度も推敲する態勢でいてくれます。私はかなり脚本を直したがるので、結局、自分で直す方が速いですけどね。ショーランナーとしての欠点の一つだな。たまに不慣れなスタッフがいて、ようやく一度書き直して提出したものの全然別の台本がいつの間にか撮影に回っていた、ということもあります。自分の名前がクレジットされている回でそれを見ると、脚本家としてはつらいですよね。

NL：何度もそういうことが続くとクビになりますか？

HH：いいえ。その人は与えられた仕事をちゃんとしているわけですから。制作サイドの事情で脚本を直せと言っているのだから、彼らは悪くない。ただ、他のライターがしていることをよく見ておくべきですね。結構みんな助け合っていますよ。一年の終わりに「来年も継続して一緒にやりたい」と思える人を選ぶ時、助けてくれた人を評価しますから。誰かを蹴落とすような熾烈な争いはなくて、脚本ルームは和やかですよ。書いた字数が一番少ないからクビということはありません。

CBSの『Joan of Arcadia』と『Judging Amy』はアウトラインなしでOKでした。電話で五分から十分ほどビートシートを見ながらあらすじを説明して、先方に了承をもらったら脚本チームが動き出す。でもフォックスはアウトラインの提出を求めます。今、脚本ルームは共同エグゼクティヴ・プロデューサーのジョン・コリアーの仕切りで、彼は有能だから打ち合わせは短時間。アリーナと人間ドラマのつながりを彼と打ち合わせたら、脚本家に六幕の内容と各幕の終わり方のピッチをしてもらい、私と助手のスティーヴンからコメントを返します。ここまでで一時間半から二時間ですね。その後、スタッフがアウトラインを書いてネットワークに送り、質問が返ってきたら対応。次に脚本執筆。原稿の上がりが早いとコメントも早く返せます。たまにジュニア・ライターが書いたものにコメントを付けて共同エグゼクティヴ・プロデューサーに託すこともあります。リライトを効率よくするために。

NL：アウトラインは十ページぐらいですか？

HH：一二ページです。

NL：僕が『メルローズ・プレイス』に新人で入った時に難しかったのは一六ページから二十ページのアウトラインで全部を網羅することでした。その後、他の番組でアウトライン通りの脚本が上がった時に上の人が「アウトライン通りじゃないか」って。それは褒め言葉じゃないんですよね。脚本はアウトラインを上回る出来にすべきだと。

HH：上回るというのが鍵ですね。さらによくなっていないとね。

NL：それを知らない新人脚本家が多いのは危険ですね。アウトライン通りに一生懸命書いていたら気づかないはず。

HH：アウトライン上ではよくても、実際に人物どうしがやりとりするとなると違いますからね。事件物で何かを発見する場面なんかは単純に思えるけれど、誰がどのようにするかで大きく変わる。あとは脚本で指摘された部分だけを書き直すだけじゃだめ。ちょっとした点を三つチェックされたら、それを反映して全体を書き変えろという意味。真の脚本家とは、誰かから「このシーンは抑えたユーモアで面白さを出してほしい。それと、ここで彼女は母親を嫌っているかどうかが知りたい」と言われたらそれを元に全体を書き換えられる人だと思います。うまい脚本家ほどそうです。承認されたアウトラインから離れていくわけだから勇気が要りますよ。

NL：ブレナンは恋愛、出産へと成長していきますね。この流れは勘で決めたりされますか？

HH：それはネットワークのドラマで一番大変な部分です。年間二二話あって五年継続すれば合計百十話に上ります。そこまで頑張るにはストーリー・エンジンがすごく大事。三シーズンしか続かないとわかっていれば「するか、しないか？」で済むんですけどね。我々は初年度のクリスマスまでもつとは思っていなかったから、とりあえず「若くて健康な独身男女ができるだけ長い間、結ばれないように」というのが課題。視聴者からどれだけブーイングがあっても、見続けてもらえるならいいんです。「視聴者が不満でもいいと言うのか」とお叱りも受けましたが、こちらが意図した内容を視聴者が見続けて下さっているならよいという意味。視聴者が飽きて離れてしまうことの方が問題です。だから、まず第一に見ごたえのある事件が必要ですね。「視聴者を開拓するか、維持するか」という問いもあって、『BONES』で私が意識していたのは後者です。番組のスケジュールがころころ変わるので、本当に番組が好きで見て下さるファンのことだけを考えました。そうでなかったら力尽きて倒れていたでしょう。正解だったと思います。

NL：そうですね。そして七年間も放映が続いた。

HH：スケジュールはまだ変更続きなんですよ。フォックスはなかなか応援してくれなくて、我々はたくましく生き残った感じです。放映時間枠はあの『アメリカン・アイドル』の後ですから厳しいですよね。でも番組を毎週見て下さる方々のために主役二人のストーリーをできるだけゆっくり進めるようにしました。ふとシーズン5の終わりに「よし、あと一年引き伸ばして、シーズン6の終わりには二人を一緒にさせよう」と思いました。愛する人物の死に直面して、二人は結ばれる。そしたら偶然にも、演者のエミリー・デシャネルが「私、妊娠したの」と知らせをくれましてね。「わかった、今後の展開は任せてくれ」と。重い霧がぱっと晴れたような気持ちでした。彼女の妊娠がなかったら、シーズン7は途方に暮れていたはずです。五つから八つぐらいの案がありましたが、どれもいまひとつ。でも、おかげでよい方向が見つかりました。

それから、『BONES』の真のストーリー・エンジンはごく単純な、昔ながらのものだと思います。あの二人が表す頭脳対精神、経験主義対人道主義。それがこのドラマのスイートスポットですね。

ですから今は殺人事件の解決と育児の二本立てですが、何をしようと二人の視点が生きています。

NL：他の人物たちの視点もありますね。

HH：理性の度合いでランク付けしてあります。不思議なことを信じるか、理屈で考えるかという。親友のアンジェラが一番神秘主義で人情味があり、その次は多分ブース。最初はブレナンよりも冷静な人物がいたけど、うまくいかなかった。でも、それぞれのスタンスで物事を見るように配置しています。

NL：『BONES』のパイロット版企画時、法人類学者のキャシー・ライクスの経験や背景、彼女の本などをベースにされたと思いますが、ドラマの始まり方をどのように決めましたか？

空港での出迎えで、ブースとブレナンはすでに面識がありますが。

HH：私の選択じゃないんです。スタジオとネットワークが「プレミス・パイロットはだめ」って。どうしてでしょうね。第一話で関係が新しく始まってもいいのに。昔からそういうものでしたよね。

NL：第一話を見逃したら終わりだ、という印象を与えるのが不安だからかな。

HH：ずっと変だと思っているんですけどね。だってドラマの第一話が第二話か第十話みたいな感じで始まるわけでしょう。まあ、しょうがない。できる限り譲歩しました。とにかく二人は仲が悪い。一年前にペアを組んで散々な目に遭ったという設定です。学者と刑事が街なかで会うことは現実的にほぼあり得ないので、理由も考えました。証拠を確認するためとか、ブレナンが何かを要求してどこかで彼に会う、という筋書きです。

NL：科学面などでのリアリティーはどの程度追求されますか？

HH：サイエンス系の雑誌に「ドラマのリアリ

ティー番付」をされたらどうしよう、と思っていましたが、なくてほっとしています。我々はドラマで結構、嘘をついていますから。アンジェラの機械は実在していて『BONES』が始まった当時七台ありましたが、法医学では使われていなくて、気候調査などですね。値段があまりにも高額でプログラムにも恐ろしく時間がかかる。それ以外のものは現実に沿っていますが、かなり時間を凝縮して見せています。一時間のドラマの中でDNA検査の結果が出ますが、実際は二ヶ月かかる。ドラマの通りにするとすごく経費がかかるので実際は無理だけど、科学的には間違っていません。プロットも含め、会議の場で何かおかしいと感じたら「それはおかしい」と誰もが遠慮なく発言して理由も述べます。見て信じられるドラマにしたいですからね。

NL：『BONES』は現在ショーランナーとして活躍中のジョシュ・バーマンやノア・ホーリー、ジャネット・タマロらを輩出しています。ジョシュは元々経験豊富だけれど、今は二つの番組を動かしていますね。

HH：そうでしたね。ジョシュもジャネットも才能があります。

NL：「質の高い脚本を納期までに」の他に、ショーランナーとして大事なことは何ですか？

HH：私が強くこだわっているのはプリプロダクション［撮影準備］の初日までに決定稿を用意すること。監督に撮影の準備をしてもらうのですから、それ以上変更がない状態で渡さないと時間も手間も無駄になる。俳優も大切。番組の顔になって頂いて、役柄に生命を吹き込んで頂かなくてはならない。それは大変な仕事ですから、彼らの声に耳を傾けて信頼関係を築くようにしています。仕事ができるショーランナーって周囲からちょっと煙たがられるんですよ。だから、みんなに好かれたい私みたいな人間には厳しい。ジャネット・タマロやジョシュ・バーマン、ノア・ホーリーは非常に優れた脚本家でもあります。うちの現場のスティーヴン・ネイサンやジョン・コリアー、カレン・アッシャーも皆、ショーランナーになる力量がある。今はたまたま私がショーランナーをしていますが、いつかは彼らの補佐に回ることもあり得ます。実のところ、二番手が一番いいですからね。ノア・ホーリーがABCの『The Unusuals』を四回ほどで終えて戻ってきた時の言い草が傑作でした。彼は『BONES』の現場で私の仕事ぶりを見て「俺はああいうふうにはしないぞ。あぁ、なんていやなやつだ」と思ってた。そしたら今度は自分がその「いやなやつ」になっていることに気づいて愕然としたんですって。私も二番手で現場にいた時に同じことを思いましたからね。だけど、いざ自分がその立場になったら、その人以上に怒鳴り倒してぐっちゃぐちゃ。

休む暇がない。常に何かを決めなきゃいけないし。それが仕事ですからしょうがない。二番手でいる方がいいですよ。落ち着いて考える余裕もあるし。

NL：では、ショーランナーの一番いいところは？

HH：去年『ザ・ファインダー　千里眼を持つ男』というドラマをやって、いい線までいったんだけど……

NL：あらゆる面で、はずしっぷりが最高でした。

HH：主役のジェフ・スタルツには本当に頑張ってもらいました。シーズン終盤で私は「もうワンシーズンやらせてよ。制作も役者のことも心得ているから」って頼んだんですけどね。でも疲れました。ついに終了が決定して、家内に「旅行に行けるぞ」と。『BONES』期間中で一番長い休みは九日間でしたからね。三週間空いたのでヨーロッパに行って、帰国後すぐ新番組のピッチ準備に入りました。あれほど大変な仕事だとわかっているのに、なんででしょうね。心理分析でもしないとわからない。番組を二つ掛け持ちしても収入が二倍になるわけじゃないし。『ザ・ファインダー』が終了してスタッフの皆さんに本当に申し訳なかったけれど、今はみんな新しい現場で仕事をしてくれています。

NL：仕事をしたいと思う原動力は何でしょうか？

HH：新しいシリーズを手がける時のワクワク感。CBSの『クレイジー刑事 BACKSTROM』のキャラクターを考えると楽しくてたまらないです。キャスティングによっても世界観が変わりますし、いいものを作りたいですね。

NL：世界を作り、そして動かす。最高に素敵なことですね。

法則17
伏線を回収する
Pay Off the Setups

僕はパイロット版が大好きだ。先に脚本を読んでから実際の番組を見て比較する。プレゼントの包みを開けて大喜びしたり、ちょっと残念だなあと思ったりするのと似ている。「プレミス型」で物語が最初からスタートするか、すでに動いている世界の中にポンと放り込まれるか？　状況説明や舞台の紹介、登場人物、新鮮で面白いものは何？　ペースやスタイル、構成は？　ナレーションや回想、未来の場面は出てくるか？　ジャンルのイメージを打ち破るのか、手堅く踏襲しているか？　僕は新番組が始まるたびに多くのことに目を向ける。

「そうか」の瞬間

これまでに僕が読んだり見たりしたパイロット版を振り返ると、期待を上回るか否かの指標がある。優れたプロットは最後に「そうか」と気づいて感動する瞬間があるのだ。そのカードが最後に出ることは前からわかっていたはずなのに、気づかなかった――そういう切り札だ。

数年前、僕は探偵小説の巨匠ウォルター・モズリイ氏の講演を聞くチャンスに恵まれた。彼はカリスマ的な語り手で、彼の教えは脚本家にとって役立つことばかり。中でも次の言葉に強い感銘を受けた。「プロットとは気づきだ」。

プロットとは気づきである

脚本家なら誰しも、意外性のあるプロットが書きたいものだ。モズリイ氏の言葉はそれを簡潔に言い表している。プロットとはストーリーの進展に合わせ、登場人物を動かすものがだんだん見えてくることだとも言える。人物が問題に遭遇して葛藤する中で新たな側面が表れたり、僕らが人物に対する見方を変えたりすることも含まれる。

パイロット版はパズルである

何度も述べたように、視聴者は「知らされたこと」よりも「まだ知らされていないこと」に興味を持つ。だからパイロット版で全てを見せず、情報を伏せてサスペンス感を高める方がいい。見る側に先の展開を予測させてから情報を明かし、プロットを引っくり返すのだ。

さりげない伏線が変化を起こす

視聴者が辛抱強く種明かしを待ってくれたら最高だ。答えを目と鼻の先にぶら下げて、次の回へ、次の回へと続けていく。パイロット版の書き方には多くのノウハウがあるが、エンディングは特に重要だ。企画書や脚本を読むエージェントやプロデューサー、スタジオ、ネットワーク役員らに最終的な印象を与える部分でもある。パイロット版のエンディングで描かれる三つの側面を紹介しよう。

Aストーリーを立ち上げる

新たな場で主人公がどんな役割を担っていくかを見せる。今後、毎週どんな展開になりそうか。セントラル・クエスチョンやミステリー、対立や葛藤、人間関係、シリーズの核となる問題を視聴者に伝える。

- 『チアーズ』：婚約者に見切りをつけたダイアンが、バーの店主サムに複雑な感情を抱きながらもウェイトレスとして働き始める。
- 『ガールズ』：二四歳の新進脚本家ハンナは両親からの仕送りが打ち切られ、途方に暮れる。気を取り直してブルックリンの通りを歩く足取りから、この先頑張っていけそうな予感が漂う。
- 『ワンス・アポン・ア・タイム』：エマがストーリーブルックに滞在しようと決心すると、広場の時計の針が動き始める。それはまるで魔法のようで、変化の到来も感じさせる。空想と現実の世界が交錯する予感だ。

● 『THE KILLING～闇に眠る美少女』：警察が盗難車を発見。中に行方不明の少女ロージーの遺体がありそうだ。シアトルのベテラン刑事リンデンは早期退職と引っ越しを延期して捜査に当たる。脚本によるとリンデンは私服警官にトランクを開けろと指示。中の死体を覗き込み、少女の瞳が犯人逮捕を懇願しているかのように感じる。脚本の終わりの言葉は「犯人を見つけて」だ。

モンタージュ映像で終える

主人公のスナップショットで終わる方法もある。音楽と共に今後主人公と関わっていく人物たちが登場し、ナレーションや短いセリフが入る時もある。世界観を叙情的に見せることができる。俯瞰映像で広い視野を見渡す場合もあるだろう。

『Parenthood』や『Friday Night Lights』『サン・オブ・アナーキー』は花から花へ飛ぶミツバチのようにカメラが移動し、最後に主人公を見せて終わっている。

『ボードウォーク・エンパイア』のモンタージュは禁酒法時代のアトランティックシティでナッキーが犯罪界の帝王にのしあがるところを見せている。クライマックスは弟イーライがハンスを拉致して殺す映像だ。ハンスは妻マーガレットに暴力をふるって流産させたのである。遺棄した遺体が発見されるとナッキーは密造酒をめぐる抗争をハンスの仕業に仕立て上げる。そして何食わぬ顔で花束を持ち、病室のマーガレットを見舞う。ハンス殺しを命じたのはナッキーだったのだ。冒頭での彼は時代を読んで賢く立ち回る男に見えるが、エンディングでは暗さと冷血さが見える。アトランティックシティは彼の街であり、歯向かう者は誰であろうと叩き潰していきそうだ。

パイロット版では二回、ナッキーの変化を感じさせるところがある。一回目はボードウォークの託児所の前を通りかかり、窓から中を覗き込むところ。彼は保母に抱かれる赤ん坊の無垢な姿に感動する。

二回目は手相占い師の前を通りかかる。「未来を知りたいか」と言わんばかりにナッキーを見上げる占い師。パイロット版の終盤、運転手はギャングの抗争で得た取り分をナッキーに渡す。彼は断るが、半分ギャングのふりはもうできない。金を受け取り、闇社会で生きる運命が確定する。

新情報を出す

最後に驚愕の新情報を出すのはパイロット版で効果的。いくつか例を見てみよう。

- 『エイリアス』：シドニーは自分がＣＩＡでなく敵に雇われていることを知る。温厚に見える父も実は二重スパイである。
- 『ザ・シールド』：キッド・ロックの『Bawitdaba』の激しいラップ音楽をバックにしたモン

タージュ映像。刑事ヴィック・マッキーとシェーンは情報屋のロンデルを守って麻薬の売人を殺す。その後ヴィックは売人から奪った拳銃で刑事クロウリーを始末する。ヴィックが掟破りの刑事だと知らなければ、見方が大きく変わるだろう。

● 『ニュースルーム』：ウィルがアメリカに対する批判を堂々と述べているのはマッケンジーのおかげ（幻覚ではない）。彼女はキューカード（カンペ）を彼に見せて読ませている。

● 『ホームランド』：キャリーはブロディがTV出演する際、いつも指を動かしていると指摘。これは暗号だと主張してソールを納得させる。

● 『スキャンダル』：かつて大統領と不倫関係にあったオリヴィアは、現在愛人疑惑がある女性について大統領が嘘をついている可能性に気づく（相手の女性を「スイート・ベイビー」と呼ぶことに疑問を抱く）。

● 『ザ・ホワイトハウス』：終盤近くでマクギャラリー首席補佐官がライマンを解雇しようとするのは大統領の指示だとわかる。マクギャラリーは事態を解決してライマンを助けようとしていた。

● 『マッドメン』：独身貴族で優雅に見えるドン・ドレイパーが、実は妻子持ちであると最後にわかる。

● 『ダメージ』：弁護士パティ・ヒューズが犬の首輪を投げ捨てる。犬を殺して飼い主らの恐怖を煽り、自分の言いなりにさせる作戦だったのだ。パティの冷酷さを示して終わる。

●『LOST』：異様な生き物を登場させて徐々に島の実態を明かしていく。ＳＦや不思議な物語を描く『トワイライト・ゾーン』と似ている。

●『モダン・ファミリー』：ジェイがクレアとミッチェルの父親だとわかる。『ライオン・キング』の「サークル・オブ・ライフ」が流れる中、ちぐはぐだが愛ある家族をつなぐのはジェイだ。

●『ザ・フォロイング』：元ＦＢＩ捜査官のハーディは逃亡中の連続殺人犯キャロルを発見、確保する。だがキャロルの教団の信者らの犯行は後を絶たない。

パイロット版の最後に新たな発見をさせること。

インタビュー

『THE KILLING～闇に眠る美少女』

ヴィーナ・スード

主な経歴　『THE KILLING～闇に眠る美少女』（製作総指揮／脚本）2011-2012
エミー賞ノミネート（ドラマ部門脚本賞）2011
全米脚本家組合賞ノミネート（新シリーズ賞）2012
『コールドケース　迷宮事件簿』（製作総指揮／プロデューサー／脚本）2005-2008

NL：『THE KILLING～闇に眠る美少女』は一つの殺人事件を二シーズンにわたって描いています。プロットを立てる際、結末を決めてから遡って考えたのですか？

VS：それはしなかったんですよ。シーズン2の終わりで犯人を明かすことだけが決まっていました。あとはそれぞれの人物のドラマを二六話分、充実させました。初めから人物重視の企画でしたから、この人は誰で、どんな過去や秘密があるか。それぞれの世界をどうつなげ、秘密をどう明らかにするか。パートナーシップや友情、家族関係や選挙運動の部分も考えました。政治的な陰謀とロージー事件が大きなプロットですが、それを考える前に登場人物一人ひとりの立場になって考えたんです。『コールドケース』は手順が逆だったんですよ。オープニングの死体発見場所や事件発覚の経緯と、エンディングで見せる被害者の最期の様子を先に考えて、中盤の出来事を考えて埋めていく。ストーリーの最初と最後がわかった状態で骨子に肉付けするのが私の仕事でしたから。すると、どうしても結末はちょっと変わります。場所や時間、出来事も変更したりするけれど、大部分は犯人を見せない形で書いていきます（その回の終わりで登場させます）。でも『THE KILLING～闇に眠る美少女』はそういう種類のドラマとは違ってスパンが長い。ゆっくり事実を明かしながら、人間ドラマを息長く描く必要がありました。

NL：その点ではたくさん描くことがあったでしょうね。人物が何を求め、何を犠牲にするか。それにしても、車を池に沈めた人物や、偶然ロージーを痛めつけてしまったという流れは後で考えたわけですか？

VS：デンマークの原作ドラマ『Forbrydelsen』ではウルレク・ストランゲが犯人ですが、クリエイターのソーレン・スヴァイストゥルップは全体を人物の個人的なドラマや家族のあり方に集約させています。私もそれはすごくいいと思った。一五年間刑事物の取材をしてきましたが、殺人事件の動機で大多数を占めるのは愛とお金なんですよ。悲しいことに、人は自分が愛している人を殺すんです。その気持ちを描きたいというのはわりと早くに決まりました。ただプロット上の点をつなぐだけじゃなく、人物重視で時間をかけて心情描写をしよう、と。まずプロットの大枠を作ろうとはしましたが、いずれ犯人の心情に迫る時が来るでしょう？「じゃあプロットの話はやめて、人物の目線で考え得る展開を全部挙げよう」となりました。そんな感じで二週間話し合ううちに世界がどんどん広がりました。一七歳の少女が自分とは場違いな政治の世界に足を踏み入れてしまう話も面白い。殺された当日、彼女は何をしていたのか？

シアトルという大都市の動きも見えるように、

様々な角度から考えました。

NL：デンマークの原作ドラマは一話につき一日分の捜査を描いているのですか？　同じように二六日間という設定で？

VS：原作の方が短くて、ワンシーズン一一話。でも、一話につき一日ですね。アメリカ版もそれに倣いました。

NL：このドラマは深い悲しみに触れています。アメリカでは悲しみを隠してごまかす話ばかりが多い。遠慮して触れないようにするか、さっさと忘れるか。ニュースの移り変わりも速くてどんどん流されていくけど、悲しみの感情って実際、乗り越えるのは相当に大変なことです。それを多くの面から描くドラマだから価値がある。一人の死が全てに強いインパクトを与えることも、この番組が成功した理由だと思います。人物を掘り下げて描く方法はありますか？ニュアンスや行間の意味を考えて、意外な面を表出させる——これに苦労する学生が多いです。人物の経歴は作りますか？　また、複雑なサラ・リンデンの人物設定についても教えて下さい。

VS：私はリサーチを重視します。実話には想像で生み出せないものがいっぱい詰まっているので、その中から「これだ」と思うものを見つけるだけ。パイロット版とシーズン1の準備期間中、スタッフみんなに子どもを亡くした遺族と一緒に過ごしてもらいました。ある組織のロサンゼルス支部のご厚意を頂いて、私も取材させて頂きました。私は刑事物の脚本を書く仕事上、警察の方々をよく知っています。だから、リンデン刑事の描写は四人の女性がモデル。二人は殺人課の刑事さんで、一人は東海岸の殺人と性犯罪担当、もう一人はロサンゼルスの麻薬取締の覆面捜査員。彼女にはパイロット版を書く前にある人を紹介してもらって、ホールダーの設定に使わせてもらいました。私も実際に私服警官と一緒に出かけましたよ。インターネットで調べるだけじゃだめ。会って一緒に過ごしたり、お茶を飲んだりすることが大事。面白いことをするなあと思って見ていたり、彼らがどういう人で、なぜそういう行動をするのかを見て考える。選挙運動の部分を書くために、シアトルに行って市議会の人たちにも会いました。初めに現実の世界を見ないと気が済まないんです。もちろん自分のことや、自分がいいなと感じるものも必要だけど。さっきも話した通り、私たちはまず「彼らは何者?」という問いから始めました。プロットを急いで作ろうとしない方がいい。時々私も焦ってしまうので、学生さんたちの気持ちもわかります。人物が行動するところが早く書きたいし。でも人物像を知れば、後の行動は人物が教えてくれるようになりますよ。びっくりします。

シーズン1でホールダーが女子高生たちとマリファナを吸う場面は意外でしょう? ホールダーの人物像については何週間も話し合いました。脚本チームにもモデルになった私服警官や二人の覆面刑事さんと会ってもらいました。ホールダーのおいたちや家族のことなど色々と話をする中で、「やばい、もしホールダーも大麻を吸うとしたら?」と突然思いつきました。リサーチとは全く関係ないものが飛び出した。

人物のリアルな世界に入り込んでみると、彼らが語り始めて色々な道筋が見えてくるんです。びっくりするし、面白くて最高です。

NL：リンデンもホールダーも欠点が多く、心に深い傷があります。シーズン2で彼女が七二時間拘束された時、仕事にのめり込む理由も見えてきますね。新任のホールダーは自分の存在をアピールしようとする。子育てに関して言えばリンデンは悪い母親に見えるけど、仕事に挑む姿は気高い感じもします。欠点があっても好かれる主人公を作ることにこだわりを持っていらっしゃいましたか?

VS:それは難しいけれど大切ですね。人がどう思うかはコントロールできませんから、書き手自身の尺度で人間らしく描くしかないです。サラを悪い母親として書くのでなく、私が知っている多くの母親たちのように描くこと。生活に追われて子どもに申し訳ないと感じている母親なら皆さん思い当たるでしょう。笑顔で何でも完璧にこなすお母さんなんてTVの中にしかいないと思う。もっと出来たらいいのにってみんな思っているはずです。特に母親って神聖な感じだから。どんな人物も人間らしくしたかった。誰でも欠点や秘密があるし、いやな思い出だってありますよね。私はそんな人に興味があるし、好かれるかどうかは気にしません。

NL:確かにネットワークの番組は物事を美化して描く傾向にありますね。リンデンが努力する姿はいいなあ。僕も親だから、彼女の息子が風邪を引いた時に行ってやれない場面はつらかった。正直、批判的に見てしまったけれど、捜査に対する責任がそれだけ重い。ロージーの母親ミッチにも弱いところがありますね。息子と夫が彼女を最も必要としている時に放置しちゃう。ミッチとリンデンのどちらに共感できるかずっと比べていくと面白いです。リッチモンド議員も印象が変わりますね。シーズン1の彼はなんだか怪しくて嫌いでした。もちろん彼が犯人だと思ったし、グウェンやジェイミーも怪しかった。でもリッチモンドが撃たれると見方が全然変わりますね。政治家として有利になるけど、償う方法を純粋に求めているようにも見えます。

VS：ええ、そう感じて頂けたらと思っていました。嬉しいわ。

NL：別の視点を使おうと考えたりしましたか？　全てを見渡す視点がある一方、リンデンの目を通して彼女の思いを表現するような主観的な部分もあります。何を見せ、何を見せないかの取捨選択はどうされましたか？

VS：大部分は三つの世界を使っています。独自の視点を持つ三つを合わせ、全知の視点に近づける。取捨選択については人物がいる世界の中で収めました。その世界の中ではその人物が唯一の参照点。でも、人物が重要性を増すにつれて別の世界へ移動して、そこから眺めることもあります。例えばシーズン2でカジノのマネージャーと警備員がセキュリティー室でリンデンに気づいて……

NL：ああ。ドアに手をはさんでしまうところですか？

VS：ええ、それが防犯カメラにも写っている。その世界の中で見せる分量のバランスが難しいんですよ。その場にいる人物と、外部から入ってきた人物とがいる場合、比重をちゃんと配分しないといけない。あと、全知の視点について触れて頂いたのでお話ししますが、パイロット版とフィナーレを監督したパティ・ジェンキンズはカメラはただ置いて録画する機械でなく「視点になる」というコンセプトを持っていて、そこがいいなと思いました。カメラの動き全てにそれが表れていて、様々な感情をカメラワークで表現してくれた。空撮ショットについても何時間も話し合いをしました。

NL：それは見ていて感じましたよ。高層ビルの屋上からのショットから不安な感じが漂ったり。ただの風景の映像じゃなくて、何かを言おうとしている感じ。

VS：パイロット版の撮影が終わった後に飛行

機からのショットを撮りました。なんとも言葉では伝えにくい思いがありましたね。空から街を見下ろすと何かを感じるんですよ。パティと私はロージーの目線の近くに行きたかった。死んだ女の子の視点のような。シーン同様、かすかな感情なんですけどね。悲しみというか、物事がいかに歪んでいるかを感じさせるかもしれません。

NL：『ラブリーボーン』（二〇〇九）のように天国から見下ろす視点だったんですね。他の監督たちとも同じように打ち合わせをしましたか？

「この回ではこの人物を犯人っぽく見せて」とか。「二人の容疑者」の回では冒頭でグウェンが犯人に見えたけど途中で印象が変わります。リアリティー番組で時々作り手側が結果のヒントを出しているように感じる時があります。見せる配分の大小で、なんとなく。撮影の面で、そうした点を意識されることはありますか？

VS：もちろんです。常に脚本が起点です。特に「二人の容疑者」では二人の間で揺れさせたかったので「こっちだ」「違う、こっちじゃない」という感覚をどう作るか検討しました。トーンはとても大切。というのもショーランナーは監督と過ごす時間が多いから。脚本を読み込んで、一ページずつイメージを膨らませて、感情とテーマの両面を考えて映像化していく。シーンの終わりのちょっとした転換も。どういう印象を与えて次につなげるか。

NL：『コールドケース』と『THE KILLING〜闇に眠る美少女』の構成の立て方は違いますか？　どちらも対極にありますよね。『コールドケース』は一話の中で事件が解決します。『THE KILLING〜闇に眠る美少女』もストーリーをA、B、Cに分けて構成したのか、全く違う手順を踏んだのか。

VS：紙の上での進め方はほぼ同じです。『コールドケース』クリエイターのメレディス・スティームから教わったのですが非常にいいですよ。脚本を書く前にたくさんの紙を書きます。でも、本格的にストーリーを書く時のパワーは温存しておく。細かく書いて分析し過ぎないように。『コールドケース』と『THE KILLING～闇に眠る美少女』の違いは多分、人物設定の濃さ以外だと題材の多さですね。『コールドケース』のAストーリーは規模が大きくて、毎週それが一番大変でした。シーズン内のBストーリーとCストーリーで刑事たちがどうなるかはだいたい決めてありましたが、全体の九割は殺人事件の捜査の話ですから、その流れを考えるのに大部分の時間を費やしました。『THE KILLING～闇に眠る美少女』は三つの世界がシーズンごとにどう動くかを人物やエピソード単位で見ながら考えました。会議室に大きなボードを置いて書き込んでいましたよ。捜査の進展とリンデンの過去、ホールダーの秘密との関連も。細かい組み合わせを突っ込んで考える作業でした。

NL：シーズン2の最終回に出てくるロージーのビデオ映像はラーソン家にとって甘くせつない別れになります。事件に関するものかと思ったら、意外な形で全てをまとめる役目をする。このアイデアはどこから？

VS：シーズン初めに全体の流れを話し合った後で話題に上りました。シーズン1でもロージーが撮った映画が出てきますからね。この劇中映画はプロが撮った感じではなく、少女らしい感性がほしかった。そこでシアトル出身のオリヴィアBという一五歳の女の子が作った映像を見ました。繊細で美しくて全員が感動しましたよ。ロージーはこんな子だったんだと思わせる。ロージーはある意味ずっと不在のままで、私たちは何も知ることができないわけです。空っぽの寝室で写真を見るしかない。生きているロージーが見える場面は走って逃げる姿が一瞬と、あとは自作の映画の中でちらりと出るだけです。

NL：ミッチがキャンプに出かける用意をする時の最後のあたりも。

VS：あの部分はかなり議論しました。ロージーの回想や姿を見せるべきかどうか。ただの死体というだけじゃなくて、なんとか存在を表現したいけれど、思い出以外に何もない。それは悲しい。怖いけれど少し見たい気もする。先ほど話した東海岸の殺人課の刑事さんは被害者の家で遺品を見て好きになったんじゃないかしら。恋愛感情とは違うでしょうが、死者との面白いつながりですよね。プロットの面白さや犯人探しだけでなく、一つの命の重みを見せたい。一人の少女が生きて、夢を持っていた。彼女の死によってその世界が失なわれた。それを伝えるために最後にロージーが生きている時の姿を出しました。二五時間経ってようやく、失なわれたものを目にすることができる。

NL：とても静かで美しい終わり方でしたね。

法則18

神話的な設定「ミソロジー」を作る

Establish the Mythology

全てのＴＶドラマにはミソロジー（神話的な設定）がある。これには主要人物のバックストーリーも含まれる。ＴＶドラマの脚本に出てくる人物はみなフィクションであり、解釈に自由がある。人物たちは過去に対して独自の見方や意見を持っているということだ。どんなに正直な人でも記憶はそれなりにいい加減だし、人は誰でも自分が見たい真実を見ようとする。人物たちの内面が動く様子を視聴者も自分なりの見方で受け取っていくのである。

セントラル・ミステリーとは過去に起きた出来事の謎だ。セントラル・クエスチョンはこの先どうなるかという問いだ。そして、ミソロジーとはゲームのルールである。

もう一つの現実を作る

ＳＦで描く世界は僕らが住む環境に似ている。では、どこが違うのか。基本的な質問を挙げておこう。

●時は現在か近未来、または遠い未来か？
●世界が破滅した後の暗い時代か？
●それはスペースコロニーか？
●人口は爆発的に増加しているか、小数の生存者だけが残っているか？
●環境は持続可能か？
●大気は有害か？
●地球は爆発寸前か、洪水や干ばつ、低温化に襲われているか？
●動物や変わった生物はいるか？
●人類が世界を支配しているか？
●食料や物資は豊富か、貧困や飢餓が蔓延しているか？
●未来の展望は明るいか、暗いか？
●世界を統治しているのは誰？
●どんな法律によって秩序が保たれているか？
●軍国主義か？　無政府状態か？　その中間か？
●法を司るのは誰？
●どんな武器、兵器があるか？

●警察や市民に特別な能力はあるか？
●階級制度はあるか、平等か？
●人工知能は存在しているか？
●異なる時空は存在するか？

人類対サイロン

『ギャラクティカ』は惑星「12コロニー」に住む人類を描いている。彼らは人類滅亡をもくろむサイロンと戦っているが、仕掛けられた戦争で大打撃を受け、艦隊の中で唯一ギャラクティカ号が生き残る。アダマ艦長の指揮の下、ギャラクティカは戦闘機バイパーのパイロットらや生存者たちを乗せ、伝説の13コロニーと言われる地球を探す。

『ギャラクティカ』を画期的なドラマにしたのはショーランナーのロナルド・D・ムーアの存在だ。彼は古いSFのミソロジーを否定して「自然主義的なSF、あるいはスペースオペラからオペラを無くしたもの」を目指した。「我々のゴールはSF番組の改革だ。ありきたりの脇役や専門用語、異様な姿のエイリアン、芝居がかった演技やむなしい感情表現を排除する」。彼は『スター・トレック』や『スター・ウォーズ』のようでなく、『ザ・ホワイトハウス』や『ザ・ソプラノズ』のような複雑な人物を繊細なニュアンスで描こうとした。ムーアはこうも言っている。「『ギャラクティカ』の人物をリアルな人として感じてほしい。彼らはスーパーヒーローでもエリートでもなく、困難な状況の中で生きようとする普通の人々だ」。

これは「少ないほど多くを語る」ポリシーと言えるだろう。ムーアと彼のスタッフはSF的な世界観ではなく、人々の姿が共感を得ると考えた。大迫力のバトルシーンを描くのも楽しいが、人物の感情が織りなすさりげない瞬間にも価値がある。

世紀末へようこそ

『ウォーキング・デッド』のパイロット版を見始めた途端、僕らはゾンビがはびこる世界に引き込まれる。なぜゾンビがいるかはわからない。ただ、ゾンビと化した死者が人を食おうと彷徨っていることだけがわかる。シーズン1では少数の生存者がアトランタの疾病対策センター（CDC）に向かうが手がかりは何もつかめない。だが、所長は別れ際、リックに恐ろしいことをささやいてから自殺する。**【ネタバレ】**：シーズン2の終盤でリックはその内容を仲間に告げる。生存者はみなウイルスに感染しており、ゾンビになるのも時間の問題。どんなに逃げても無意味とは、まったく絶望的な話である。また、ここまでの展開で僕らはゾンビのルールも熟知できている。

- 知能は極めて低く、生きた人間の肉だけを食べる。
- ゾンビ同士は会話せず、道具を使ったコミュニケーションもしない。
- 群れになって行動し、新しい獲物を見つけると殺到する。
- 壁や塀をよじ登ったり、フェンスを乗り越えたりするほどの知能はない。

●作戦を練ったり、火や武器、爆薬を使ったりすることができない。
●鍵の開け閉め、車の運転、機械の操作ができない。
●お互いを食うことはないが動物は食べる。
●子作りによる繁殖はできない。
●ゾンビを殺す方法はただ一つ、頭部を損傷させること。脳を破壊する。
●ゾンビに噛まれた人間に解毒薬はなく、時間が経てばゾンビに変身する。

これらのルールはシーズン4でも維持されている。原作コミックと違い、TVドラマは独自の展開だからどうなるかはわからない。そのうちゾンビが進化することも想像できる。
●ゾンビが学習し始めて賢くなったらどうなるか？
●ゾンビが偶然に銃を発砲したり、トラックを発進させたらどうなるか？
●ゾンビ語のようなもので意思疎通をし始めたらどうなるか？（例：小説の映画化『ウォーム・ボディーズ』（二〇一三））
●腐乱死体や膿んだ傷口からバクテリアが発生し、感染や突然変異を起こし始めたらどうなるか？

想像すればきりがないが、番組はルールを終始一貫させるかもしれない。グレン・マザラ氏にゾンビ発生の原因を明かす予定があるかと尋ねたら、彼の答えはノーだった。彼にとってはどうでもよいそうだ。このドラマはサバイバル劇であり、不安と恐怖の中でいかに新しい文明を築くかが中心で、ホラーというジャンル上、科学的な説明は最小限にしたいと言う。生存者たちは絶滅の危機に瀕している。数では圧倒的に不利であり、逃げ場はどこにもない。『レボリューション』も参考になる。

血は水よりも濃い

小説が原作のSFファンタジー『トゥルーブラッド』は新たな時代の吸血鬼を描く。日本で開発された合成血液「トゥルーブラッド」がコンビニなどで販売されており、それを飲めば吸血鬼たちは人を襲わず外に出て生活できる。やがて彼らは二つの派閥に分かれる。人間との交流を求める者たちと、それを拒む者たちだ。

舞台はルイジアナ州の小さな町で、ヒロインのスーキーは半分人間、半分妖精でテレパシー能力を持つことが後に明かされる。彼女はバーでウェイトレスとして働いており、店主のサムの正体はシェイプシフター〔色々な姿に変身する妖怪〕。だが、町の人々はそれを知らない。

スーキーはセクシーな吸血鬼（見かけは三十代だが実年齢は一七三歳）と出会って恋に落ちる。他の人物たちも濃い設定で、セックス好きの兄ジェイソン、保安官で千歳の吸血鬼エリック・ノーマン、ゲイのコックで麻薬の売人、しかも霊媒師であるラファイエットなどがいる。

設定の的が絞り込まれた『ウォーキング・デッド』に比べ、『トゥルーブラッド』では何が出てきてもおかしくない。吸血鬼の食事の話だけには収まらず、妖精や狼男、魔女、退廃的なカルト宗教にも触れる。セクシーなファンタジー物と現代の社会問題とを連動させたプロット展開がこのドラマのスイートスポットなのだろう。人種主義や同性愛嫌悪、薬物依存、信仰、メディアの暴力やアイデンティティーの模索などが描かれる。その中心にあるのは「家族」の意義だ。血のつながりは絆を結び、また、引き裂く。

超常現象を描くドラマはミソロジーでのルール設定が重要だ。基本的な質問を挙げておこう。

●誰が特殊な力を持つか？
●その力とはどういうものか？
●その力の限界は？
●どのように力を作動させるのか？
●その力は何かで中和されたり、逆転されたりするのか？
●その力を召喚する像や経典、お守りなどのグッズはあるか？

『ワンス・アポン・ア・タイム』ではストーリーブルックの時間は止まっている。住民は皆おとぎ話の登場人物だが、その記憶を失くしている。真実を知る少年ヘンリーはボストンへ向かい、エマに「一緒にストーリーブルックに来て」と頼む。エマが町にやって来ると時間が進み出し、彼女が重要な鍵を握っていることがわかる。

特殊なルールの説明は部外者を登場させると手早くできる

『ワンス・アポン・ア・タイム』のパイロット版はおとぎの国と現代の町とを交互に見せていく。悪い女王の呪いのせいで町にハッピーエンドが来なくなっている（悪い女王にとってはめでたしめでたし）。だが、エマの登場で呪いが解け始め、人々はおとぎ話の国とのつながりにに気づく。作り手は町のルールをわかりやすく示すと同時にエマを案内役に仕立てている。部外者である彼女が質問を投げかけ、視聴者が求める説明を引き出している。

ウェステロスとエッソス

HBOの『ゲーム・オブ・スローンズ』はジョージ・R・R・マーティン原作の小説をデイヴィッド・ベニオフとD・B・ワイスがドラマ化したファンタジー物だ。七つの王国（スターク、ラニスター、バラシオン、グレイジョイ、ターリー、アリン、タイレル）が大陸ウェステロスを狙い、緊迫した外交関係は「近代的」な戦争へと高まっていく。ウェステロスとエッソスの両大陸では夏が十年続いてきたが、怪物「ホワイト・ウォーカー」の目撃談で極寒の冬の訪れが危惧されている。

中世ヨーロッパ的な舞台での熾烈な権力抗争と殺戮は「ファンタジー界の『ザ・ソプラノズ』」だとベニオフは言っている。また、ハドリアヌスの長城やローマ帝国の滅亡、アトランティス大陸の伝説、アイスランドのバイキングやモンゴル人（ドスラク族として登場）、百年戦争やイタリアのルネッサンスを思わせる要素もある。強いコントラストを巧みに織り交ぜた世界観が見事で、火の玉、ゾンビのような怪物ホワイト・ウォーカー、空飛ぶドラゴンなど盛りだくさんだ。

何百人ものキャストはTVドラマ史上最大で相関図やまとめがほしくなるが、神話的な構造は万人に訴える力を持つ。その複雑さを愛するファンも全世界におり、細かな設定を完全に覚え込むのが誇りのようだ。

『ゲーム・オブ・スローンズ』のすごさは世界観のルールに整合性があり、全てを「炎と氷」の対極に関連づけていることだ。炎か氷、どちらが勝つか？ 最終決戦は氷のジョン・スノウと炎のデナーリス・ターガリエンになりそうだ。目的は鉄の王座を手に入れること（ジョン・スノウは別だが）。このドラマにどっぷりはまっている人はすでに対立勢力を炎か氷と結びつけているだろう。ティリオン・ラニスターはブラックウォーターの戦いで炎を使って勝利する。スタニス・バラシオンは光の王（炎）を信奉する。ロブ・スタークは北部（氷）の貴族だ。

『ゲーム・オブ・スローンズ』のドラゴン、ホワイト・ウォーカー、光の王のルールを挙げておこう。

ドラゴンのルール：

- 百五十年前に絶滅したと考えられてきた。
- 卵が孵化すると激しい熱（炎）に包まれる。

- 人間もドラゴンの性質を持つことがある。デナーリスは炎の熱さを感じないが、なぜドラゴンの子孫であるかは不明。
- ドラゴンは忠誠心に厚い。
- ドラゴンは訓練が可能である。声による命令に従うことができる（デナーリスはドラゴンに火を吹くよう命じることができる）。

ホワイト・ウォーカーのルール：

- 八千年の間、彼らを見た者はいない。
- 「壁」があるため彼らは入って来られない。
- ホワイト・ウォーカーに殺された者は亡者となって蘇り、彼らに操られる。
- ホワイト・ウォーカーは白っぽい肌と青い瞳、亡者は青白い肌と青い瞳をしている。
- 炎と特殊な武器で殺すことができる（炎とドラゴンとの面白い関連性）。
- 伝説的な存在とされている（人々の反応を描くために必要な設定なのでルールとみなす）。

光の王のルール：

- 全能の神「光の王」を中心とする（どんな声なのだろうか？）。
- 炎の形で現れる（これも炎との関連性）。
- 祭司／女祭司は死者を蘇らせる能力を持つ。
- 祭司らは神の指示を受けて影を操る（影は光によって作られる）。

ドラマティック・ライセンス

表現上の目的で、許容できる範囲で史実や事実を曲げることを「ドラマティック・ライセンス」と呼ぶ。『チューダーズ』や『ボルジア家　愛と欲望の教皇一族』『ヴァイキング〜海の覇者たち〜』『ハットフィールド&マッコイ』『スパルタカス』など史実にヒントを得たドラマでは、歴史の忠実な再現よりもスリルやサスペンスを優先させている。ヘンリー八世は醜く太った横暴な為政者だったが『チューダーズ』ではたくましくハンサムなジョナサン・リース＝マイヤーズが演じている。事実を忘れてドラマの世界に浸る方がよい時もあるだろう。

リサーチをし、古臭くならないリアルさを追求しよう。時代の感覚が大きくずれていなければ大丈夫。あとはドラマの面白さがものをいう。史実との違いを指摘する声は必ず出る。世の中全てを満足させることは無理だと割り切ろう。

インタビュー

『ワンス・アポン・ア・タイム』
アダム・ホロウィッツ＆エドワード・キッツィス

主な経歴 『ワンス・アポン・ア・タイム』（クリエイター／製作総指揮／脚本）2011-2012
『トロン：レガシー』（映画）（脚本）2010
『LOST』（製作総指揮／スーパーバイジング・プロデューサー／プロデューサー／脚本）2005-2010
エミー賞ノミネート（ドラマ部門）2008-2010
全米脚本家組合賞受賞（ドラマシリーズ賞）2006
全米脚本家組合賞ノミネート（ドラマシリーズ賞）2006-2007, 2009-2010
『フェリシティの青春』（プロデューサー／脚本）2001-2002
『Popular』（脚本）1999-2001

NL：お二人は『LOST』の現場に入る前から『ワンス・アポン・ア・タイム』のアイデアをあたためていらっしゃったそうですね。きっかけや経緯を教えて下さい。

AH：十年以上前に『フェリシティの青春』の脚本を書いていて、番組が終了した時に「次はどんなドラマをしようか」と話していました。

EK：僕らの事務所が「パイロット版を書けば？」と言ったから。

AH：そう。それで何が好きか、何が書けるかと考えたらおとぎ話かな、と。当時、ブルーノ・ベッテルハイムの『昔話の魔力』（波多野完治、乾侑美子訳、評論社）を読んだところだったんです。おとぎ話が子どもに与える影響について書かれている。

EK：当時『ヤング・スーパーマン』はあったけど、おとぎ話的なものはありませんでした。『LOST』のいいところは毎週いろんなキャラクターの話が書けるところ。宝くじに当たった男とか、詐欺師とか。刑事や弁護士オンリーの世界ではないからよかったです。おとぎ話の本を読んだアダムは「悪い女王って割に合わなくて散々だよね」と言い出した。他と比べて自分だけが失敗続きでしょう。お菓子の家の中にオーヴンがあるのに魔女は二人の子どもすら殺せない。「彼女はどこへ勝ちに行くのか」というのが発端で、その世界を描きたいと思うようになりました。

AH：その時の案は今の形とほぼ同じです。町に来る女性（エマ）は白雪姫と王子の娘。呪いをかけられていて、息子がいて。でも色んな世界があって。

EK：一つの世界ではエマに二人の子どもがいます。もう一つの世界ではエマが自分に子どもがいるなんて知らない。変な状況です。

AH：妊娠に気づかなかったとか、こん睡状態で出産したといった案を考えましたがドラマにどう組み込むか悩みました。二〇〇二年か二〇〇三年当時はまだ大きな構想をする準備ができていなかった。色々な種類のストーリーを自由に書くために、全てを覆う大きな傘が必要でした。

EK：『LOST』の現場を踏んでようやく「ああ、こうすればいいんだ」とわかった。勉強になりました。ファイナルシーズンに入った時にデイモン・リンデロフ（『LOST』の製作総指揮／クリエイター）と食事に行って、次にどんな番組がやりたいかと聞かれたのでアイデアを話したんですよ。そしたら「いいね」って。『LOST』が終わってから正式に企画を伝えました。

NL：ABCに行ってピッチしましたか？

EK：ええ、ABCスタジオのバリー・ジョッセン、パトリック・モーランと。先方は小説などの原作を候補に持っていたけれど「何かある？」と尋ねられたので、僕たちの企画を話しました。そしたら「それにしよう」と。次はネットワークのポール・リーにピッチするためにデイモンに相談に行きました。

AH：パイロット版の概要をピッチしたらポール・リーから「じゃあ脚本を書いて」。反応は上々でした。長年考えてきたアイデアを五十ページの脚本に収めるのはすごく大変でしたけど。

EK：どう脚本化していいかわからず、アウトラインを四種類提出しました。折りしも映画『トロン：レガシー』（二〇一〇）が公開間近で、それは僕らにとって初めての大作映画脚本でしたからストレスもあって大変でした。で、クリスマスが終わっていざTVドラマの企画に戻ったらABCが「脚本受付の締め切りまであと二週間なのは、わかっているよね？」。僕らは「やばい、嘘だろ？　アイデアはあるのにどう書いていいかわからない」。デイモンと話し合った結果、ABCに今回は無理だと言おうと決めました。でも突然、彼が「でもさ、君たちがやらなかったら他に番組がないんだけどね」って。そしたら誰かが「だったら君たちがやりなよ」。その時、突然、ひらめいたんですよ。

AH：そうだ、オープニングを変えればいいんだ、って。最初はエマが誕生して、小人が呪いに気づくところで始めようとしていましたが、そこから先がわからなかった。そうじゃなくて同時進行させていけばいいんだ、と。人物のバックストーリーを全部パイロット版で説明しようとするから無理があったんです。

EK：期日よりかなり遅れていたので、とにかく行ってあらすじをピッチしました。

AH：一時間かけて。

EK：シーン1、シーン2、シーン3……全部終わったら「わかりました。じゃあ脚本を書いて下さいね」って。締め切りは十日後。もう全体が動き始めてた。
AH：二〇一一年の一月下旬だったよね。
EK：脚本を金曜に提出して月曜に先方が承認。コメントや要望はありましたけど、それだけ僕らが遅れてたってことです。六週間遅れてのスタートという感じ。
NL：それほどのプレッシャーと恐怖があると、ちゃんと考える余裕がない。
AH：でも構想に何年もかけましたからね。どう落とし込めばいいかが見えたら、後はわりと速く書けました。
NL：世界観のルールはどこから考えましたか？　番組を見て「いったい、どうまとめるんだろう」と思ったけれど、ちゃんと収束してきてすごいなと思ったし、世界の切り替えもスムーズでした。
EK：ルールをわかりやすく作るのが難しかったです。視聴者がいちいちメモを取らなきゃわからないような説明はだめ。すっとわかるものを作れば勝ち。
AH：ミソロジーはあってもいいけど、それが人物より目立つようじゃいけないなと思っていました。グランピーはなぜグランピーで、悪い女王はなぜ悪なのか、という方がずっと面白い。シーズン全体の計画の前に「なぜ悪い女王は白雪姫を憎むのか」と、女王の言い分をまず把握しました。人物たちの動機がわかると全体像も見えてくる。女王が呪いをかけるのは、白雪姫のせいで愛する人を失なったと思っているから。それを元に最初のミソロジーを作ってシーズン1で出しました。それが僕らの作り方。人物の気持ちを考え、他の人物との関連を考え、それに合わせて魔法や呪いの内容や見せ方を考える。復讐したい気持ちに共感してもらえたら、いろんな要素もすんなり頭に入ってくると思います。
EK：『LOST』でデイモンとカールトン・キ

ユーズ（『LOST』の製作総指揮／クリエイター）がくれたコメントを今の脚本執筆に生かしているんです。それは「このシーンでどういう感情を持てばいいの？」。感情は自然に生まれるものじゃないのかって思うんですけどね。『LOST』では人々が水を求めるシーンが二つ出てきたりしますが、感情が裏にあるから強さがあるんですよ。じゃあ結婚式を眺める女王の感情は何かと考えたら、痛みや悲しさですよね。ほしいものが手に入らないから。

NL：魔法の国とストーリーブルックとでルールが二種類必要ですね。ちょうど中間あたりがベンチマークになりそうです。ベルが幽閉されているとわかるところで両方の世界に共通のセントラル・クエスチョンが見えるような気がします。シーズン最後でエマはヘンリーを信じるようになって、もう一つの世界にワープする。彼女が大きく動くのはここが最初です。構成として、こうしたベンチマークの配置を考えましたか？

EK：ええ、シーズン1の構成を始めた時に、エマが信じるかどうかが一つの区切りになると思っていました。

AH：一一話までには何とかしたかったです。第七話でグラハム保安官が死んで、また真相がわからなくなる。エマに呪いの話を信じさせなきゃと思ってピノキオを登場させました。徐々にリアルに描いていく方が説得力が出るだろうし、彼女の息子に一生懸命説得させないとね。でも元々、第二話で打ち切りになるかもって思っていたぐらいですから。

EK：いや、批評家はみんな第一話で打ち切りだろうって予測でしたよ。ワールドシリーズやスーパーボウルとも重なったし、第五話あたりで「このドラマはもう死にかけ」って書かれたりしたから「アダム、もういいや。六話分だけすごいのを作ろう」とあきらめました。

AH：視聴者のことは予測できません。僕らにできるのは番組全体の方向性とシーズン単位で描くこととのバランスを取ることだけ。シーズン1で描きたいことの下地を作って支柱を立てました。第一九話で見知らぬ男を登場させた時、あと三話なのか、もっと大きく広げたいなと思いました。シーズン後半の時点で呪いを解くめどはついていました。

NL：そしてエマとレジーナが一緒に戦う。

AH：ヒロインも敵対者も、求めるものはヘンリー。そのアイデアが見つかって本当によかったです。二人の動機はどちらも立派だけど、信頼を得ようとする方法の違いが対立を引き起こした。そんな二人が力を合わせると面白くなりますよね。

NL：そのヘンリーが元のコンセプトに入っていなかったのは面白いですね。絵本を持って表れることで状況説明がうまく進んでいるけれど。

EK：十歳の子どもがママを探す物語を書くべきだと気づいたんです。ヘンリーは番組の心であり魂。信じる心を持っている。このドラマはそういう心を持つ人向けだから、希望が持てる物語にしたかった。今の世の中、斜に構えるのがかっこいいとされるから、こういう番組は難しいです。僕が『チャーリーとチョコレート工場』を見て感じたようなことを毎週感じてもらえたらと個人的に思っています。それを表すのがヘンリーなんです。

NL：ストーリーブルックの設定は二〇一二年の町と一九五〇年代の町が混ざった不思議な雰囲気です。ダイヤル式の黒電話も携帯電話も出てくる。この部分はどう決めましたか？

EK：時間の感覚がないストーリーだからストーリーブルックもタイムレス。最初、おとぎ話はスピルバーグ的で、この町は僕らに近い、（伝説的映画監督の）ハル・アシュビー的だと話していました。でも、ストーリーブルックは僕らの子ども時代なんだな、と。記憶の片隅にあるものは時間を超越した感じがするから、時間がない町というメタファーはいいなと思いました。ダイヤル式の電話がある一方でメールがチェックできるという見え方も好きだし。「色褪せた栄光」って呼んでいたんですけどね。美術のマーク・ワーシントンと一緒にレーガン元大統領のドキュメンタリーを見たんですよ。レーガンが育った町には野外ステージがあってディズニーの町みたい。今はゴーストタウンになっていますけどね。一九二〇年代はきれいだったけど、今はぼろぼろ。それがストーリーブルックのイメージで、エマが車でやってくると色彩が生まれる。黄色のフォルクスワーゲン・ビートルにしたのもその理由からです。

AH：呪われた町とはいえ、見たいなと思えるように描くことが重要ですから。

EK：そうそう。呪われているけど、こんな町はいやだと思うほど呪われてはいない。

AH：甘く思い出すけれども帰れない場所が、エマの訪れをきっかけに甦る。

NL：ストーリーのテーマを考えて作るべきかどうか、僕は前の著書で意見が二極分化しちゃったんですが、お二人のお考えはどうですか？

AH：僕らはテーマ人間ですよ。テーマばかりになってもだめだけど、全てをまとめるものとして非常にいいと思っています。人や作品によるでしょうけど。視聴者をストーリーに引き込むために、僕らは手段として使っています。

EK：わざわざ「テーマをどうする？」とは言いませんけどね。人物について話します。「今週レジーナは〇〇したい」という部分を考えた後で「テーマは何だろう。彼女はどんな教訓を得るんだろう」と。
AH：方法は色々です。テーマが自然に出る時もあるし。
EK：自分が好きになれないルンペルが出てくる「美女と野獣」なんかはわかりやすいですね。
AH：ストーリーを思いついた後でテーマを考えたら、テーマに合わせてストーリーがまた変わることもあります。そうやって各シーンをしっかり、全体でまとめていけたらと思っています。
NL：ヘンゼルとグレーテルの回ではバックパックにキャンディーを入れた子どもたちが、おとぎ話の世界でキャンディーでできた家に入れと言われます。二つの世界での出来事は平行する時と、そうでない時がありますね。
EK：平行しないところが気に入っているエピソードもありますが、あの子どもたちは家がなくて、お父さんを求めているのであういう形になりました。

AH：二つがぴったり合い過ぎると逆に変ですよね。感情やテーマが合っていれば、表面的な部分は違っていてもかまわない。
EK：ドリーミーの回ではブルーフェアリーと一緒に逃げようとする彼を他のみんなが止めます。現代の世界での彼はお祭りでキャンドルを売っている。「えっ？」って感じですよね。でも夢なんだからこれでいいんだと僕らは言いました。ペイリー・フェスティバルで上映した時は嬉しかったですよ。町のランプを全部叩き割るグランピーが「何してるの」と尋ねられて「ロウソクを売ってるんだ」と答えてCM。その時、観客席からスパイダーマンが人類を救った時みたいな大歓声が起きて、僕はアダムに「こんなにウケるなんて嘘だろ？」と言いました。本当に彼がキャンドルを売る話だったから。
AH：あれは感情を考えて作ったところ。彼は彼女が好きだけど一緒になれそうにないから方法を探してる。彼とメアリー・マーガレットが町に対して名誉挽回しようとする意味もあります。

NL：構成を立てる時、どこで一致させるか考えたりしますか？

EK：エピソードの流れに従うことが多いかも。女王が白雪姫を憎む理由をどこで見せるか、自然の流れで考えます。第一五話で見せようと思っていても、ストーリーの流れで後回しになることもあります。話が進むうちに、何を語るべきかが段々わかってくるんですよ。ストーリーの要求に合わせて柔軟に進めます。

NL：展開を急がない方がいいですね。子どもの頃、物語が終わらないでほしいなってよく思いましたから。

EK：それは僕も『LOST』をしている時に学びました。インターネット社会では速さが求められるものなのに、面白いですよね。僕らはシーズンの計画の中でそれぞれのストーリーを語り、見る人はそれを楽しんでくれる。謎の正体が知りたくて番組を見ているんじゃない。そんな見方をしたら答え以外どうでもよくなる。人物よりミソロジーが目立ったら本末転倒です。シーズン1の終わりで呪いを解いたのも「いつ呪いが解けるの？」という問いをめぐって毎回を描くのがいやだったからです。グランピーやルビーの物語を楽しんでほしかった。

『LOST』でわかったのは「人物の謎が一番面白い」ということ。描き方はどうであれ、人が行動する理由が一番強く人の心に訴える。ミソロジー的な疑問はかっこいいし楽しいけれど、人物の謎と無関係なら魅力は半減します。

EK：僕が好きなシーンはエマが息子を信じるところ。呪いが解けたことは二次的なもので、彼女が息子の命を救ったことの方が大きい。人物とミソロジーが完全に溶け合ったところだと思っています。

NL：視聴者が設定を思い出せるように配慮しますか？

EK：もちろん手がかりは出しますが、人物のストーリーが描けていれば、みんなジェットコースターに乗るようについてきてくれると思っています。ディテールが気になる人に対しては「ほら、大きな絵で見た時にこうつながるよ」と情報を出します。

NL：視聴者はすごく賢い。

EK：『LOST』は複雑な作品でしたが、皆さんのブログを見ると全部わかって下さっているんですよね。全部。敢えてわかりやすくしないことがウケた。アダムが言ったように、魅力的なものを出す限り楽しんでもらえる。

AH：これはどういう意味だろうとすごく考えてくれている。視聴者が求めているのは「もっと深く考えてみたい」と感じさせるものなんでしょうね。人は本能的に疑問を感じたいところがあってストーリーを見るんじゃないかな。

EK：『LOST』での一番の学びはデイモンとカールトンの「これは人間を描くドラマだ。ミソロジーが登場人物を上回っちゃいけない」という言葉。しかと心に留めてあります。僕にとって『LOST』の名場面はと言われたら、人物が何かをするところです。

AH：サンがメディカルハッチでエコー検査を受けて妊娠を知りますよね。全体ではもっと大きなミソロジーが展開しかけていますが、根底にあるのは子どもをあきらめていたサンが、ジンの子を授かったと気づく人間ドラマ。ダーマの話も人物の謎と常に関連を持たせています。テーマを考え、人物ベースで物語を作る僕らの方法論はそういう感じです。

法則19

続きが見たくなる「クリフハンガー」を考える

Push Them Off a Cliff

人物が危機や驚きに遭遇したところで物語を中断することをクリフハンガーと呼ぶ。この手法は視聴者に「次はどうなるの?」と疑問を抱かせる。平たく言えば「うっそー!」だ。スポンサーが視聴率に基づいて広告料を計算する時期(二月、五月、七月、一一月)は強いクリフハンガーが求められる。視聴率が上がればネットワークの広告料も上がるのだ。

基本的な質問から始めよう。**すごいクリフハンガーの構成要素は何だろう?**

人物の危機

乙女が鉄道線路に縛りつけられ、ヒーローの助けを待っている。列車が迫って危機一髪の瞬間「次回につづく」――典型的な設定だ。

一九七九~一九八〇年の『ダラス』シーズン最終回は油田王の長男J・R・ユーイングが何

者かに二度撃たれて終わるクリフハンガーで文化的とも言える衝撃を生んだ。彼の安否と銃撃者の正体は翌シーズンまでお預けだ。

『新スター・トレック』シーズン3の最終回「浮遊機械都市ボーグ」も古きよき例だ。ピカード艦長がボーグに捕らえられて同化する。

時限爆弾

時限爆弾ほど単純で効果的なクリフハンガーはないだろう。

『ホームランド』シーズン1最終話ではスナイパーが副大統領に発砲するが暗殺は失敗、場内は騒然となる。要人たちとブロディは地下壕に避難する。だが真の黒幕はブロディ。自爆テロの装置をシャツの下に着込み、政府高官らの中に紛れ込む。地下壕で副大統領を巻き添えにし、アメリカ政府を麻痺させる企みだ。

意を決してブロディは爆破スイッチを押すが作動しない。彼は急いでトイレに入り修理を試みる。一方、キャリーは計画に気づくが誰にも信じてもらえない。ブロディの家に急行し、娘デイナに訴える。キャリーの剣幕に押されたデイナが携帯電話で父に「今すぐ家に帰って」と懇願するところがクリフハンガーだ。聖戦か家庭かの二者択一を迫られたブロディは「家に帰るよ」と約束する。汗と涙にまみれて通話を終えたその瞬間、「警戒態勢解除」のサインが出る。彼がデイナとの約束を果たす一方、ブロディ家で不審者として通報されたキャリーは警察署連行騒ぎの後で彼に謝罪。だが、冷たい態度で「今後俺たちに近づくな」と退けられる。彼女は失意のうちに病状の悪化を認め、電気ショック療法を受けることに同意する。

シーズン1最終話で最も大きなクリフハンガーは【ネタバレ】：キャリーがブロディのテロ計画を見抜いていたにも関わらず、勘違いだったと思い込む場面だ。ブロディとアブ・ナジールの息子との接点をつかんだ瞬間、彼女の記憶は抹消されそうになる。ブロディを阻止できるのはキャリーただ一人。だが、その可能性は風前の灯火だ。シーズン1は葛藤の極みで終わる。衝撃的なクリフハンガーだ。

さまよう恋心

恋と戦争は何としても勝ちたいもの。だから恋愛はドラマになりやすい。すれ違う恋人たちが本心に気づく瞬間などは優れたクリフハンガーになるだろう。

『フレンズ』シーズン4の最終回「ロスの結婚式」でレイチェルはロスへの想いに気づき、彼とエミリーの結婚式場が執り行なわれるロンドンへと急ぐ。式の最中、ロスは新婦の名をレイチェルと呼んでしまい、エミリーは深いショックを受ける。波乱を予感させるクリフハンガーだ。

驚き／新展開

まさかの展開で驚かせるには伏線をきちんと張ることが必要だ。

ネタばれ注意

- 『24－TWENTY FOUR－』シーズン1最終回：CTUのニーナが敵と内通していたことが発覚。彼女はジャック・バウアーの妻を殺す。
- 『ダウントン・アビー』シーズン3中盤：シビルが出産後に死亡するのは完全に予想外だ。
- 『マッドメン』シーズン1最終回：ペギーは激しい腹痛に襲われ病院へ。意外な原因は妊娠で、すぐに元気な男児を出産する。視聴者にとってもキャラクター本人にとっても驚きの展開だ。

登場人物の死

登場人物の死によって人間関係が激変し、感情的なクリフハンガーとなる時がある。

- 『NYPDブルー』：シモーン刑事が心臓移植後に死亡し、相棒シポウィッツは人生が変わるほどの影響を受ける。
- 『LOST』：チャーリーは仲間たちが救出されることを願って命を落とす。
- 『ER 緊急救命室』：主人公グリーン医師は脳腫瘍のためハワイで死去。次のシーズン全体に悲しみや余韻を及ぼす。
- 『ブレイキング・バッド』：ウォルターはマイクを射殺。その唐突さは衝撃的だ。血なまぐさい人生を送った男が座したまま絶命する姿は荘厳でさえある。

秘密の発覚

隠し事がある人物もドラマ向きだ。発覚しそうになる時の緊張感はたまらない。覆面捜査や秘密の情事、隠れた趣味や嗜好などがよく描かれる。

だが、人物の危機や恐怖が根底になければうまくいかない。伏線の必要性は言うまでもないが、少なくとも作品の世界観に合うサプライズを仕掛けたい。昼メロなどでクリフハンガーを頻繁に入れ過ぎて失敗する例もたまにある。

- 『デクスター』：シーズン6の終わりでデクスターの妹が彼の裏の顔を知り、二人の関係が変わっていく。
- 『ブレイキング・バッド』：【ネタバレ】：ウォルターの義弟ハンクが本の書き込みを見て「ハイゼンベルグ」の正体に気づく。だがハンクはトイレの中におり、秘密の発覚にウォルターは気づいていない。この後どうなるかが気にかかる。
- 『マッドメン』：ベティは夫の机の引き出しを開け、ドンの本名がディック・ホイットマンだと知る。幸福に見えた二人の結婚生活は崩壊。

宙ぶらりんの結末

大抵のＴＶドラマは最終回で全ての疑問に答え、視聴者に充足感を与える。最後を曖昧にして終える方法もあるが、難易度は高い。

●『ザ・ソプラノズ』最終回：娘メドウがレストランに到着してトニーが視線を上げた瞬間、暗転。その直前、店内でトニーをちらちら見ていた男が暗殺者なのかはわからず、暗転後のトニーの運命は知る由もない。一つ間違えば逆効果にもなり得るが、この『ザ・ソプラノズ』の終わり方は論争を巻き起こし、いまだに研究材料となっている。最初も最後も大きく話題になったということはショーランナーにとって勝利と言えるだろう。

●『THE KILLING～闇に眠る美少女』シーズン1最終回：ロージー殺害の犯人が不明のままで終わり、スローな展開に不満を抱くファンも出た。シーズン2の終わりで犯人が特定され、AMCはシリーズ終了を発表。だが一転、新たな殺人事件でシーズン3が再開されることとなり、ショーランナーのヴィーナ・スードはシーズン内で犯人を明かすと約束した。

人生の出来事

人間ドラマ寄りの作品では結婚や恋愛、離婚、婚約、別離や妊娠などの出来事をよく使う。思うようにいかない局面がクリフハンガーとして機能する。

●『ウォーキング・デッド』シーズン2：ローリが妊娠に気づくが、危険な世界での育児に不安を感じ、中絶すべきか悩む。

ミニ・クリフハンガー

CMの直前で幕を区切る際、ちょっとしたクリフハンガーを仕掛けて視聴者の関心を維持する。刑事が手がかりを発見するなど、プロット上重要な展開を配置する。

● 『ホームランド』：脚本に幕の区切りはないが、プロットの転換点が読み取れる。「信念と覚悟」の回では自爆テロ用の胴衣が出来上がる（ティーザー終了）。ソールがキャリーの発作に気づく（一幕終了）。彼女の推理は信頼性に欠けるが、ソールはキャリーの病状を内密にする（二幕終了）。休暇中のブロディは自爆テロ用の胴衣を受け取る（三幕終了）。キャリーの膨大なメモから重要な事実が浮かび上がる（四幕終了）。キャリーはブロディに「CIAがテロ計画を把握している。協力して」と電話する（五幕終了）。彼女は胸をときめかせてブロディを迎えるが彼に裏切られる。計画の時系列を示すメモも破棄される（最後のクリフハンガー／クライマックス）。テロ攻撃の阻止まであと一歩と迫ったキャリーだが、病気のせいで休職処分に。区切りごとに疑問が沸いてテンションが上がり、続きを見ずにはいられなくなる。

コメディーのクリフハンガー

二幕物のシットコムでは第一幕で騒動が起き、第二幕で立て直す。中盤が大きな山場で、最後はもちろんハッピーエンドだ。

三幕物のシットコムでは二ヶ所の区切りでミニ・クリフハンガーを配置する。『ビッグバン★セオリー』パイロット版のオープニングで主人公二人は新しい隣人ペニーと出会い、胸を高鳴らせる。第一幕でレナードも友人も彼女を好きになり、ライバル心が芽生える。第二幕でペニーに「元恋人からテレビを取り返して」と頼まれ、彼女に現在彼氏がいないとわかる。恋の行方を長い目で見守っていけそうだ。

人物の内面の動きから自然に派生したクリフハンガーは最も効果的である。

インタビュー

『リベンジ』
マイケル・ケリー

主な経歴 『リベンジ』（製作総指揮／脚本）2011-2012
『Swingtown』（製作総指揮／脚本）2008
『ジェリコ　閉ざされた町』（スーパーバイジング・プロデューサー／脚本）2006-2007
『The O.C.』（コンサルティング・プロデューサー／プロデューサー／脚本）2005-2006
『One Tree Hill／ワン・トゥリー・ヒル』（共同プロデューサー／脚本）2003-2004
『プロビデンス』（脚本）1999-2002

NL：クリフハンガーの話題とからめて『リベンジ』パイロット版のお話を伺いたいと思います。グレイソン家の前に現れたエミリーは昔の名前をアマンダといいますね。彼女の背景も、やっぱり最初から緻密に作り込んだのですか？

MK：ええ、そうしないと現在の行動の意図もわかりませんからね。最初から全部表に出すわけじゃないけど、過去の設定は復讐劇では特に大事です。アマンダ一家の過去、父親とヴィクトリアの接点、一連の事件との関わりも設定済み。構想時、企画の呼び名は「モンテ・クリスト女伯爵」から「女伯爵」、「エミリー・ソーンのリベンジ」に変わって最後に「リベンジ」になりました。デュマの『モンテ・クリスト伯』が元ネタだからアマンダの復讐も二十年がかり。人物から自然にクリフハンガーを作りたかったし、ミソロジー的な設定はしっかり作りました。

NL：シーズン1からアマンダ／エミリーに感

情移入しながらハラハラして見ていました。登場人物はみな悪事をしています。エミリーの罠にかけられた男は昔も今も悪人ですね。

MK：あの投資会社の男はその部分をはっきり描きました。エミリーはバットマンみたいに悪を成敗し、シーズン2ではさらに大きな悪に挑みます。罪と罰のバランスが大事ですけどね。あの男が破滅したのも自業自得だし、エミリーも人を崖から突き落としたり車に傷を付けたりはしない。

NL：因果応報ですね。

MK：クリフハンガーも大切ですから、シーズンのテーマに合ったストーリーの流れで配置します。

NL：ワンシーズン二二話を貫くテーマの下に各話のテーマがあるのですね。シーズン1では毎回、復讐を終えた印に顔写真をバツで消します。シーズン2はどうですか？

MK：シーズン2も最初に全体の構想を立てましたよ。出発点とゴールを決めて、途中はある程度自由。行き先とテーマの関連は常に意識します。シーズン1のテーマは孔子の言葉です。

NL：「復讐の旅に出る前に墓穴を二つ掘れ」ですね。

MK：そのテーマを最終回まで生かしました。ヴィクトリアを乗せた飛行機が墜落したというニュースが流れるけれど、それは彼女の自業自得かもしれない。でも彼女が死んだらエミリーが父の無実を証明する道も絶たれる。そういう意味での二つの死をテーマと結び付けました。シーズン2は「運命は我々を打ち砕く。願いを果たせなくても果たせても」というアンリ・F・アミエルの言葉を引用しています。

NL：常に諸刃の剣なんですね。

MK：ええ、それが復讐物の醍醐味かな。意外な形で自分に返ってくるかもしれない。

NL：父の日記や無限大のシンボルを彫った小箱はエミリーの復讐の手がかりになっています。またナレーションや回想などでもストーリーが語られますが、これらも最初からの案ですか？

MK：はい。連続ドラマは視聴者を引き込むのが難しく、大手ネットワークは番組をすぐ打ち切ることが多い。でもケーブルはそれがないので復讐物もゆっくり語れる。途中から番組を見始めて下さってもいいように、特に初期は配慮しながら連続させていきました。

エミリーが思い出や気持ちを語るナレーションを書くのはすごく難しいんですよ。映像との相性を見てから書き直すこともあるぐらい。犬のサミーが死ぬ回（シーズン1第二一話「悲嘆」）なんかは映像と音声を最終ミックスする時まで決まりませんでした。あと、無限大のシンボルなどはエミリーの深い喪失感の表現です。彼女の悲しみを時々見せておかないと、ただの殺人鬼に見えてしまいますから。過去に受けた心の傷や父への愛、亡き母を慕う心はシーズン2でも描きます。

NL：父親とヴィクトリアの関係も謎ですが、エミリーの復讐の行方が最も気になります。シーズン1最後のクリフハンガーは母親に関する新情報でしたね。

MK：ええ、でも大きな流れから浮かないように気をつけました。エミリーは強い目的意識を持っていますから、彼女主導でどんどん話を進めたい。停滞させずに走らせて、横からばんばん何かをぶつけたい。TVドラマを書く時、僕にとって一番難しいのはそこです。誰にとっても難しいんじゃないかな。幸い『リベンジ』ではヴィクトリアからコンラッドまで強敵揃い。彼らも強い野望を持っている。俳優も僕もキャラクターに負けじと頑張っています。

NL：ヴィクトリアがすることはみな復讐のタ

ネになりそうです。
MK：ヴィクトリアの裏設定はかなり濃いですよ。あの地位に上り詰めた経緯は徐々にお見せします。飛行機爆発の件はシーズン2の最初で明らかになり……あとはお楽しみ。
NL：飛行機に乗ったけど死ななかったんですよね？
MK：乗るところは画面に出ましたよね。シーズン2ではさらに大きな計画が表面化します。彼女もエミリーのように過去を捨てるつもりだったけど、娘がショックを受けて薬を大量に飲むのは予想外。シーズン2の初め、ヴィクトリアは八週間死んだことになっているんですけどね。
NL：展開を速くし過ぎてネタ切れにならないために、何か考えることはありますか？
MK：かなり初期の段階から速い展開で通そうと決めていました。僕はこれまでずっと連続ドラマをやってきて、個人的には昼メロも大好き。長寿番組の昼ドラ『One Life to Live』に関わっていた人も採用させてもらったし。でも、シーズン2は感情面をゆっくり描いています。プロットの展開を詰め過ぎるとおおげさになってしまいますから。

感情が最高潮に高まるところがこの番組の見どころだと思います。

シーズン1は勢いよく、最初の数話でサプライズをたくさん出したので、後は回収。大きな波が引いた後、また新たに作る感じです。最後をクリフハンガーで終えるのも計画通りです。崖からジャンプしたままつぶれてしまう番組も多く見てきましたが、『リベンジ』は主人公と敵対者がパワフルなのが幸いです。他の人物も善悪の二面性があってドラマ性を帯びている。ヴィクトリア母娘やノーラン・ロスなどのおかげで、エミリー以外の場面も描きやすいです。

NL：ノーラン・ロスはエミリーの素顔を知っていて社交界にも出入りする。彼女の協力者としてぴったりです。

MK：ノーランはエミリーの父を慕っていて、エミリーとはまるで兄妹のようです。彼に対するエミリーの感情表現は貴重ですね。彼がいないとエミリーは父の日記や写真を見る場面ばかりになってしまって、感情がわかりにくい。ノーランは彼女の気持ちを知るアウトサイダー的な人物で、バットマンに対するロビンのような存在です。

NL：『リベンジ』の構成は五幕ですか、六幕ですか？

MK：六幕です。第一幕は状況説明なので僕は「ティーザーと五幕」と呼んでいるけれど。一話あたりクリフハンガーが五つか六つほしいと言われているんですよ。ＣＭ前が五つと、その回の最後で一つ。こういうドラマには難しい注文です。

NL：町の人々、グレイソン家、エミリーで少なくともA、B、Cの三つのストーリーはできますね。

MK：毎回登場させる人物は九人います。

NL：全員パイロット版で登場しましたね。見る側が混乱しない紹介の仕方はさすがだなと思いました。エピソードのタイトルを元にまとめているのですか？

MK：そうです。回によってばらつきが出てしまっていますけど、最終回の「制裁」から翌シーズン第一話「運命」へのつなぎは個人的に満足しています。みんな運命で結ばれている。友人や配偶者は選べるけれど、親は選べない。なのに両親との絆は消えない。僕はテーマからそうしたことを考えるのが好きですが、みんなでテーマから物語を考えることはあまりしません。

構成を立てた後にテーマを思いついて内容を修正することはあります。それを見越して余裕を持つようにしています。

NL：クリフハンガーは必ずAストーリーで、といった決まりはありますか？

MK：基本的にはエミリーがAストーリーですが、たまに意外なところでサプライズを仕掛けて彼女に対する横槍のようなものを入れています。小さなクリフハンガーは大抵AかBですね。シーズン1最後のエミリーの母に関する新情報は唐突に出しています。これも横槍の部類に入ります。

NL：そうだ、各話のクリフハンガーはどうですか？その回に関する新情報で感情を揺さぶる仕組みか、パズルのピースをもう一つ出す感じか。

MK：僕は後戻りしたり、もったいぶったりしないタイプ。くどさを避けたいし、情報を出すタイミングは他のドラマよりずっと早いかもしれません。大抵は逆ですよね。答えをなかなか見せずにじらすのが一般的だから、こんなに早く出していいのか、と。しかもワンシーズン二二話もあるから大変で、気分的には二シーズンに値する感じ。海岸での殺人事件はシーズン1の最後に持ってきたかったんですけどね。ヴィクトリアがダニエルに「黙っていなさい」と言う。その方が理屈に合っているし、その流れでシーズン2に入れたらよかった。

でも難しいと同時に楽しくもあるし、俳優や脚本家、監督にも恵まれています。チームワークで頑張れるので、もう不安はありません。シーズン1をやり遂げて、シーズン2からは自信が持てました。心配したって苦しいだけ。先のことはわからないけど、とにかくやってみるしかない。不測の事態も起きるし、登場人物や脚本チームから意外な発想が出てきたり、作った話の辻褄が合わなくなったりして流れを練り直す時もあります。でも、僕にとってはそれが面白いし、よし、もう一度って気合いが入る。それが僕にとってのクリフハンガーですね。

法則20

人物の得意分野を設定する

Designate an Expertise

TVドラマの人物には様々な個性や能力がある。それによって対立が生まれ、複数の視点ができ、人物の違いが識別しやすくなる。特に刑事やFBI捜査官、スパイ、犯罪者、医者、弁護士などが登場する作品では人物の能力が顕著に描かれる※。様々なジャンルを見てみよう。

警察

- 『パーソン・オブ・インタレスト』：フィンチは犯罪を予測するマシンを開発し、元CIAのリースと組んで未来の犯罪を未然に防ぐ。
- 『キャッスル』：想像力豊かな作家キャッスルが刑事ケイトの捜査を助ける。現実的な描写の中でキャッスルの奇想天外な発想が光っている。

※超能力や魔法を描くドラマでは特殊な能力を持つ人物も登場する。『トゥルーブラッド』のスーキーはテレパシーと光を操る能力がある。『ミディアム　霊能者アリソン・デュボア』のヒロインは霊能力で捜査に協力し、『ゴースト　天国からのささやき』のメリンダは死者と話ができる。

倫理観や価値観の衝突もある。

●『ロー&オーダー』：シーズン8「幻のストーカー」ではブリスコーとカーティスが殺人事件の捜査で真っ向から対立する。犯人を裁くために偽証するブリスコーに対し、敬虔なカトリック教徒カーティスは反対。犯人は無罪になりかかる。

●『ザ・シールド』：掟破りのチームを率いるマッキー刑事を押さえ込もうとする署長。だが両者の目的は共に犯人逮捕だ。パイロット版ではジャンキーの父親に売り飛ばされた少女の捜索が懸命に行なわれる。少女を買った変質者は捕らえられるが口を割らない。ついに署長はマッキー刑事に尋問させる。マッキーは暴力的な手段で自白を引き出し、少女は間一髪で保護される。

刑事物では科学技術の専門家が助っ人として登場し、主人公と共に事件を解決に導く。

●『NCIS』：ゴシック系の服装をした分析官アビゲイルとマサチューセッツ工科大卒の秀才捜査官マクギーが登場。

学者肌のキャラクターがそうでない人物と組んで主役を務めることもある。

● 『BONES』：真面目なブレナン博士と機転がきくブース捜査官がペアを組む。

● 『X－ファイル』：「信じる／信じない」の対立関係。超常現象を信じるモルダーと科学で説明できることだけを信じるスカリー。正反対の視点が怪事件の解決に役立つ。

● 『エレメンタリー』：主役は二人ともオタク系。推理の天才シャーロック・ホームズと、元外科医で酒やクスリと無縁のワトソンが組む。刑事たちは二人の手伝い役だ。

犯罪者とアンチヒーロー

違法行為を描くドラマにも、その場にふさわしい人物が登場する。

● 『サン・オブ・アナーキー』：バイク集団のリーダーはIRAから拳銃入手のルートを持っている。穏健で冷静なボビーは帳簿などを管理する。主人公ジャックスの妻タラは医者であり、メンバーを内密に治療する。ハッピーとティグは気性が荒く、卑劣な手段も厭わない。

● 『ブレイキング・バッド』：ウォルターは化学の知識を生かしてクリスタル・メスを製造する。相棒のジェシーは売人の経験があるものの、不良少年に毛が生えた程度だ。資金の洗浄は怪しげな弁護士ソウル・グッドマンが引き受ける。事業が成長し、組織の大物ガス・フリングが文字通り「吹っ飛ばされて」からは元フィラデルフィア警察のマイクがウォルターの側に付き、暗殺などを請け負い問題処理をする。ウォルターの妻スカイラーは経理の経験を生かして現金の管理。計算高いリディアは私腹を肥やすために国際取引の手引きをする。

医者

医療ドラマにも様々な特殊技能を持つ人物が登場する。

- 『グレイズ・アナトミー』：それぞれの人物が心臓外科、神経外科、整形外科、美容外科、外科、小児科などの専門分野で個性を見せる。例えば、押しが強いクリスティーナは興味深い心臓手術があるたびに「ゴッドハンド」の技術を間近で見ようとして仲間とぶつかる。
- 『ロイヤル・ペインズ』：医師ハンクはニューヨークの病院を解雇され、セレブたちが住む高級住宅地ハンプトンズのコンシェルジュ・ドクターになる。ビジネスを軌道に乗せるには、弟エヴァンと助手ディヴィヤの力が必要だ。
- 『Nip/Tuck　マイアミ整形外科医』：ショーンと親友クリスチャンはマイアミで美容整形クリニックを営む。大学時代のショーンは優秀、クリスチャンは最下位。二人は医者としての腕前と顧客アピールの能力でも正反対だが、初診の質問は「自分のどこが嫌いですか」で一致する。
- 『ドクター・ハウス』：毎週、診断が困難な症状の原因をハウスが推理し、他の医師たちが異論をぶつける。シーズン４で四十人の候補者から新メンバーを選抜する際、ハウスは彼と思考パターンが似ている医師を落選させる。同じ意見ばかりでは役に立たない。クレイジーで天才的な方法論だ。

● 『The Mindy Project』：小さな産婦人科クリニックを営むミンディ、ダニー、ジェレミーの三人は上の階にいる助産婦たちといつもモメている。医学と自然療法との戦いは個人的な争いに発展。ミンディたちが頼りにしている看護師モーガンが上の階に奪われそうになる。彼も「家族」の一員だと訴え、取り戻す。

職場：役員、弁護士、フィクサー

チームワークと専門技術はオフィスを描くTVドラマにも見られる。

● 『マッドメン』：広告代理店の社員たちは重要な役割を担う。ドン・ドレイパーは言葉の才能に長け、顧客の心をつかんでイエスと言わせる。銀髪のロジャーは派手な接待が得意な社交家だ。若手営業マンのピートとケンは新規顧客の獲得で手腕を見せる。ハリーはいち早くTVCM事情に精通して重宝される。秘書のペギーは口紅のキャッチコピーで才能を買われ、ドンの片腕となる。ジョーンは事務所のまとめ役だ。秘書を動かし、経理をし、肉体的な魅力で共同経営者の地位を手に入れる。

● 『スキャンダル』：オリヴィアは危機管理事務所を運営し、フィクサーとして活躍する。チームに在籍する弁護士や調査員、元CIA職員らは高度な技術で活躍する「スーツを着た剣闘士」。彼らはみな、過去にオリヴィアに救われた恩返しで献身的に彼女を支える。『レイ・ドノヴァンザ・フィクサー』も似たような系統だ。

法律ドラマでは事務所の職員たちが特殊技能を発揮する。

● 『SUITS／スーツ』：辣腕弁護士ハーヴィはニューヨークの大手法律事務所に在籍。敵の動きを読んで反撃する才に長けている。アソシエイトの青年マイクはもう一人の中心人物だ。驚異的な記憶力と思考力を持っており、学歴を詐称してハーヴィの片腕に起用される。無愛想な中年弁護士リットは企業の経理調査で几帳面さを発揮する。ハーヴィの秘書ドナは事務所の秘密を知り尽くし、優秀なパラリーガルのレイチェルは調査で大きく貢献する。

● 『グッド・ワイフ』：専業主婦だったアリシアはシカゴの法律事務所に再就職。青年弁護士と地位を争うが、大人の女性ならではの知恵と母性で一歩リードする。また、収監中の彼女の夫は内部情報や警察の捜査の誤りを伝える役どころでもある。カリンダは押しの強さで隠密に調査を進める。

● 『ザ・オフィス』：製紙会社の支社長マイケルと従業員らが登場する。営業成績を競うドワイトとジムは次期支社長の椅子も狙っている。ファイナルシーズンでドワイトが支社長となり、ジムはテキサスの会社へ転職。受付のパムと新生活を始める。営業や経理、受付、倉庫などの様子が擬似ドキュメンタリー形式で笑いと共に描かれている。

不慣れな分野

不得意なことをせねばならず、悲惨な局面に陥る人物もいる。

- 『24－TWENTY FOUR－』：テロ対策機関の技術員クロエは常にジャック・バウアーを助けるが、専門外のことは苦手である。
- 『ザ・ホワイトハウス』：大統領の側近たちが登場。広報を専門に扱う報道官クレッグの代理で記者会見に臨んだライマンは辛口で偉そうな発言をしてしまい、大騒動を引き起こす。
- 『THE WIRE／ザ・ワイヤー』：プレッツは無気力で無能な刑事だが、内部の盗聴捜査にやりがいを感じ始める。シーズン3で彼は外出中、たまたま無線を傍受。所轄外のエリアであるにも関わらず、対象が容疑者だと信じて殺す。後にその男は覆面捜査官だと判明する。

『ウォーキング・デッド』前ショーランナーのグレン・マザラ氏が言う「イケてる人たちのイケてる行動」を描くには専門技術を持つキャラクターがぴったりだ。

インタビュー

『リゾーリ＆アイルズ　ヒロインたちの捜査線』

ジャネット・タマロ

主な経歴　『リゾーリ＆アイルズ　ヒロインたちの捜査線』（クリエイター／製作総指揮／脚本）2010-2013
『Trauma』（スーパーバイジング・プロデューサー／脚本）2009-2010
『BONES－骨は語る－』（スーパーバイジング・プロデューサー／脚本）2006-2008
『Sleeper Cell』（プロデューサー／脚本）2005
　エミー賞ノミネート（ミニシリーズ部門）2006
『LOST』（脚本）2005
　全米脚本家組合賞 ノミネート（ドラマシリーズ賞）2006
『CSI：ニューヨーク』（共同プロデューサー／脚本）2004
『Line of Fire』（共同プロデューサー／脚本）2003-2004

NL：『リゾーリ＆アイルズ』の小説をTVドラマ化する際に一番大変だったことは何ですか？

JT：自伝のドラマ化をHBOに却下されて「もう原作物はこりごり」と思った矢先にお話を頂いたこと。『リゾーリ＆アイルズ』は私がCAAに移籍して、新しいエージェントのロブさんから提案を頂きました。実は私たち、子ども同士がサッカーチームで一緒なんです。その時の私はママさんコーチで声を張り上げていたから、とても脚本家には見えなかったでしょうね。ともかくロブが「ビル・ハバーに会ってみないか」と。ハバーさんはアメリカ最大手のエージェンシーCAAの創立者の一人でハリウッドの大物。私が昔に書いた舞台劇を読んでくれていたそうです。「テス・ガリットソンの小説の映像化権を買ったから」と言われたけれど、七冊ある中のどの本のことなのか誰も知らない。

ハバーさんはジェット機で飛び回る精力的な人だから、その分、困ったことも多いのね。

だから私、七冊全部読みました。記者時代から調べ魔なんです。原作の映像化って他人の服を借りて着るような感じでしょう？　直すにもいちいち了解をとらなきゃいけないし、ばらばらに解体して一から縫い合わせる時もある。「小説の方がいい」なんて声も出ますし、翻案の仕事は大変です。よい本がそのままよいTVドラマになるとは限りません。ガリットソンの小説は笑えないし暗い。そのままドラマ化すれば『羊たちの沈黙』のような感じになるでしょうね。昔、他社が映像化を試みて頓挫した経緯があったので、今回の話に作者も大喜び。私なりのアレンジをさせて頂ける雰囲気になって安心しました。

NL：リゾーリとアイルズは原作とどう違いますか？

JT：原作小説は医師ならではの緻密で正確な描写で、推理と捜査をぐいぐい読ませるタイプ。ドラマ化にあたってリゾーリとアイルズは魅力的に、正反対の性格とルックスで衝突し合うように設定しました。お互い職場で一緒でなければ友だちにはならないタイプ。また彼女たちは職業柄、日々陰惨な光景を見ますから、たくましく生きるためのユーモアの描写も加えました。報道の仕事もそうですが、ある意味で鈍感にならなきゃ続かない。警官の皆さんもしょっちゅう軽口を叩いているように見えますが、それは人として生きていくための防衛反応。職務に真剣なことは変わりません。

NL：元記者、妻、母としてご自身の経験をどれぐらい生かしていらっしゃいますか？

JT：親友を事故で亡くし、知らず知らずのうちにリゾーリとアイルズの友情物語を書いていたのかもしれません。頭で内容を考えて書くんだけど、どこで何が出てくるかは無意識に導かれる部分も多いでしょう。十年間の記者経験はあちこちのリアリティーに生かしています。妻として、母としての体験も使っていますが家族からはブーイングですね。夫婦げんかをすると私は猛烈に掃除や洗濯をし始める癖があるんです。散らかった靴下を片付けていたら、片方がどこかへ行ってしまったものが本当に多くて、それを失恋したリゾーリの描写に使いました。小道具の靴下はもちろん、うちの靴下で。家族からまた怒られましたけどね。家族の会話をそのままセリフに書いてしまう時もあります。下の娘が夜に「学校いきたくない」と言うので「何か食べるもの作ろうか？　何が食べたい？」と聞いたら「人間」って。この会話はリゾーリとアイルズにもさせています。私のお気に入りの回ですね。

短期間に一五本の話を作るのは大変。毎回中身が濃いから素材もたくさん必要です。凝縮し過ぎるきらいもあるので少し軽くする時もありますが、リゾーリとアイルズの友情は常にメインに置いています。それが私の親友の死の影響だということは、番組を始めて一年経つまで気づきませんでした。原作には全くない友情を描こうと思ったのは親友である彼女のおかげ。彼女は私を批判せず、あるがままに純粋に受け入れてくれた、かけがえのない存在です。長女を身ごもった時に知り合って一七年間の付き合いだったんですけどね。リゾーリとアイルズには男性のことで争ったり、結婚や子作りの適齢期を考えて焦ったりさせたくないなあ、と。そういうものより、同性同士の間にある特別な何かを描きたかった。久しぶりに会っても素顔の自分でいられる間柄。リゾーリは活発だけど内面は不安がいっぱいで、親しい相手だけに見せる顔があります。あとは極限状態に置かれた人にも興味があります。状況次第で人は何でもできると思うから。

NL：『ブレイキング・バッド』や『マッドメン』といったケーブルドラマの影響で大手も連続物に回帰しているようです。今後の『リゾーリ&アイルズ』はどうですか?

JT：連続物にしたいですね。脚本家は連続物が書きたいと思うものだけど、「お試し」的な見せ方がしにくいから売れにくい。初めの部分を見逃すと、もう見る気がしませんからね。一話完結だと順番を自由に変えて放映できるので外国にも売りやすいです。単純にビジネス面でいえばそちらの方がいい。だからクリエイティヴ面では「私の番組」と感じていますが、厳密には「私の」ものじゃない。私はワーナー・ホライズンとTNTに雇われている身ですから。今は将来の再販まで視野に入れなくてはならない変な時代。番組を中止する憂き目にあうかもしれないし。

ケーブルのドラマで米国内でシンジケート放映されたものは今までありません。だから私たちも百話制作したって、他社が買ってくれるかわからない。出資してくれた企業が名乗り出てくれたら嬉しいですけどね。ハート・ハンソン(『BONES』クリエイター)からは人物にユーモアと生活感を出して、目指す方向に向かう方法を教えてもらいました。芸術とビジネスの両立はなかなか難しいけれど、なんとか両立させないといけない。買い手がお金を出してくれなければ番組が制作できません。キャラクターは皆さんに愛されていますから、あまり連続物っぽくせず、バランスを見ながら加減しています。CMが五回も入ると物語の流れが切れてしまうから、書き手も視聴者も物語を落ち着いて楽しみにくい。そういう書き方に慣れてはいますが、いつかはCMが入らない作品を書いてみたいですね。

NL：構成はティーザーと五幕ですか、それともティーザーと四幕とタグですか？

JT：コールド・オープンと五幕です。ネットワークは第一幕が長いと喜びますから、コールド・オープンは七分から十分ぐらいでもいい。タイトルの位置は自由なので、編集を見てタイミングを決めます。お世辞ではなく、TNTとはいい感じでお仕事させて頂いていますよ。ある程度の枠の中で自由にさせて下さるので。

NL：構成を立てる時、決まった方法はありますか？

JT：いいえ。分析すればそれなりの形が見えるでしょうが、マニュアルのようなものはありません。でも、結構厳しい「規則」が私の頭の中にあるので、スタッフは大変かも。自由に書きつつ、全てをまとめるように頭が働いているんです。

スタッフが書いたものを見ると、どれもだいたい三二ビートなんですね。これが定型なのかしら？　たぶん、そう。幕の区切りは人物描写と事件描写が常に半々。意図したわけじゃないけれど、他の現場で培った勘とか無意識のバランス感覚がそうさせているのかも。

登場人物が視聴者の皆さんの間に定着してきて、彼女たちを身近に感じて頂けて嬉しいし、心強いです。事件の部分も大事ですが、エンディングで必ず解決するパターンなのは皆さんわかっていらっしゃる。本当のサプライズは彼女たちの人間ドラマにあると書き手の私も感じています。

NL：記者とショーランナーの仕事が似ている点、異なる点は何ですか？

JT：私の経歴からお話ししますね。新聞や雑誌の紙媒体を経験してから毎週の報道番組やライブイベント放送の現場に入り、長年、TVドラマの現場でライターやプロデューサー職も経験してからショーランナーになりました。結構びっしり詰まっているでしょう?

他のショーランナーの皆さんも、これだけの技術や経験を積んで就任なさっていると考えれば一番わかりやすいと思います。私もジャーナリズムの分野でありとあらゆることを経験してきました。ストーリー作りから下調べ、インタビューの準備と実施、飛び込み取材、背景説明、スチール撮影やビデオ撮影、素材集め、機材やテクニカルの知識の勉強、人事管理などきりがないけど、同時にずっと脚本のことを考えている。テーマや事実や感情を常に考えながら「これが一番いいのかな?」と自問し続ける。ニュース記者は一瞬で多くを語らなければなりません。脚本もそれと同じです。

調査をして素材を集め、撮影、脚本、編集の過程でコンパクトにまとめ、情報を伝達しながら楽しく見て頂けるように仕上げます。氷山と同じで、ショーランナーは表に出ないところで多くの働きをしています。

今の仕事は私にとって、放送ジャーナリストの仕事をさらに大きな視点で見るような感じです。報道の現場を離れるのは思いがけないことでしたが、大きく成長する機会を頂けました。もちろんショーランナーになる道筋は色々で、たまたま私の場合はこういう経緯だっただけ。でも、他のスキルがあっても脚本が書けなければできない仕事です。人々が「見たい」と思うドラマを一から生み出す能力がなければ、スタジオとネットワークは企画を任せてはくれません。

報道の現場では、文章を速く書く力が鍛えられました。調査の大切さも学んだけれど、やっぱりドラマを書く時も実際に体験することが大事です。私は『リゾーリ&アイルズ』を書く時も、彼女たちがTVにどう映るかでなく、二人がリアルにその場にいる姿を思い浮かべます。現地に行って音に耳を傾け、においを感じる。二人がエステで泥のお風呂に入ったりエクササイズマシンにぶら下がったりする場面を書く時は私も実際にやってみて、どんな感じで、どう思うかを確かめます。リアリティーは目指すものでなく、基本として当たり前。犯罪ドラマですから、細部までこだわり抜いているし、俳優もスタッフも同じような姿勢で取り組んでくれています。パイロット版を書く時はコロンビア大学院時代の友人たちに連絡してボストングローブの記者を紹介してもらいました。そのつてで紹介してもらった刑事さんは、四年後に番組専属のアドバイザーになってくれました。

番組のフィーリングはセリフや小道具、動きからも生まれます。犯人は血のついた服を捨てたか焼いたか。なぜ拳銃を使ったか、拳銃の種類は何かといったことは犯罪担当の記者にとっても脚本家にとっても大事です。でも、ショーランナーはディテールを見るだけでなく、大勢のスタッフを動かさなくてはなりません。「撮影はどこまで進んだっけ？　脚本を変えられるか、このディテールは見せない方がいいか？」といつも考えています。脚本と制作の両面を動かすのは大好き。その場で考えて即動かないとみんなの前で恥をかく。これもニュースの生放送と似ていますね。

今は二百人の優秀なスタッフを束ねる立場ですが、みな予算も日程も厳しい中で働いています。全体のなかで一ヶ所でも壊れたらみんなストップし、大きな痛手になります。時間とお金を賢く使ってストーリーを表現し、面白くてためになる作品に仕上げることが最大の目的。質を追求する面では報道の現場も変わりませんが、規模が大きい分リスクが高く、プレッシャーが大きいです。

NL：『リゾーリ&アイルズ』のストーリーを作る中で「これだ！」と思うのはどんな時ですか？　また逆に、ストーリーをボツにする時の理由は何でしょうか。

JT：ライターのピッチを聞きながら映像を思い浮かべ、「どうしても書きたい」と思えたら前向きに進めます。他の番組にはぴったりだけど、なんだか違うなと思うものもあります。人が集まる場と似ていますね。魅力を感じる人と、そうでもない人がいる。

これにしようと決めたら時間をかけて試行錯誤し、番組として面白い形になるまで考え続けます。私もライターたちと同じように、たぶん寝ている間もずっと考えますよ。ジムでエクササイズをしている時や家で掃除器をかけている時に何かを思いついたり、ストーリーを考えている最中は頭が休まらずにおかしくなりそう。

でも締め切り前のプレッシャーを乗り切る力は報道の現場で身につけました。書けなかったら放送に穴を開けて、即刻クビになりますから。

私は物事を突き詰めたがるタイプ。自分自身に対しても、ライターやストーリーに対しても、さらに深く追求します。思いついたものをそのまま使うのでなく、まだ思いついていないものを要求するの。大変ですけどね。

NL：『リゾーリ&アイルズ』にはテーマ性を強く感じます。テーマを重要視されていますか？

JT：それは自然に表れるものだと思います。完成した時に意味がわかる。二人の友情が私の友人の死の悲しみの表れだということも一年半経ってよくわかりましたから。創作とはそういうもので、計画通りに作れるものではないのでしょうね。物語を作る中で、書き手のマインドが自然につながりを生み出す。

NL：事件の部分はどのように決めますか？原作に書かれているものですか？

JT：原作に出てくる事件はパイロット版で一つ使っただけで、あとはオリジナルです。原作小説は一冊三百ページ以上ありますが、そのままドラマ化するのは難しい。そこで創作するのですが、うちのプロセスはライター泣かせかもしれません。一つのシーンを出発点にしてエピソードの筋を考えることが多いです。例えば、私が洗車場である男に殺意を抱くシーンからエピソードを始める。私の家族をモデルにすることもあります。ダンサーの娘が競技に出場するところを考えてエピソードを書いたり、もう一人の娘がアートに熱中しているのをアイルズの母親の設定に組み込んだり。弟は今アフガニスタンにいますので、リゾーリの恋人ジョーンズ軍曹の設定に入れました。私は本をたくさん読み、色々な話にこっそり耳を傾けます。特に十代の子たちの本音はつかみづらいですから、若い人たちの会話にも聞き耳を立てます。これはと思う話題が見つかれば、自然にストーリーが思い浮かぶもの。よくシーズン初めにライターたちと一、二週間ブレーンストームをしますが、普段からボストンの政治や生活、犯罪事件をチェックしておいてもらいます。技術面のアドバイザーからライターに転じたスタッフは常に殺人事件を調べてくれているんですよ。

私は東海岸で育ち、ボストン郊外の小学校に通っていたので、アメリカ独立戦争の歴史やセーラムの魔女狩り、ボストンマラソンの話題になじみがあります。主演の女優さんたちにボストン訛りがあればいいのにな、と思うことも。『見知らぬ乗客』（一九五一）みたいなトリックがあるものをすごく書きたいんだけど、今は電子機器や携帯電話、コンピューターがあるから人物の足取りが簡単に追跡できる。事件物を書く上で一番厄介ですね。できるだけミステリーの部分で緊迫感が出せるよう心がけています。『リゾーリ&アイルズ』はヒロイン二人の関係や家族の印象が強いけど、ドラマの軸は犯罪の部分ですから、よいミステリーを土台にしなくては。

NL：犯罪の部分から作り始めるんですね。

JT：ええ、いつも。事件物を書き始めて以来ずっとそうです。そのため、うちの子どもたちには変な影響を与えちゃった。以前『CSI：ニューヨーク』でアカスギの木材が凶器となって女性が殺害される話を書こうとして、当時七歳の娘を連れて植木屋さんにリサーチに行ったんです。お店の人に「何かお探しですか」と聞かれて娘が「ママが人を殺すからアカスギの木が見たいんだって」。その人、血相を変えて「店長を呼んできます」って。でも、犯人の気持ちになって現物を見るまで書くわけにはいかない。

うちのライターたちにもリサーチは必ずしてもらっています。優秀なリゾーリとアイルズが首をかしげるほどの事件を作るのですから、犯人像をしっかり作るべき。それを演じる俳優さんたちにも納得してもらえるように、意味が通るものを書かないと。TV的な意味でなく、リアルな真実性が必要です。

NL：これまで書かれた脚本でお気に入りはどれですか?

JT：シーズンの最終回が好きですね。でも脚本を書くのは大変ですから気力が消耗してしまって、シーズンの最初と最後は必ず「もう無理。これ以上、書けない」と周囲に迷惑をかけてしまいます。

NL：シーズンの終わり方はいつ頃決めますか?

JT：シーズン1と2の終わり方は早くに決めました。1はリゾーリに意外なことが起きるクリフハンガー的な終わり方。予算が尽きてエピソード全体を一ヶ所で撮影せざるを得ない場合を想定しました。シーズン2は二人を対立させて終わりたかった。リアルで意外性のある道筋で友情を破綻させることが課題でした。リゾーリは犯罪者であるアイルズの実父を撃ちます。「触らないで。彼に絶対触れないで」と言うアイルズに、リゾーリは葛藤や苦しみを感じて去っていく。ストーリーが最後にまとまった時は嬉しかったです。シーズン3の終わり方は最終回の構成時に初めて考えました。エンディングは最後のシーンを書くまでわかりませんでした。

シーズン4の結末は撮影が始まった時に想定できていたのでよかったです。パニックに陥らなくて済むというわけじゃなく、行き先が決まっていたので助かるという意味で。

NL: リゾーリに父を撃たれて、アイルズはすごく複雑な気持ちだったでしょうね。

JT: 二人とも複雑ですね。そして、どちらも間違っていない。最高の葛藤だと思います。正しいことをしたと信じている二人の衝突を描くのは好きです。

どう書いていいかわからない時は書く甲斐がある、と私は思うんです。そのうち小説も書いてみたいですね。TVドラマの脚本家は視聴者に存在を認められていないと思いがちじゃないかしら。自分が何度もト書きやセリフを書き直していることに誰も気づいていないんじゃないか、って。私にとって嬉しいのはネットワークの役員から「すごく面白く読めた」と言ってもらえた時です。また、視聴者がドラマの世界に入り込んで楽しんで下さっていればいいと思う。

アイルズの父が撃たれる場面では、大きなショックで思いがけない真実が口から飛び出すことを考えました。アイルズが自分でも驚くような変化を体験する。同じことを人間、誰しも体験するでしょう。「どうしてこんな時に笑っちゃうんだろう?」とか。真実が突然表に出て、長年の友情が一瞬で壊れそうになることってあると思うんです。そういう状況をワンシーンで描いてみたかった。

次のシーズンでは当然、二人は口をききません。アイルズの父は死にかけているけど、リゾーリも怒っている。指名手配中の男に銃を向けられたのですから正当防衛だし、当然です。そんな状況から、二人がどのように友情を修復するかを考えました。

NL：知的で熱い二人ですから、毎回ぶつかり合っていますよね。科学的に考えるタイプと直感や世渡り的な知恵で動くタイプ。

JT：女どうしの戦いはウケないだろうと言った役員さんがいました。私は心のどこかで「女どうしの戦いを描いてやろう」と思っていたのかも。シーズン3で二人の議論に居合わせたパイクが「女同士の口ゲンカ」と言うシーンが好きです。リアルな問題を面白く描いている場面も多いですよ。

脚本家として、人間の真の姿を探求する者として、複雑な感情もシンプルな感情も存分に掘り下げたいですね。解決できるものも、できないものも。それが人生ってやつだから。

NL：パイロット版を書く授業で僕は、血縁関係があってもなくても、TVドラマに描かれているのは家族みたいな関係なんだとよく話します。『リゾーリ&アイルズ』には職場の家族と本物の家族が両方出ますね。リゾーリの弟は刑事、母親は署内でカフェを切り盛りしますが、リゾーリとアイルズもまるで姉妹のようです。メンター的なヴィンスは父親のよう。プロットを立てる時、こうした家族のような関係をどれぐらい重視されますか?

JT:家族関係を強く表現しようと意識したことはありません。ただ、リゾーリとアイルズは仕事熱心で、職場が家のようでもあります。そこに三角関係を持ち込みたくなかったので、FBIのディーンの存在を少し小さくしました。リゾーリの母親は頻繁に登場させたかったので、彼女たちの職場のワールドに組み込む方法を考えました。

人はみな物語を語る力があります。孤児として育っても、なんとなく家族のような集団の感覚はどこかで体験するでしょう。アーキタイプも感覚に組み込まれているから、どんな人を描こうと家族の力学は自然に表れるんじゃないかしら。勉強好きで知的なアイルズは母親に抱きしめられたりキスされたりして育った感じはしません。リゾーリの母はスキンシップが多いタイプですが、リゾーリ自身はそうではない。感情を表に出さない気質だから、堅い殻が割れて本心を見せる時が非常にいい。そういう部分もリアルに感じて頂けていたら嬉しいです。悲しみに沈むアイルズがリゾーリの母親のハグを拒むところは好きなシーンの一つです。

NL:人物像を変えずに描き続けるTVドラマが多い中、『ブレイキング・バッド』のように主人公が激変する作品も出て来ました。『リゾーリ&アイルズ』はどうですか?

JT:彼女たちが体験する修羅場を思うと変わらざるを得ないでしょうね。人はなるようになるか、なりたいようになる。五シーズンか十シーズン変わらずに保つ部分も設定できたらよかったんですけど。どんな自分になりたいかと同時に、周囲から自分がどんなふうに見られているかを意識することも大事です。あるいは、周囲に対して理想と現実、どちらの顔を見せているか。

長年の親友からも影響を受けるでしょうね。振り返ると、シーズン1のアイルズの硬さがなつかしいと思うこともあるんですよ。書き手にとって楽でもあった。でも演じる俳優さんにとってはキャラクターの様々な顔が出る方が面白いでしょう。

アイルズはほとんど怒りを見せないタイプですから、シーズン3の終わりで実の母に対して感情的にふるまうシーンを書くのは難しかったです。でも、そんな部分も彼女らしさですよね。ただアイルズにとって初めての体験というだけ。ただ視聴者の皆さんは戸惑うかもしれませんね。たまに見る人にとっては余計に印象が悪いと思います。確かにキャラクターの性格描写はいつも同じだと安心しますが、人間には矛盾する面が必ずあるし、いつも本心を表すとは限りません。いつも同じように見える人物が新たな面を見せると面白い。

NL：『CSI』や『BONES』の現場を経て、現在ショーランナーとして活躍する上で最も重要なスキルは何ですか？

JT：報道で培ったスキルです。すばやく完璧な原稿を書く力。それから、制作とポストプロダクションの経験。これは脚本家に得がたいものですからラッキーでした。合計一万時間に及ぶ編集経験を積みましたから、自信を持って『リゾーリ＆アイルズ』の編集を監修できています。脚本だけを書いている人には映像や音響編集を学ぶ必要性を理解していない人が多いです。現場に座って長い間、作業を見ることが大事。編集の現場でもストーリーを作る能力はかなり必要なんですよ。単に機械を操作しているだけだとか、脚本とは無関係の部署だというのは全くの誤解。脚本家がピンチを救える時もあります。

私は現実的な性格でもあるので、予算の範囲で可能なことしか書きません。チームワークを重視して、制作サイドともうまく融合できるように考えます。批判や問題点をうまくさばいて解決法をすばやく見つける力も大切。私がショーランナーに向いているのは、集中力が一ヶ所にとどまらないからでしょうね。一つの問題をじっくり解決する時間がないから意識の切り替えが必要。これも報道で培った感覚で、TVドラマの現場だけでは得られないものです。やっぱり、ライターさんにしても、何か他の職業を経験してから脚本家に転向した人が面白い。今日は哲学の教授から転身した人を面接していました。色々な分野のかたを迎えるのにはかけがえのない価値があります。彼らが書くものは模倣性が少ない。TVドラマの脚本家はどうしても既存のTVドラマの枠の中で書く傾向が否めません。私のコピーではなく、自ら外に出て行ってどんどん取材して、五感を駆使した新たな発見を視聴者に届けてほしい。ストーリーのビート全てにそれを反映するのは難しいことだけど、私はそうありたいと思っています。脚本を一つ書くたび、視聴者に新しい経験を提供したい。それが一生出会うことがないような人物の話だとしてもね。報道の現場を離れて寂しい部分はそこですね。あらゆる所に出て行けるフリーパスを持っていたようなものでしたから。

NL：制作は七日間サイクルですか？

JT：七日半です。

NL：ロケーションに出る日数は決まっていますか？

JT：状況を見て柔軟に変えています。どうしても三日間必要な回もあります。シーズン計画や進行具合によりますが、エピソード平均一日か二日ですね。日程はタイトですから失敗は許されない。誰かが手を抜けば、必ず他の人に皺寄せがきます。困難な状況にも前向きに取り組める人材集めが大事。すごい予算と時間を頂いて、これが全部自分のものだったら何をしていいか想像もつかないけれど、お預かりしている以上はチームワークで困難を乗り越えていかなくては。私は複雑なことを考えるのが大好きで完璧主義者。ベストの方法を考えて、それがだめなら別の方法を考える。そうやってみんなで作り上げていきたいです。

法則21

シットコムの笑いの仕組みと作り方

Make Us Laugh

　コメディーのルールはただ一つ、「面白いものを書く」だけだ。だが笑いのセンスは人それぞれ。ダークでねじれた感覚のものから大笑いさせる喜劇、人によっては侮辱と受け取れるようなコメディーまで様々な種類も存在する。ドライで洗練された「英国風」のユーモアなどは好みが分かれ、言い方ひとつで大コケする。それとは逆に、つまらないジョークも言い方がよければ笑いを呼ぶ。

　一般的な脚本術は習得が可能だ。構成や言外の意味の持たせ方、セリフの書き方も練習次第で上達するだろう。だが、笑えるコメディーを書いたり演じたりする才能は生まれつきのものではないかと筆者は思う。三段オチや場違いな状況、役割交換や奇妙な組み合わせなど、笑いを生む仕組みなら知っている人も多いだろう。だが、笑わせ方の極意は教えられて身につくものではない。

　それを承知で、僕はその道の人たちに聞いてみた。この章では名作コメディー番組『NYボンビー・ガール』『The Mindy Project』『Parks and Recreation』のショーランナーたちの言葉を紹介しよう。また、最後のインタビューでは次に挙げる三十分物コメディーのショーランナーたちにご登場頂こう。

● **『モダン・ファミリー』**：大手ネットワークABC放映。シングルカメラ撮影で大人数のキャストが登場するシットコム。笑いの音声は入らない。クリエイター／ショーランナー：スティーヴン・レヴィタンとクリストファー・ロイド。

● **『ママと恋に落ちるまで』**：大手CBS放映のシットコム。マルチカメラ撮影が基本で、回想や外観はシングルカメラ撮影。クリエイター／ショーランナー：クレイグ・トーマスとカーター・ベイズ。

● **『ウェブセラピー』**：ショウタイムの有料放送。低予算のシングルカメラ撮影で、レクサスがスポンサーとなって制作されたウェブドラマ。リサ・クドロー演じる心理カウンセラーがインターネットで相談を受ける設定で、固定ウェブカメラの視点が主であるためセットは非常に簡素である。新しいビジネスモデルに基づく語り口が斬新だ。有名人をゲスト出演に迎えることが多い（過去にはメリル・ストリープ、リリー・トムリン、コナン・オブライエン、デイヴィッド・シュワイマー、ミニー・ドライヴァー、ジュリア・ルイス＝ドレイファスらが出演）。クリエイター／ショーランナーのドン・ルースとダン・ブカティンスキーのインタビュー［英語サイトに掲載：http://

www.focalpress.com/cw/landau〕でも語られているが、独特に見えるこのドラマもシットコムの基本は外していない（主演のクドローもクリエイター／脚本として共同参加。ルースは毎回監督を務めている）。

では、これからシットコムを書く人たちのために基本の形を紹介しておこう。※専門書もいくつか出版されているが、新旧のシットコムをたくさん見る方がはるかに役立つ。僕が個人的に好きな作品を順不同に挙げると『All in the Family』『M*A*S*H』『Maude』『メアリー・タイラー・ムーア・ショウ』『Taxi』『となりのサインフェルド』『チアーズ』『Rhoda』『Barney Miller』『ザ・オフィス』（英国版と米国版）『アイ・ラブ・ルーシー』『Roseanne』『TVキャスター　マーフィー・ブラウン』『Hey! レイモンド』『ファミリータイズ』『ソープ』『The Bob Newhart Show』『The Days and Nights of Molly Dodd』『それ行けスマート』などがある。

※『Writing Television Sitcoms』（Evan S. Smith著、Perigree Trade、未邦訳）が良書である。

シットコムの基本形

シットコムにはマルチカメラ撮影（以下「マルチ」）とシングルカメラ撮影（以下「シングル」）の

二種類がある。マルチには『アイ・ラブ・ルーシー』などに始まり『チャーリー・シーンのハーパー★ボーイズ』や『NYボンビー・ガール』『ビッグバン★セオリー』などがある。シングルは映画の撮り方に近く、『モダン・ファミリー』や『Parks and Recreation』『ラリーのミッドライフ★クライシス』『Veep』などがある。ストーリーの構成は様々で、ティーザーとタグがあるもの、二幕構成（マルチ）、三幕構成（シングルに多い）などがある。好きなシットコムのサンプル脚本を書いて売り込むなら、過去のシナリオの構成にならうべきだ。新番組の企画としてパイロット版を書くなら、すでにある作品から最も近いものを探して参考にするとよい。よくリサーチした上で形式を選びたい。

マルチカメラ シットコム

- FADE IN：フェイドインの指定は全て大文字にして下線を引く。
- SCENE X：全て大文字にしてシーン番号を入れ、下線を引く。
- SLUGLINES：柱は全て大文字。ロケーション、昼か夜の別を書き、下線を引く。
- (CHARACTER LIST)：スラグラインのすぐ下にそのシーンの登場人物を表記し、カッコで括る。
- ACTIONS／DESCRIPTIONS：ト書きは全て大文字にする。
- CHARACTER INTRO：人物紹介は全て大文字にして下線を引く。

●SOUND EFFECTS／SPECIAL EFFECTS：効果音と特殊効果は全て大文字にして下線を引く。
●CHARACTER NAMES：セリフを言う人物名は全て大文字で表記する。
●DIALOGUE：セリフはダブルスペースで書く。
●(PARENTHETICALS)：セリフの言い方の指定は全て大文字で書いてカッコで括る。
●幕の区切りで改ページする。

マルチカメラ撮影のシットコムのページ配分の目安は次の通り。

ティーザー：1-2ページ
第一幕：17-20ページ
第二幕：17-20ページ
タグ：1-3ページ
合計：40-48ページ

シングルカメラ シットコム：
●映画脚本や一時間物のドラマと同じ書式。
●『GIRLS／ガールズ』『Weeds～ママの秘密』『ナース・ジャッキー』などのコメディードラマ

も同様。

- 紙面に幕の区切りを明記する場合としない場合がある（CMの有無による）。有料プレミアムケーブル放送（HBOやショウタイム）のドラマにはCMが入らない。
- セリフとト書きはシングルスペースで書く。
- 人物名は初出時のみ全て大文字で表記する。
- 平均的なページ数は最低三十ページ。

シットコムの基本構成

マルチカメラ 撮影

マルチカメラ撮影のプロットは比較的シンプルだ。AとBのストーリーで展開し、それより小さいストーリーがない場合もある。一幕につき三～五シーン程度で、観客の前でライブで演じ、順撮りをする。

ロケーションも単純で一貫性があるが、『NYボンビー・ガール』のマイケル・パトリック・キングによるとその方が難しいそうだ。『NYボンビー・ガール』のようなシットコムでは人物たちが頻繁に舞台に登場、退場するため、常に段取りを把握しなくてはならない。一方、シングルカメラの『セックス・アンド・ザ・シティ』などはその必要がなく、次のシーンにカットをつなぐだけでよい。

『NYボンビー・ガール』ではプリプロダクション時にシーズン全体（二四話）の流れを決める。キングによると「基本のプロットラインは貧乏の話と女の子の話、ダイナーの話の三つです」。それらをエピソードごとに分割して脚本スタッフに振り分け、出来事や人物の内面の動き、テーマなどを考えて二一分間のエピソードに仕上げる。大きなプロットを会議で決めてから一人ひとりの脚本家に執筆を任せる形で、各人の能力や個性を大切にするそうだ。

シングルカメラ撮影

シングルカメラ撮影ではカメラが一台のみだから、色々なロケーションに出やすい。マルチカメラ撮影では一つの場に長くとどまる分、多くのジョークが必要だ。観客は俳優が何か言うたびにジョークを期待し、沈黙すると間が死んだように感じるが、シングルカメラ撮影のシットコムでは沈黙が興味をそそる。ニュアンスに富んだリズムが歓迎されるのだ。

『Parks and Recreation』のマイク・シュアーとダン・ゴーアも会議でストーリー構成をした後、個々のエピソードを一人ひとりに書かせている。シュアー（元『ザ・オフィス』脚本スタッフ）はエピソード全体を集団で書こうとすると「徐々に効率が落ちてくる」と言っている。

『The Mindy Project』のミンディ・カリングも、様々なライターが各話の初稿を書くと「色々な声のパッチワーク」ができると言う。また、彼女は『ザ・オフィス』グレッグ・ダニエルズの現場での体験を元に、インデックスカードをホワイトボードに貼り付ける古風な方法を続けている。三、四話分の構想をネットワークにピッチして承認を得たら、各話をスタッフに割り振る。初稿が提出されたら「ルーム全体で共有します」。『Parks and Recreation』も同じ流れだ。初稿をみんなで検討し、新たなセリフ(「alts」と呼ばれる)やジョークを提案する。初稿に新案を全て書き入れて五十〜六十ページに増やし、そこから削除して三十ページに収めるそうだ。

ボツになったジョークを保存して別の機会に使う人もいる。グレッグ・ダニエルズは「キャンディーバッグ」、マイケル・パトリック・キングは「ホイップクリーム」と呼んでいるが、笑えるジョークはどんどん使う方がいい。マイク・シュアーは「ファンは宝物。毎週、しっかりしたエピソードを届けないと離れてしまう」。グレッグ・ダニエルズはスタッフに「中身を詰めろ。ありったけ」と言うそうだ。

シットコムの話の流れ

これまでに述べてきた内容は大手ネットワークのシットコムにも当てはまる。基本的なプロットの流れを簡単にまとめておこう。

●日常風景の紹介：主人公の普段の生活を少し紹介してから問題発生(メインのプロットであるAストーリーが展開するきっかけを与える)。冒頭部分は「コールド・オープン」または「ティーザー」と呼ばれ、続いてオープニング・クレジットが流れる。発生する問題は生死に関わる大事件でなくてよいが、人物にとっては重大。「些細なことで大騒ぎ」がシットコムでは大切だ。

●オープニング・クレジット後は第一幕。人物は問題の解決法を探す。脇役のBストーリーやCストーリーにも問題が勃発。主人公は対応に迫られる。

●A、B、Cストーリーは共通のテーマでつながる（最後に教訓を得ることが多い）。

●ミッドポイントで危機感が高まり、プロットが転換する：ミッドポイントとは中間の折り返し地点。前より大きな問題が勃発し、人物の動きが意外な方向に転換する。目標が変わったり、新たな目標が追加されたりすることも。ミッドポイントは人物が苦しむ局面で、小さな問題がおおごとになる場合が多い。前半で犬に追われて木に登ったら、後半は下から誰かに石を投げられるような展開だ。

●ミッドポイントで人物は失敗し、事態は絶望的な様相になる。この局面は「ローポイント」と呼ばれる。シットコムでは後半の終盤近くで大失敗を思わせる展開になる。

●第二（または第三）幕の終わりで問題解決。人物たちは本音を話したり、謝ったりして打ち解ける。長編映画はクライマックスで真実を描き出すが、シットコムも同じ。盛り上がった後にCMが入る。

●CM明けに短い「タグ」を入れて和解を描くこともある。騒動の後で主人公が元の平穏な暮らしに戻るのが視聴者の望みでもあり、最後に一度笑わせてクレジット、という流れが多い。だが、近年はこれに当てはまらない形式も増えてきた。You Tubeに上がっている短編ビデオや『Funny or Die』などのウェブサイト、『Portlandia』[※]や『It's Always Sunny in Philadelphia』『コミ・カレ!!』『Louie』『Veep』『ガールズ』など新手のコメディーを見る人々は古典的なシットコムの形式から離れてきている。ニッチの視聴者層が広がり、変わった人物や斬新でシュールなシチュエーションも受け入れられるようになってきた。

※『サタデー・ナイト・ライブ』『Portlandia』『Inside Amy Schumer』などのスケッチコメディーはシットコムの形式とは異なり「オルタネイティヴ・プログラミング」と呼ばれている。アニメのコメディー番組もシングルカメラ撮影のシットコムと同じ構成だ。

結局、毎週面白いエピソードを作れる者が勝つ。ルールを破ったとしても、勝てば官軍だ。

インタビュー

『モダン・ファミリー』

クリストファー・ロイド

主な経歴 『モダン・ファミリー』(製作総指揮/脚本) 2009-2012
エミー賞 受賞 (作品賞コメディー部門) 2010-2012
エミー賞 受賞 (脚本賞コメディー部門) 2010
全米脚本家組合賞受賞 (コメディーシリーズ賞) 2011-2012
全米脚本家組合賞受賞 (コメディーエピソード賞) 2010
全米脚本家組合賞受賞 (新シリーズ賞) 2010
全米脚本家組合賞ノミネート (コメディーシリーズ賞) 2010
『Back to You』(製作総指揮/脚本) 2007-2008
『そりゃないぜ!? フレイジャー』(製作総指揮/共同エグゼクティヴ・プロデューサー/脚本) 1993-2004
エミー賞 受賞 (作品賞コメディー部門) 1994-1998
エミー賞 受賞 (脚本賞コメディー部門個人賞) 1996
エミー賞ノミネート (脚本賞コメディー部門) 2000, 2004
エミー賞ノミネート (作品賞コメディー部門) 1999–2000
全米脚本家組合賞ノミネート (コメディーエピソード賞) 2001
『Wings』(スーパーバイジング・プロデューサー/プロデューサー/脚本) 1991-1993
『The Golden Girls』(脚本) 1986-1989

NL：『モダン・ファミリー』にはシットコムの形式にナレーションとドキュメンタリー的な映像が組み込まれていて、家族から家族へと編集が切り替わるのが面白いです。人物たちがカメラ目線で話す演出はいつ、どんな経緯で決まりましたか？

CL：わりと初期です。数多い家族ドラマとの差別化を考えた時に「ドキュメンタリー的な見せ方はこれまでにない。人物がカメラ目線で語ると視聴者は当事者的な気持ちでストーリーをのぞき見する感覚になれる」と思って採用を決めましたが、まだ「どんな家族にしようか？今のアメリカを表す家族とは？」という疑問はありました。では三つの家庭を対比させたらどうか。一つは伝統的なタイプで、他の二つはちょっと進んでいるタイプです。すると今度は「ちょっと詰めすぎかな。一つの家庭を二分間見せたら次の家庭、と忙しく切り替えるのだったら番組を三つ作るのと同じじゃないか」。パイロット版の最後をサプライズでまとめようと考えて、アメリカの典型的なファミリーとは少し異なる大家族を描くことにしました。そうすれば新しい味が出せそうだし、ストーリーやジョークは古典的でも面白くなるでしょうから。

NL：シーズン全体の流れは前もって決めましたか？

CL：おおまかな見込みだけです。初めのうちは二四話の半分を撮影前に構成できれば御の字でした。今年は一一話だったかな。こんなふうにゆるくできるのも、連続して描く恋愛模様がないから。でもグロリアの出産は第一一話か一二話あたりだから、出産前のお祝いパーティーか家族の訪問は第三話か六話、九話あたりにしようとか、クレアの選挙出馬の流れはメリハリを作っておこうとか。選挙が第二十話あたりなら候補者のディベート準備を第一五話にしようとか。とりあえず、どこで何の出来事を見せるかだけを決めました。

NL：シットコムの登場人物は成長しないと言われますが、それは間違いでしょうか？

CL：変わらない部分は視聴者に愛されているから変わらないんでしょうね。作り手にとってもプラスに働きます。ジェイはフィルの存在を認めてやればいいのに、と思いながら見続けてもらえるし、クレアとグロリアの間の緊張感もそうですね。こうした対立は笑いを生むから維持したいが、毎週同じにもしたくない。動きがほしい。長年続くとそこが難しいです。でも、クレアも少しリラックスして趣味を楽しむようになってきた。ゲイの男性たちと飲みに行ったり、射撃場に行ったりする場面は初期の彼女からは想像できないでしょう。フィルが繊細な一面を見せたり、ジェイが精神科医を志したりと、元の性格から離れ過ぎない範囲で新たな面を見せるようにしています。「嘘だろ？　同じ人間がこんなことをするわけがない」と言われないように。

NL：ストーリーをA、B、Cに分けて作りますか？

CL：時によって変わります。全員を一つの大家族と考えて作る時もあります。

NL：テーマは重要視されますか？

CL：今回はジェラシーについての話にしようとか、忘れ物の話にしようなどと考える時もありますが、「今週は何々についての回」という印象を定着させたくありません。三家族の話を織り交ぜるか、三家族が共に過ごす部分が他の部分と全く異なるフィーリングを出すかのどちらかにしたい。

人物が登場する配分を均等にするために、A、B、Cという分け方よりは一話全体を見ることが多いかな。あとは内容を心情描写寄りか笑い寄りかに区別してバランスをとります。ゲイのカップル、ミッチとキャメロンをやや滑稽に見せるためには、フィルとクレアをやや感情的に描いておく。そうすれば両方のフィーリングを強く表現できます。

　また、例えば「フィルとクレアの話はうまく進んでいるけど一四ページもある。ミッチとキャメロンの話もすごく笑えるけれど一四ページぐらいになりそうだからジェイとグロリアの話が減る」となれば、一つの話を別のエピソードに移動することもあります。

NL：みんなでジョークやストーリーを考えて、一人が脚本を書く進め方ですか？

CL：ええ、いつも一人か二人です。だいたい三日がかりで、六、七人かそれ以上のライターで案を出し合います。その中で面白いものを軸に物語を作ります。テーマを元にしたり、祝日や季節の行事を題材にしたり、あとはグロリアの出産とか。二、三日かけて面白い見せ方を考えて方向性を見つけたら、筋をカードに書いてボードに貼り付けます。エピソードの外郭が見えたら「じゃあ書こうか」。

　ここで一人、あるいは何人かがアウトラインを書くために個別作業に入ります。話し合いで出た案に沿ったセリフやジョークの例も書き入れる。それを待つ間、他のメンバーは他のエピソードのストーリー作り。全員が合流してアウトラインを読むのは一週間か二週間後だから、新鮮な目で内容を見直すことができます。「ここは好き。ここは変えたい。このジョークは改善できそう。幕の区切りを移動したらどうか」と考えて半日以内にコメントを返し、ライターは二、三週間で脚本の形に書き上げます。またその内容をチェックしてリライト。通常一日か二日かかりますが、ストーリー自体の変更は前に済んでいるのでジョークの推敲だけ。それから俳優にリーディングしてもらい、話し言葉として聞いてみる。俳優のイメージとセリフの相性、テンポの感触をつかんで再度、一日か二日でリライトしてから撮影に入ります。

NL：ライブの観客がいない撮影スタイルだと、面白いかどうかの手ごたえはどこで得るのですか？

CL：俳優のリーディングでつかみます。各部門のトップや役員、招待客も含めて百人程度が聞きますから、かなり正確な反応がわかりますよ。ステージで撮影する時は自分の勘が頼り。リハーサル時にスタッフが笑うかどうかも参考になるけれど、やっぱり自分の勘が頼りであることは変わりません。シングルカメラ撮影のよさは途中で止めてジョークや会話を変更できること。一五分か二十分で書き直して撮り直すなんて、ライブ観客の前ではできませんからね。一方、マルチカメラ撮影は一週間リハーサルできるのが利点。大勢の前で三、四回は通し稽古できます。シングルだと四分間の尺を撮るのに八時間から十時間かけるので、変更はその時間内で行ないます。

NL：ラリー・ゲルバートが『M*A*S*H』の現場には「恐れずバカなことを言え」というルールがあったと言っていました。それがヒントになって他の誰かがうまいことを言うかもしれないからです。ロイドさんの現場にはルールがありますか？

CL：うちは色々な脚本家がいます。外交的な人もいれば内向的な人もいる。みんなが同じようなジョークを考えるのではなく、バラエティーがほしい。だから外交的な人にちょっと待ってもらって、おとなしい人が積極的に発言できるよう気配りすることはありますね。

NL：『モダン・ファミリー』のショーランナーの仕事で最高の部分と最悪の部分は何ですか？　エミー賞でも大きく注目されて、みんなに愛されている番組ですから最高だと思いますが。

CL：みんなっていうのはどうかな。

NL：僕の周辺はみんな、年齢問わず人気ですよ。

CL：長年この業界にいて、クリエイターとしてヒットさせたのはこの番組が初めてです。『そりゃないぜ!? フレイジャー』はショーランナーだったけど、クリエイターではなかったから。でも、頭がよくて面白い人たちと毎日大笑いしながら仕事ができるのはいいですね。『フレイジャー』の時代は視聴者の反応を新聞記事で読んだものだけど『モダン・ファミリー』はリアルタイムで視聴者の反応が得られます。すごい数ですよ。

NL：それによって脚本を変えたりしますか？　それとも反応は聞かなかったことにして書きたいことを書くようにしますか？

CL：基本的に自分たちの路線を貫きます。ブログや投稿が何百とあっても、全体の視聴者数に比べればほんの小数。ただし新しい人物やプロットが全般的に不評なら検討するかもしれません。大変なのは、ずっと番組を継続させることですね。ライターたちが優秀だから助かっているけれど、それでもワンシーズン二四話もあるからプレッシャーは重いです。ヒット番組だけに要求も高い。一度出したネタは二度と出せません。常に新たな題材や切り口で笑って頂けるものを探しています。でも、よい面の方がはるかに多い。素晴らしい体験をさせてもらっています。

インタビュー

『ママと恋に落ちるまで』

カーター・ベイズ＆クレイグ・トーマス

主な経歴　『The Goodwin Games』（クリエイター／製作総指揮／脚本）2013
『ママと恋に落ちるまで』（クリエイター／製作総指揮／脚本）2005-2013
エミー賞ノミネート（音楽賞歌曲部門）2010
エミー賞ノミネート（作品賞コメディー部門）2009
『American Dad!』（スーパーバイジング・プロデューサー／脚本）2005-2006
『I☆LOVE！オリバー』（共同プロデューサー／脚本）2003-2004
『レイト・ショー・ウィズ・デイヴィッド・レターマン』（脚本）1997-2002
エミー賞ノミネート（脚本賞バラエティー、音楽、コメディー部門）1998-2002
全米脚本家組合賞ノミネート（コメディー／バラエティー、トークショー部門）2000-2002

NL：『ママと恋に落ちるまで（原題：How I Met Your Mother、以下『HIMYM』）の企画について伺います。ナレーションや回想シーン、人物と過去の場面の切り替えが独特ですね。

CB：最初はシングルカメラ撮影でいきたかったんですけど、コメディーには合わないと言われて（しょうがない、九年前ですからね）。そこで、四台同時に回して笑い声のトラックを入れるスタイルに、映画っぽい撮り方を混ぜることにしました。番組のスタイルはそこから自然に発生したものです。回想や場面の切り替えは他の映画やTV番組からの拝借。映画『アニー・ホール』（一九七七）はラブコメのチグリス・ユーフラテス河というか、発祥みたいな作品ですよね。脚本のどのページにも今の作り手が使っている手法が見られます。画面分割でセラピーの場面を見せたり、初デートの気持ちを字幕で表現したり、ストーリーの順序を崩したり……ルールなんてないんだ、というのがあの映画のメッセージ。人物やストーリーに合っていれば、ちょっとリアリズムを逸脱しても皆さん理解して下さいます。「アニーと別れた」って結末を最初に持ってくる語り方に僕は美しさを感じます。『HIMYM』第一話の「こうして君のおばさんと出会った」という始まり方はオマージュですね。つまり、パクった。

CT： 僕らは多くを詰め込むのが好きです。飽きっぽいのかもしれませんが、ひねりや伏線が多い複雑な話が好き。普通のマルチカメラ撮影シットコムは一話あたり一五シーンから二十シーンぐらいですが『HIMYM』は八十シーンに上る時もあって、四十から五十以下という時はほとんどない。マルチカメラの形式にシングルの映像（または長編映画みたいな感じ）を入れ込む編集がしたかった。『HIMYM』は男が子どもたちに語りを聞かせる形で進みます。話が止まったり後戻りしたり、ある部分をおおげさに言ったりする性質が反映されているんです。

NL： 見ていてすごくいいと思うけど、継続するのは大変じゃないですか？ ギミックが多いからかな。テッドが子どもたちの母親に会うところを早く見せて、スタイルを変えようと考えたりしましたか？

CB： 個人的にはギミックの部分はうまくできていればいいと思っています。ただ難解なものはTVには不向きですけどね。「いい感じだけど、ずっとこれで行くの？」って疑問を感じさせてしまう。

映画とTVの違いはそこでしょうね。映画はセックス目的のデートでTVは結婚するためのデート。

本筋は五人の友情物語で、ギミックは付随的なものです。だから最後にテッドが彼女に会うまで引っぱろうと思っていました。毎週の内容が飽きられてきたら、その時点でテッドと彼女を会わせて終了し、新しい番組を始めていたでしょう。でも、そういう事態にはならなかった。中には飽きた人もいたでしょうが、ネタ切れにならずに五人の物語を八年間続けることができました。第九シーズンで二百話に到達しそうになった時、「何を書けばわくわくするか」という話になって、その時に初めて最終回を意識しました。最後にテッドと彼女が会う計画は維持しつつ、少し前から彼女を登場させていろんなバリエーションで描くつもりでした。

CT：企画をピッチした時は「クレイジーな二十代を語る百のベストストーリー」と言ったけど、それが二百話も続いてみんな三十代になっちゃった。それも視聴者の皆さんが人物や俳優に思い入れを持って下さったから。また、二〇三〇年のテッドが過去を振り返るギミックがあるから、リアルでダークで感情的なストーリーを語っても安心感がある。語りによって未来のテッドと仲間たちはうまくやっているとわかりますから。

NL：主要人物は実在の人々がモデルなんですか？

CB：パイロット版はかなり自伝っぽいです。当時僕はいつまでも独身でいるのもなあと思っていて、クレイグは結婚したばかり。僕らは五年間のニューヨーク生活を終えてロサンゼルスに移ってきたところでした。向こうでは大学卒業後すぐレターマンの現場に入ったから、嵐のような毎日。仕事も遊びも目一杯やって、恋愛でもたくさん失敗して痛い目に遭ったけど、若気の至りで元気にやっていた。高校や大学時代よりずっと楽しかったです。

その後、ロサンゼルスに一年ほど住んでいるうちに、昔に帰りたくなりました。大人になって初めて感じたなつかしさ、せつなさをパイロット版の脚本に込めました。

CT：主要人物はオリジナルの設定に知り合いの特徴を色々ミックスして作りました。マーシャルとリリーは僕と妻がベース。大学一年の頃から一緒なんです。パイロット版を書いた時、カーターは二十代独身でまだ相手を探してた。それをテッドに反映しています。バーニーはほぼオリジナルですが、ニューヨーク時代の仲間たちの特徴も部分的に取り入れています。ロビンも特定のモデルはいないけど、性格の一部は演者コビー・スマルダーズのカナダ人らしさや自立したイメージを参考にさせてもらいました。でも俳優と脚本家の共同作業を重ねるうちに、どんな人物も独自の性質を持つようになります。どんなに変化しようと人間性と個性を保つことが大前提ですけどね。だから常に、実生活からリアルなものを盗むようにしています。

NL：前もってシーズン全体の流れを決めますか？

CB：はい、いつも。その方が脚本を書きやすい。即興で演じてみたりして、書きながら発見していってもいいけれど、僕らの場合は語り手が物語の結末も経緯も知っているわけですから、その流れを把握する必要があります。ちょっと目立つアイデアが出ると「それはスウィープ期間（視聴率の集計をする期間）に持ってこよう」と言ったりするけど、もう誰もそんなの気にしてない。それより冬と春の間に数週間だけ放映が空くので、その前後の構成が大事。面白いクリフハンガーを仕掛けておけば、また視聴者も戻ってきてくれますから。

CT：『HIMYM』は毎シーズン、ドラマみたいに流れを作ります。出来事を連鎖的に描くのが好きというだけですけどね。時折、単発のエピソードも入りますが、これは食事の合間のおやつみたいなもの。コメディーの中でドラマも描きたい。感情が起伏するところやストーリーの内容、人物がどんな体験をしてどこに行き着くかをまず考えて、できるだけ忠実に沿うようにします。

NL：新しいエピソードは何から思いつきますか？

CB：実話を元にするのが一番。それは間違いないです。逆に、最悪のエピソードは誰も体験したことがない話。注意はしているけれど、たまにやってしまいます。「素っ裸の男」の回はスタッフ脚本家の実話が元です。「スノー・プロブレム」でバーニーが練習もせずにいきなりマラソンを走って、帰りに地下鉄の席に座ったら立てなくなって、ずっと乗り続けた話は僕の友人の実話です。

CT：現実から「真実の種」を見つけて育てるのが一番です。僕らはいつも「素直に、書くことが癒しになるような脚本を書いて」とスタッフに言っています。一見めちゃくちゃに見える描写も人間らしいリアルな部分を題材にしていて、それがうまく出来た回はいい仕上がりになっています。

NL：いいAストーリーの条件は何でしょうか？

CB：AストーリーとBストーリーを分け隔てるのは感情的な背景の有無です。ただ面白いだけじゃなくて、俳優の表現として深いものが出せるならA。お笑いならBストーリーにします。

CT：全部Aストーリーなら最高ですけどね。構成を考える時にA、B、Cで分けたりしないので。一つのアイデアから全員の物語が立ち上がるのがいいです。こぼれ落ちる人物は出るかもしれないけれど、一つのテーマで括れたらいいですね。自然にA、B、Cのストーリーに分かれる時もありますが、意図的には分けません。むしろ避けているぐらいです。
CB：本当に避けていますよ。全員が関われる、柔軟性のあるストーリーが理想的。一人の語り手に沿って自然に構成したい。僕らが普通にしゃべる時、A、B、Cに分けたりせずに一つの筋を伝えようとするでしょう。その点で初期のシーズンはすごくよかったと思う。「パイナップル事件」「思い出は美しいままに」「素っ裸の男」の回なんかはいい例です。
NL：笑いのスイートスポットは何ですか？
CB：身の回りの出来事に近くて共感できること。『となりのサインフェルド』がそうでしたね。何でもないことに見えて、実は何でもないことではない。身近なリアリティーという面では他の番組より具体的な内容が濃いと思います。『ザ・ホワイトハウス』は大統領を描いているけれど、僕は大統領に会ったことがない。でも、しゃべる時にぐっとこっちに近づく人に引いたことはある。そういう身近なリアリティーが僕らの強みです。
CT：『HIMYM』のスイートスポットと言えば、ばかばかしい雰囲気から一転、感動の展開になるとか、ダークでリアルな描写になることかな。「一度に全てが起きる」というのが番組のテーマの一つだし。パイロット版を書いていた頃からシーズン1の最終回は決まっていました。ついに彼女（ロビン）を手に入れたテッドが、ぽつんと一人座っているマーシャルを見つける。雨の中、彼女から返された婚約指輪を手に呆然としている親友に、テッドは黙って寄り添う。『HIMYM』ではそこが最高だと思います。
NL：ビートシートやアウトラインはどれぐらいの長さですか？
CB：八ページから十ページ程度です。それに加えて何ページもの議事録もあります。アウトラインは重要事項のまとめに役立ちますね。骨子がわかりやすい。

CT：会議でホワイトボードに構成を書き、詳細なアウトラインを作ってから脚本を書くんです。まずはストーリーや構成のテーマ、感情をできるだけはっきり表現するように。ジョークは後で考えます。

NL：脚本を書くのはチームで、あるいは一人ひとり単独で？

CB：初稿は必ず誰かが一人で書きます。それを叩き台にしてみんなで直し、ほぼ原型をとどめない形になります。必ずみんなが参加して、自分のアイデアが出せるようにしています。

CT：グループで全体を書くことはほとんどありません。これまでに一回か二回だけかな。その時もラフな下書きはありました。カーターと僕は脚本を見ずに静かに考えるのが好き。会議室でわいわいやるより一人でコンピューターを見ながら案を出す方がいいので、スタッフからもそういう時間を奪わないようにしています。

NL：脚本ルームはお二人で別々に仕切っているのですか？

CB：ええ。変だな、僕はクレイグの進め方は全く知らないや。番組は八年間も続いているからうまいんでしょうね。僕は自分のやり方もわからない。ただ互いに批判せず、目の前の課題をひたすらこなします。構成に関わる人数は多くないですよ。少人数が大事。ジョークの考案、撮影や編集は人に任せられますが、ストーリーはしっかり全員で決めます。僕が考えるのをみんなが助けてくれる感じなので、みんなで一から生み出そうとするより早い。ただ、クレイグも僕も好みがはっきりしているので、あまり民主的ではないかも。でも優秀な脚本家もいますので、意見は必ず参考にさせてもらいます。

CT：カーターと僕は親友だし兄弟みたいな間柄だから、二人で組んで現場を回すことができる。一人じゃとても無理です。二つの脚本ルームを常時稼動させておいて、二人で会って打ち合わせる方がはるかに効率的。でも悲しいかな時間がない。お互い、相手が担当する脚本に赤ペンで書き込んで渡したりします。

NL：番組はマルチカメラ撮影とシングルカメラ撮影の混合型でしたっけ。

CT：ええ、混合型です。マルチ撮影は三日間だけで、あとはカメラ一台か二台でもっとスタイリッシュな映画っぽい素材を撮ることが多いです。ちょっと変ですけどね。純粋なシングルカメラで色んなロケーションに行くのは経費面で大変でしょう？　でも古典的なマルチカメラ撮影番組の視聴者層は僕らのストーリーと少々合わないので、折衷案です。

NL：観客の前で撮影はしないのですね。笑いの手ごたえはどこで見ますか？

CB：うちのスタッフはつまらなければ絶対笑わないので、まずそこでわかります。あとはテーブル・リード（俳優の読み合わせ）と通し稽古にネットワークとスタジオ、各部署のチーフが出席しますから、そこで反応を見ることもできます。でも、自分の感覚が頼り。それでいいと思います。ライブの観客に一番うけるのは「うんこ」「おっぱい」「ちんちん」の三つと決まっているんですよ。それを出すと手堅いのですが、編集すると「うんこおっぱいちんちんショー」みたいになってしまって……いや、逆に大ヒットするかもしれませんね。

NL：初稿から読み合わせ、撮影の間にどれぐらい書き直しますか？

CB：かなり直します。初稿の状態にもよるけど、全員でかなりリライトします。コメディーはたいていそうですね。ドラマティックな部分はそのままにするか微調整だけ。一人のライターが内面で感じたことを生かします。

CT：書き直しはしますが、テーブル・リードの前にできるだけ完成形に近づけますから、大きな改変はほとんどなし。ジョークを磨くだけにとどめます。ストーリー本体に対する疑問はもっと前の段階で直しておくべき。あっという間に撮影が始まりますから。

NL：脚本からポストプロダクションまでの進め方を教えて下さい。

CT：ホワイトボードに構成を書き（その前にカーターか僕が二ページのラフ案を用意する時もあります）、それに沿ってアウトラインを書いてもらって、僕たちから何か付け足したり質問に答えたり。概要が固まったら一週間ぐらいで初稿。仕上がったらカーターか僕がコメントを返し、二、三日で第二稿。それを会議に持ち込んで、テーブル・リードの前にグループで書き直し。月曜にテーブル・リードをしてさらに書き直し、火曜にステージで通し稽古をしてまた書き直し。水曜の朝九時から金曜日まで撮影です。

NL：最後の最後でジョークを書き換えることはありますか？

CT：本番直前まで考え続けますよ。カーターか僕のどちらかが脚本家と組んで毎テイクを見て、ジョークの微調整ができるところはします。

CB：映像の編集でも調整します。言葉を減らしたりしてテンポを上げる方が面白ければ編集で短くします。逆に、前振りを増やしたい時はナレーションや画面の外のセリフを加えます。

NL：登場人物は将来変化しそうですか？　シットコムのキャラクターはずっと変わらないというのが定石ですが、僕の理解が間違っているのかな。

CB：もっと大きな哲学的な問いがあるんじゃないかな。そもそも人間は変わるのか？　人物設定だってリアルでなくちゃいけませんよね。じゃあ八年間もふらふらしてきたバーニーが落ち着く日は来るのか。シマウマの縞模様がずっと変わらないように彼も変わらないのか。人によって答えは違うだろうし、僕だって意識レベルで答えることができない。人物は変わったかもしれないし、変わっていないかもしれない。書き手の内面が変化したのか、演じる俳優が変化したのか、見る人が変化したのかもしれない。結局、リアリティーがあればそれでいいんじゃないでしょうか。

NL：番組の人気が定着してネットワークからの注文は減りましたか？

CB：彼らは素晴らしいですよ、本当に。他のネットワークで番組をしてわかりました。コメントは結構返ってきますが、いいものばかり。基本的に信頼して任せてもらっていますし、彼らはこうすれば失敗するというのもわかっている。外野から細かい注文を出すとうまくいきません。

NL：『HIMYM』で好きな回はありますか？

CB：ブリトニー・スピアーズの回と呼ばれる「テッドの新しい恋」。番組全体で目指すことを包括的に描けたと思います。女の子に必死でアピールする男の話なんですけどね。何度やってもだめで力尽きた時に友だちが勇気づける。特にラストシーンのデート場面が気に入っています。タクシーに乗って夕食、映画、コーヒーとチーズケーキの後で家まで歩く流れを二分間の長回しでワンショットに収めました。カメラに写らないところでスタッフ全員、秒刻みで正確に動いてくれて撮れました。まるで一九六〇年代のNASAみたいな感じでしたよ。不可能に見えるアイデアを実行する方法を考えて、優秀な人々が力を合わせて実現させる。五十年後に番組を振り返った時、僕が一番にこっと笑う二分間になるでしょうね。

CT：僕はびっくりするほどドラマティックに盛り上がる回が好きです。シーズン１の最終回で、雨の中でテッドとマーシャルが向き合う映像は鳥肌が立ちます。マーシャルの父の死をめぐる二回分もいい。コメディーの面ではロビン・スパークルズが出る回は全部好きです。カーターと僕は元々作曲の仕事で知り合ったから、クレイジーな曲が書ける回は特に楽しいです。

NL：ショーランナーとして最高だと思うことと、一番つらいことは何ですか？

CB：最高なのは書いたものが即、番組になってすごい数の視聴者に見てもらえること。他のメディアとは比べ物になりません。ジャーナリズムとかブログ以外はね。映画だと準備に何年もかかるし、いざ公開してもその週末が過ぎれば忘れ去られる。ＴＶは何百万もの人々が巨大なキャンプファイヤーを囲んで、毎週お話を待っていてくれるようなもので、そこが素晴らしい。最悪な面はストレスです。身体面でも負担が大きく、番組が終了したらその先はどうしようかと思うほど。スタジオとネットワークの支えがあるからやっていけるけど、新しくエピソードを考えるだけでもストレスを感じますから。

CT：時間のプレッシャーが一番きついですね。水曜の朝が来れば、その時にある脚本を撮るしかない。それは一番いいことでもあります。水曜の朝、僕らが書いた脚本がどんな状態であろうと、それを撮ってもらえることですね。

訳者あとがき

この世に「死」があると私が初めて学んだのは小学校に入る前、ＴＶのヒーロー番組で高いところから怪獣が落ちて死ぬ場面を見た時でした。驚いた私は祖父のところに飛んで行き、泣きながら「おじいちゃんも、いつか死んでしまうの?」と尋ねました。「そうだな。俺もいつかは死ぬ」。あのひとりごとのような、静かな祖父の声は忘れることができません。

私に命の尊さや人生の真実を教えてくれたのはＴＶドラマだったのか――今、振り返ってそう思います。正確には、ＴＶドラマの「物語」が教えてくれた、ということでしょう。

本書『人気海外ドラマの法則21』は心を揺さぶる名作ＴＶドラマの物語を細かなパーツに分けて分析し、作り手であるストーリーテラーたちの談話を紹介しています。私たちが「ああ、ドラマを見過ぎて寝不足だ」と言う裏側で、彼らも眠らずに物語を考えている。そのトップに立つのが「ショーランナー」で、原題『The TV Showrunner's Roadmap: 21 Navigational Tips for Screenwriters to Create and Sustain a Hit TV Series（ＴＶショーランナーのロードマップ：脚本家がヒットＴＶシリーズを書いて継続させるための21のヒント）』の中でも存在に光が当てられています。インタビューには「えっ、あのドラマの?」と驚くほどの超大物ショーランナーたちが続々登場。その豪華さにはただ感服するのみです。私も

『ブレイキング・バッド』や『ウォーキング・デッド』『マッドメン』に心底ハマった経緯から、目次を見た瞬間「絶対に訳したい！」とテンションが上がりました。

本書に出てくる作品は可能な限り全てを視聴し、大変でしたがとても楽しい作業でした。【ネタバレ】の箇所は未見のかたのお気持ちを考慮し、訳文の表現で精一杯の努力をしましたが、やはり筋がわかってしまいます。優れたドラマは何度見直しても味わい深いものとして何卒ご容赦下さい。また、訳出にあたり、原文の順序を入れ替えたりまとめたりして、和文の読み物としてできるだけ楽しく、違和感のない仕上がりを目指しました。

本書の日本語版刊行は「海外ドラマが面白すぎて『イッキ見』中なんですよ。僕もあんなのが作りたいっす！」という若手映画監督さんたちの熱い声と、フィルムアート社編集部二橋彩乃さんの力強いご賛同を頂き前進させることができました。本書の制作過程で現場のあちこちでも「このドラマはお勧めだから絶対見て！」「私はこれにハマった！」と会話に花が咲いたと伺っています。幼い私が命や愛の尊さを感じ取ったように、世代や時代、国境を越えて人の心を震わせるのがＴＶドラマの物語のパワーなのでしょう。それでは私も著者ニール・ランドーさんと同じ言葉でしめくくりたいと思います。

「さあ、引き続きＴＶドラマを楽しもう」。

二〇一五年十一月　シカ・マッケンジー

訳者紹介

シカ・マッケンジー [Shika Mackenzie]

関西学院大学社会学部卒。「演技の手法は英語教育に取り入れられる」とひらめき、1999年渡米。以後ロサンゼルスと日本を往復しながら、俳優、通訳、翻訳者として活動。教育の現場では、俳優や映画監督の育成にあたる。ウェブサイト英語劇ドットコムを通じ、表現活動 のコンサルティングも行なっている。訳書に文化庁日本文学普及事業作品『The Tokyo Zodiac Murders』(英訳、共訳)、『魂の演技レッスン 22』『“役を生きる” 演技レッスン』、『監督と俳優のコミュニケーション術』、『監督のリーダーシップ術』、『新しい主人公の作り方』、『ストラクチャーから書く小説再入門』、『クリエイターのための占星術』(フィルムアート社) 他。

人気海外ドラマの法則21
どうして毎晩見続けてしまうのか？

The TV Showrunner's Roadmap
21 Navigational Tips for Screenwriters to Create and Sustain a Hit TV Series

2015年11月25日 初版発行

著者	ニール・ランドー
訳者	シカ・マッケンジー
日本版編集	二橋彩乃
デザイン	大悟法淳一 (ごぼうデザイン事務所)
DTP	鈴木ゆか
発行者	籔内康一
発行所	株式会社フィルムアート社 〒150-0022 東京都渋谷区恵比寿南 1-20-6 第21荒井ビル TEL 03-5725-2001 FAX 03-5725-2626 http://www.filmart.co.jp/
印刷所・製本所	シナノ印刷株式会社

ISBN 978-4-8459-1577-4 C0074